MANITIES AND SOCIETY

读柏拉图

Thomas A. Szlezák

[德国] 托马斯 · A. 斯勒扎克 著　　程炜 译

译林出版社

图书在版编目（CIP）数据

读柏拉图 /（德）斯勒扎克著；程炜译．—南京：译林出版社，2009.4（2021.5 重印）
（人文与社会译丛 / 刘东主编）
书名原文：Platon lesen
ISBN 978-7-5447-0818-0

I.读… II.①斯… ②程… III.柏拉图（前427~前347）－哲学思想－研究 IV.B502.232

中国版本图书馆 CIP 数据核字（2009）第 039148 号

读柏拉图 [德国] 托马斯·A. 斯勒扎克 / 著 程炜 / 译

责任编辑 王 蕾
装帧设计 胡 苨 黄 晨
校 对 戴小娥
责任印制 单 莉

原文出版 Frommann-Holzboog, 1993
出版发行 译林出版社
地 址 南京市湖南路 1 号 A 楼
邮 箱 yilin@yilin.com
网 址 www.yilin.com
市场热线 025-86633278
排 版 南京展望文化发展有限公司
印 刷 江苏凤凰扬州鑫华印刷有限公司
开 本 880 毫米 × 1230 毫米 1/32
印 张 10.375
插 页 2
版 次 2009 年 4 月第 1 版
印 次 2021 年 5 月第 2 次印刷
书 号 ISBN 978-7-5447-0818-0
定 价 68.00 元

主编的话

刘 东

总算不负几年来的苦心——该为这套书写篇短序了。

此项翻译工程的缘起，先要追溯到自己内心的某些变化。虽说越来越惯于乡间的生活，每天只打一两通电话，但这种离群索居并不意味着我已修炼到了出家遁世的地步。毋宁说，坚守沉默少语的状态，倒是为了咬定问题不放，而且在当下的世道中，若还有哪路学说能引我出神，就不能只是玄妙得叫人着魔，还要有助于思入所属的社群。如此嘈嘈切切鼓荡难平的心气，或不免受了世事的恶刺激，不过也恰是这道底线，帮我部分摆脱了中西"精神分裂症"——至少我可以倚仗着中国文化的本根，去参验外缘的社会学说了，既然儒学作为一种本真的心向，正是要从对现世生活的终极肯定出发，把人间问题当成全部灵感的源头。

不宁惟是，这种从人文思入社会的诉求，还同国际学界的发展不期相合。擅长把捉非确定性问题的哲学，看来有点走出自我囿闭的低潮，而这又跟它把焦点对准了社会不无关系。现行通则的加速崩解和相互证伪，使得就算今后仍有普适的基准可言，也要有待于更加透辟的思力，正是在文明的此一根基处，批判的事业又有了用武之地。由此就决定了，尽管同在关注世俗的事务与规则，但跟既定框架内的策论不同，真正体现出人文关怀的社会学说，决不会是医头医脚式的小修小补，而必须以激进亢奋的姿态，去怀疑、颠覆和重估全部的价值预设。有意思的是，也许再没有哪个时代，会有这么多书生想要焕发制度智慧，这既凸显了文明的深层危机,又表达了超越的不竭潜力。

于是自然就想到翻译——把这些制度智慧引进汉语世界来。需要说明的是,尽管此类翻译向称严肃的学业,无论编者、译者还是读者,都会因其理论色彩和语言风格而备尝艰涩,但该工程却绝非寻常意义上的"纯学术"。此中辩谈的话题和学理,将会贴近我们的伦常日用,渗入我们的表象世界,改铸我们的公民文化,根本不容任何学院人垄断。同样,尽管这些选题大多分量厚重,且多为国外学府指定的必读书,也不必将其标榜为"新经典"。此类方生方成的思想实验,仍要应付尖刻的批判围攻,保持着知识创化时的紧张度,尚没有资格被当成享受保护的"老残遗产"。所以说白了:除非来此对话者早已功力尽失,这里就只有激活思想的马刺。

主持此类工程之烦难,足以让任何聪明人望而却步,大约也惟有愚钝如我者,才会在十年苦熬之余再作冯妇。然则晨钟暮鼓黄卷青灯中,毕竟尚有历代的高僧暗中相伴,他们和我声应气求,不甘心被宿命贬低为人类的亚种,遂把移译工作当成了日常功课,要以艰难的咀嚼咬穿文化的篱笆。师法着这些先烈,当初酝酿这套丛书时,我曾在哈佛费正清中心放胆讲道:"在作者、编者和读者间初步形成的这种'良性循环'景象,作为整个社会多元分化进程的缩影,偏巧正跟我们的国运连在一起,如果我们至少眼下尚无理由否认,今后中国历史的主要变因之一,仍然在于大陆知识阶层的一念之中,那么我们就总还有权想象,在孔老夫子的故乡,中华民族其实就靠这么写着读着,而默默修持着自己的心念,而默默挑战着自身的极限!"惟愿认同此道者日众,则华夏一族虽历经劫难,终不致因我辈而沦为文化小国。

一九九九年六月于京郊溪翁庄

目录

中译本序

鄙人对柏拉图作品释义学的勾勒能以汉语呈献于中西文化新交流之始，于个人而言，可谓无上荣幸。此一新纪元将引向相互愈发深入的理解，这亦正是双方期望之所在。虽文化间之交通历程实包罗万象，而若鄙人之文字能为此贡献一份微薄之力，亦足以令人欣慰。

这里呈献的柏拉图阐释不仅出自国际上称为"图宾根学派"的特别立场，同时也是唯一一种阐释，其自身全然建立在柏拉图哲思的基础之上。除去柏拉图自身，这一阐释摒弃转用其他任何释义学上先定之法则。与此相应，柏翁之书写批判便在阐释中被视为旨归。就柏拉图书写作品之本性而言，《斐德若》(*Phaidros*)274b—278e中意蕴深远的哲思，其生发力足以让人赞叹。

毋庸置疑，"图宾根"阐释对柏拉图本身的切近乃是这一导向在世界各地愈发深入人心的根据。《读柏拉图》迄今为止已被译为十六种文字。中文的译本乃第十七种，预计其他语种的译本也将紧随。对这本小书的关切实则来自世界各地学人之期望，就理解柏拉图对话而言，他们试图赢得足下更为坚实的基础与一方法上足以检验之路径。

恰恰柏拉图为四方读者厚爱，此绝非无本之木、无源之水：柏翁之思可视为泰西形上学本己之基。而越历十八世纪启蒙运动，当泰西文化愈发离弃其基督教遗产之时，柏拉图作为思者之意义却愈发引人瞩目：后世百家之学由其奠基，不仅基督神学之精要受惠于柏翁，甚至西土世俗化转向之后，柏翁哲学之生发力仍赫赫然不息。因此，他当仁不让地成为在上两代人中最广为流传的哲学著述家。

柏拉图之伟大不仅依于哲学，亦依于诗。既然哲学与诗常被视为难以彼此深入融贯的世界阐释，能通达此道则实为不易。就文艺与哲思深度相契而言，柏拉图之文千载独步于世。同时，柏翁之对话录——尽管仿者如云——仍旧因其微妙，甚或为众人视为不解之谜。因此，吾人仿佛亦就愈发需要一秘匙，以开启柏氏意向之门径，以窥其涯略。事实上，柏翁恰以书写批判之形式授吾人以钤键，此确为吾人之幸事。

然而柏拉图这一秘匙过去常常未被理解。其因也浅，不过依于柏氏之书写批判引至所谓哲学智慧传授之内传形态（esoterische Form）。此乃一罕见之悖论，沉于历史理解之泰西文化却长期无能以合宜之方式历史地理解柏拉图之内传术（Esoterik）。众人无心于描述抑或评估内传之术独有之历史与哲学前提，却将其与慎言守微（Geheimhaltung）混为一谈。这两百年来，恰为我等西人无能理解如此方式施行之爱智（Philosophieren），因其有悖于十七世纪以来对学术著作绝对公开性的设定。不过鄙人坚信，非西方世界的读者——亦包括中国的诸君——将更好地倾听柏拉图之心言：他仅将现实最终本原之思，以口传的方式托付给已登堂入室之人。

柏拉图的这一抉择不必引发疑虑，以为吾人虽矻矻然而无从得其真义：对话录间有直言而出，其自身不能给予之物与口传辩证法额外之所能，可通过回溯柏翁之卓越弟子亚里士多德的述记而确然赢得。如是，对话作品作为直接文献与亚里士多德传统的间接文献应互补阙疑。既然对话录指示其自身无意成为自足之典，吾人当下亦不再将其视为自足之文来览阅，而是以之为引向间接流传之本原论（Theorie der Prinzipien）的宏伟引导。于此，无论作品之文华，抑或著者之心意，吾人均可观其堂奥。

托马斯・亚历山大・斯勒扎克
2007年1月8日于图宾根

前　言

柏拉图本来就从不缺少读者，也不必担心将来可能缺少。

如果现在，在Legenda[①]系列丛书的第一卷，柏拉图成为我们关注的对象——这一系列正是处理“应该被阅读”的文本，并希望由此邀请、吸引、引领、指导读者进入文本阅读——那么仿佛就像号召去做某种其实已经开启之事。

毫无疑问，柏拉图当然不是现今才第一次被“发现”。然而对柏拉图的阅读仍有其特殊性。确实再没有一个哲学作者曾像柏拉图那样，既将书写作为知识传达的工具，又以一种近乎分裂的态度对待之。对话形式有权被视为面对书写文字时某种异乎寻常的反思方式；然而柏拉图试图通过这种方式达到什么，却向来争议重重。这样，亚里士多德曾就普遍意义的真理探寻之所言，就尤其适用于对柏拉图的阅读，即：其一方面是轻而易举的，因为无人一无所获；另一方面又困难重重，因为无人达到必要的精善。

眼前Legenda的这一卷试图从“简易处”出发引申我们的主题，这

① Legenda来自拉丁语动词legere（阅读），字意为“应读之[书]”，“必读之[书]”。——译注

就是说，将从柏拉图处对我们现代人而言仍可直接通达的、尚无争议的地方出发，并以此作为向“难点”驶进的准备，即驶向柏拉图对话书写的特殊性。这些特征已经不符合我们近代以来哲学书写的习惯，并由此常常遭到误解甚至漠视。尽管如此，这却是理解柏拉图哲学的核心。

《读柏拉图》首先以意大利语的译本出版，标题为“Come leggere Plaone”①（Rusconi出版社，Milano 1991第一版，1992第二版）。此书本是为吉奥瓦尼·雷亚利②和他的助手们负责翻译的柏拉图对话录新全集之附录所作，目标读者群不仅仅是柏拉图的专家们——当然也包括他们，同时还包含哲学“专业”之外的普通读者。不过本书并不打算简单化或者“流行化”，而是面对日益扩大的柏拉图读者圈，尝试带领他们以一种新方式接近柏拉图对话录在释义学上的诸多难题，把握这种方式并非多年致力于此的专业人士之特权。

尽管于此筹划的柏拉图形象，在叙述的目标、手段和技术诸方面都在根本上偏离了弗里德里希·施莱尔马赫（Friedrich Schleiermacher）所奠基的浪漫派的解释范式，但本书的目的并不在于与其进行具体的论辩：为此可以参看《柏拉图与哲学的书写性》（*Platon und die*

---

① 即“如何读柏拉图”。——译注

② 吉奥瓦尼·雷亚利（Giovanni Reale），意大利古典学家，曾就学于米兰天主教大学、德国马堡大学及慕尼黑大学。他在米兰天主教大学建立了柏拉图研究中心，是图宾根学派在意大利的重要代表，由于他和同事与学生的共同努力，这一学派近年也被称为“图宾根—米兰学派”。他著有《第一哲学的观念与亚里士多德〈形而上学〉的统一性》（*Il concetto di filosofia prima e l'unità della Metafisica di Aristotele*）、《柏拉图的一个新阐释：未成文学说视域下的经典对话录的形而上学释义》（*Per una nuova interpretazione di Platone: rilettura della metafisica dei grandi dialoghi alla luce delle "Dottrine non scritte"*）、《欧洲文化与精神之根："欧洲人"之再生》（*Radici culturali e spirituali dell'Europa: Per una rinascita dell' "uomo europeo"*）、《古代哲学史》（*Storia della filosofia antica*）五卷等，译注亚里士多德的《形而上学》（*Metafisica*）等。——译注

Schriftlichkeit der Philosophie)(Belrin / New York 1985)，特别是方法论意义上的附录，见《对话形式的现代理论》(*Die moderne Theorie der Dialogform*)，第331—375页。Rusconi出版社希望我一开始附带着说明这点，但相关知识决不是进入眼前这本书的前提。

本书的目标是提供一个对于柏拉图写作活动的解释，其足以经受《斐德若》中书写批判(Kritik der Schrift)的考验。对柏拉图自身贬低书写的贬低或者意欲扭转至其反面，正如在从浪漫派时代以来就广泛流行的并且甚至至今仍然流行的看法，并不能开启理解书写者柏拉图的道路。只有严肃对待柏拉图对书写的与口头的哲学活动的评价，人们才可以恰如其分地理解对话的技艺和意图。今天的读者必须克服某些特殊的近代以来形成的偏见和阻力，以适应作者的视野。

仅有这样，我想，那么依据柏拉图值得关注的自白，读者的阅读之喜也就与作者在书写的"阿多尼斯花圃"中的成功之喜相一致了(《斐德若》276d)。

这里我感谢Rusconi出版社的负责人，维瓦尼(Ferruccio Viviani)先生，免费提供本书在德国出版的版权。感谢出版家君特·霍茨布克(Günther Holzboog)先生对德文本的兴趣，感谢Frommann-Holzboog出版社的工作人员对手稿的悉心照料。同时也应该感谢我们的合作者克雷施克(O. Krischker)和施坦泽尔(K. -H. Stanzel)博士在校对和索引编制上的帮助。

托马斯·亚历山大·斯勒扎克
1993年1月25日于图宾根

献给我的妻子与孩子

一
阅读柏拉图的乐趣

读柏拉图首先意味着思想上独一无二的享受。与其所思打交道的乐趣不仅来自哲学戏剧（philosophische Dramen）技艺上的完善，而且读者会感到，自己不是单纯的旁观者，而是以某种方式置身于活生生的论辩之中。同时，这种论辩在大师手笔的描绘下，仿佛源自生活本身之中各色人物的自然交流。

直接和鲜活，一直以来就被激赏为希腊艺术与文化整体上的标志。而在希腊文化之内，亦罕有人达到类似柏拉图的高度。尽管他可谓是充满生趣的古风时期①与古典时期②精神的继承者，并且自觉地以反思的方式化用了一代代诗人和思想家的经验，但他同时也引发了这样的印象：哲学之提问无前提地开始于其所描绘的多彩雅典世界。

柏拉图的文学世界第二个同样重要的特征即其多元性和精神上的广大富饶。他对雅典氛围复述的直接性和可靠性绝不意味着：作为一个著述家（Schriftsteller），他屈从于这一世界的历史或然以及社会局限。

---

① 古风时期（Archaik）指约公元前650年到公元前475年。——译注

② 古典时期（Klassik），指约公元前475年到公元前330年，这一时期开始于希腊结束僭主统治，赢得希波战争的胜利之后。——译注

恰恰相反，柏拉图以诗人的独立姿态，将其故乡雅典与引发希腊精神史的一切联系起来。无疑，进行这种冒险时他可以联系历史实事，就像在
12 早期对话录中，他利用公元前五世纪来到雅典的伟大知识分子们，让他们出现在公众面前宣传各自的新教育。而当他在晚期作品中让始终匿名的“来自爱利亚（Elea）的客人”或者让巴门尼德本人（在以其命名的对话录中）来到雅典，在那里与青年苏格拉底一同进行哲思时，就不再考虑任何记传—历史之信度。在自然哲学对话录《蒂迈欧》（*Timaios*）中，一个外来的政治家和学者——我们通常认为他是毕达哥拉斯主义者，尽管并没有字面上的标识——在半是雅典人、半是外来者的圈子里，讲述宇宙如何通过德穆革（Demiurgos）的神圣理性得到构建。相反，在其最后的著作《礼法》（*Nomoi*）中，始终匿名的雅典人在异地，即克里特（Kreta），在两个保守的多立克（dorische）文化[①]的代言人面前反思自身城邦的文化，全面筹划了一个秩序井然的未来社会及其精神根基的蓝图。

似乎柏拉图通过选择谈话伙伴的文学技艺，不仅一次次拓展了精神的视域，也希望从整体上反映出纷繁的历史进程：首先，源自外邦的新自然哲学与社会哲学教育传入了政治上强势的雅典。通过与这种外来思想资源的论辩交流，雅典的概念哲学（Begriffsphilosophie）逐渐成形。这种哲学，一旦其方法被确定下来，就构成了更为深邃的论辩，并且触及公元前五世纪的思想根基——爱利亚学派、赫拉克利特和毕达
13 哥拉斯主义的哲学。对根基的检验最终导致这样的结果——正如在《礼法》中所形象表现的——严格的方法训练引发了一套政治—道德观念的产生，这套观念通过“雅典人”而传播至整个希腊世界。于是，我们以柏拉图早期到晚期的对话录中的谈话者为媒介，游历了雅典历史的发展，即从心智的接受到批判性的深化，最终达到典范般的创造。

---

① 这里等同于斯巴达文化。——译注

对话录的这种直接性、多样性和在暗中已不断显明的象征力量，使得柏拉图成为今日四海内——毋需考虑国别文化之差别——影响最为深远的哲学启蒙人。谁从柏拉图开始其哲思，即可自知立于正途。

当然，他生生不息的影响力绝不仅限于入门阶段。毋宁说真正令人叹服的是，柏拉图不仅确立了日后在欧洲被称为哲学的那一学问之标准，而且奠基式地提出了形而上学、认识论、伦理学、政治哲学诸本质问题，以至于即使面对两千五百多年硕果累累的发展，人们也不禁仍要关注其解决方案，至少要关注其问题之展开。

就今天读者阅读柏拉图的经验而言，这些恐怕亦是至为关键之因素。对尚未伪饰之原初的感触，坚持面对核心问题的信念以及对语言与构思典范的体验，这些都为敏感的读者提供了心智上的乐趣，也正是 14
我们的出发点。

二
读者将自身带入作品

仅仅通过这一经验尚不能解释，为什么偏偏在谈及柏拉图之时，人们以超然之热诚，同时又异议百出地探讨应该如何阅读。对于此种情形，即使非专业人士也略有耳闻。柏拉图以文学形式向我们提供哲学内容，当读者遇见这种特殊的形式，自然伴随着方法上的疑问，而此种形式在其他思者那里并不具有柏拉图处那样深邃的意旨。因为他人从未曾像柏拉图那般，将表达的方式如此直接地与内容相系——对对话形式的正确理解和对柏拉图哲学概念的理解是互为条件的。而这里存有一悖论：恰恰是这一作者（而非其他人），尽管他能够传达直接的体验并仿佛引人自然寻得进入哲学问题之门径，自己却似乎亟需某种特殊的释义学。

柏拉图作品的释义学与作为独立学科的哲学释义学在其发展的两个关键点上紧密相接，这绝非偶然。正是重要的浪漫派哲学家、神学家弗里德里希·施莱尔马赫（1768—1834），一方面开拓性地反思了读者的主动角色，并由此出发引申出一套对话录的释义学，其基本框架
15 的有效性今天仍被众人推崇；另一方面，就正确解经（Exegese）而言，他重新清理了神学家们的古老难题，引发出一套普遍的释义学，人们可以将这视为现代释义学哲学真正的开端。在二十世纪，汉斯—格奥尔

格·伽达默尔（Hans-Georg Gadamer）一方面正是从柏拉图找到自身哲学的出发点，并且在其第一部著作《柏拉图的辩证伦理学》（*Platons dialektische Ethik*）（1931）中深化并具体演绎了施莱尔马赫论及形式对于内容之意谓的洞见，另一方面，他的代表作《真理与方法》（*Wahrheit und Methode*）（1960）则演化出了哲学释义学的新基础。

讨论应该怎样以正确的方式阅读柏拉图，最终是对读者将自身引入作品中的方式和方法的讨论。在阅读中，我们不可能与本来的自我相分离，不可能将我们多方面的有限性忽略不计，我们由之是自己在阅读过程中逐渐建构根本的要素，这些对任何方式的阅读而言，都是被普遍接受的。此外，在柏拉图那里还需要补充的是，正如一开始就提到的，读者几乎不可避免地感到，自己不仅仅是旁观者，而且是以一种难以言传的方式加入到自身追随的论辩之中——这就必然影响到读者对于文本回应的方式。读者个人在对话进程中深入地、亲身地参与，这显然不是柏拉图作品的一个偶然效果，也并非与作者之意愿全然相违。就此而论，我们所面对的难题不是尽可能地将接受中的主观因素排除出去，而是尽可能地导向实事本身［参照《斐多》（*Phaidon*）91c］。然而在刚踏上朝向这一鹄的之道路时，就仿佛到达终点那般抽离掉那些我
们身上妨碍接近目标的消极因素，恐怕并无助益，因为它们在合适的情 16
况下亦可能成为我们的帮手。这里，我们当然应该调动自己的整个自我本质（Wesen），而不仅仅是分析性的知性，来回应柏拉图的戏剧。那么问题就在于：读者应该以何种主动的方式来参与其中，他可以自发地对意义构建做出哪些贡献。

三
个体接受的一个范例

没有其他人曾像柏拉图那样清晰地意识到个体接受哲学时的受限性。他一再让我们体验到，一个对话者灵魂上的特殊状态如何妨碍他把握作者的意图。

其中一个最为著名的例子便是对话《高尔吉亚》(*Gorgias*)中的卡利克勒斯(Kallikles)了，此君是所谓强者自然权利的代言人。根据他的看法，如果有人在力量和权力上高人一等，那么其奴役他人并肆无忌惮地追逐自己的利益乃是天经地义。自然本身渴望强者之治；对正义的流行见解，即以群己之权界限制自我欲求之放纵，仅仅被视为弱者的意识形态构造。强者渴求冲动与愿望的无限满足，而弱者为求自保陷这一健康之欲于不义之境地(参《高尔吉亚》482c—486d)。

柏拉图本可以以一种平和之疏离引入此论题，使其贡献于伦理学原则的论证。不过事实上他未采取上述方式，而是让卡利克勒斯作为这一信条的代言人申述此立场。于是，这一论题不仅仅是某种理智的
17 “立场”，而且是病态的野心和放纵的自我中心论之直接表达。当苏格拉底以无可辩驳的理由向他证明，正义的传统概念是有意义的，而相反所谓强者的权力根本上就自相矛盾之时，卡利克勒斯就不再能够跟上苏格拉底了——但这并不在于理智上的缺陷，因为显然他丝毫不缺少

理智，而在于其性格的局限。文中已经明确说明，正是他无所顾忌的欲求妨碍他理解和接受苏格拉底理论上圆满的和道德上高贵的见地（参《高尔吉亚》513c）。

与苏格拉底相较，卡利克勒斯对自身恰有一颠倒之见解：他认可自己的渴望和欲求（《高尔吉亚》491e—492c）。他不知道，同时也不想知道，人高于他的欲求；人心中的理性不是服务于欲求的纯粹工具，而是某种神圣之力，其适于统治灵魂的低级部分。在这里，苏格拉底显然对人类心灵结构的相关理论已经成竹在胸（参《高尔吉亚》493a以下）——然而既然他看到，卡利克勒斯于此恐怕并无能力追随，他也就并不引申其论证，而仅以一些暗示了事。这些暗示，就整体而言，只有在《政制》（*Politeia*）中充分发展了的灵魂学说界域内才能得到理解。苏格拉底提醒卡利克勒斯：在不了解“小秘仪”（die Kleinen Mysterien）的前提下，“大秘仪”（die Großen Mysterien）也是无从传授的；而卡利克勒斯本人恰恰连前者都没有搞懂（《高尔吉亚》497c）。换一个角度说：对柏拉图而言，只有回溯到人类心灵的内在结构，才能真正解决这个难题，而这不必传述给像卡利克勒斯这样的角色，因为他缺少充 18
分接受此种真理之前提。[1]这样，卡利克勒斯仅仅得到针对他个人（ad hominem）[2]的驳斥，因为苏格拉底只是在卡利克勒斯论证水准的高度指出其立场的矛盾性。

通过对这个文学形象惟妙惟肖的勾画，柏拉图明确地告诉我们，他的哲学要求完整的人。也就是说，它要求不仅仅拥有理智上的能力，同时还要求所传授的实事与接受传授的灵魂之间内在的亲和力。谁不准

① 于此也参看第96页以下。（译按：原文为第95页，据作者手校本改。）

② ad hominem本意指“从人出发”、“以人为导向”，与“从事实出发”、“以事实为导向”相对，有主观性、暂时性等特征。这里强调苏格拉底没有试图从根本上，即从事实出发驳斥卡利克勒斯，而是刻意有所保留。——译注

备进入到内心转换的进程中去，他也就没有资格获得充分的解答。

但是，不仅仅是朝向哲学家所代表的实事需要一个积极的态度。既然哲学活动（das Philosophieren）是每个个体与他人之间交流的过程，那么交谈对象之间相互的亲善（εὔνοια）也就必不可少。柏拉图以令人印象深刻的方式指出，因为卡利克勒斯没有友善地对待他的谈话伙伴[①]，也就因此放弃了与苏格拉底真正的交流。事实上，柏拉图确信，真正的哲思只有在同道之中才是可能的；如果哲学的论证应该取得实质的成果，它只能在“善意的辩驳”（εὐμενέσιν ἐλέγχοις，《书简七》344b5）中进行。这样的信念规定了所有对话录中的角色设置，除了《高尔吉亚》，它还可以从《吕西斯》（*Lysis*）、《会饮》（*Symposion*）、《斐德若》和《政制》中清晰地辨识出来。“友情”（Freundschaft）因此在这
19 里自然不能理解为主观上偶然（subjektiv-zufällig）的偏好，随即视为纯粹的情绪；而应该理解为来自“神性”（das Göttliche）、“永恒的存在者”（Immerseiende），最后是善的理念（die Idee des Guten）本身这三者共同的设定。

卡利克勒斯当然是一个极端的角色。柏拉图刻意挑衅般地将他刻画为毫无保留地公开认信非道德主义——这是对那些哲学反对者的挑衅，他们拒绝形而上学的灵魂学说和理念学说，因而与柏拉图的伦理学基础针锋相对；这同时也是对未来读者的刺激——因为我们心中至少都潜在地拥有一个卡利克勒斯。这一敌视基本伦理的形象饱含刺激又栩栩如生，它迫使我们——有意地或者更可能是无意地——去澄清我们自身对于“强者权利”的立场。

---

① 参我对此对话录的解释，见《柏拉图与哲学的书写性：早期和中期对话录的解释》，第191—207页，特别是第197页以下。

四
读者可能的错误态度

对交谈伙伴的友善本是任何真切理解的必要条件。不过当我们作
为读者，并非面对活生生的交流，而是面对书写记叙时，树立正确态度
的难度亦必然陡增，因为相对于亲自与某个伙伴交流，书本并不会纠正
可能出现的错误态度。所以，对那些阅读柏拉图过程中可能出现的焦
躁需要如实加以辨认并且予以抵制，这点就异常关键。根据过往的经
验，恰恰在那些思想开明、颇有哲学兴趣、品位与教养俱佳的读者那里
容易出现这种焦躁，对此下文将予以特别的关注。人们应该认识到，这 20
实际上是柏拉图对于何谓正确哲学交流之理解的一个后果，并由此也
是他的哲学概念的一个后果。只是，人们应该避免由于这些暂时性的
迷误导致长期不能把握柏拉图的思想。

(a) 当读者在窘境对话录[①]中，经过一次次徒劳的探索最终找不到

① 窘境对话录(die aporetischen Dialoge)，通常指柏拉图早期的短篇对话录，如《拉贺斯》(*Laches*)、《吕西斯》、《卡尔米德》(*Charmides*)等，也称为"定义对话录"(Definitionsdialoge)或者"ti esti（按：希腊语，指"是什么"）对话录"。其特征为篇幅较为短小，通常考察一种德性的定义，但探寻通常没有建设性的结果，任何定义的尝试都充满缺憾，通常以无积极结论终止，或亦可言其结局是开放的。——译注

解答之时，他看不到那些不寻常的错误旅程之意义，而会轻易地以为，整个过程都徒劳无益，最多是一个所涉宽泛的开场白，而富含成果的哲学活动此时尚付诸阙如。

（b）在那些建构性的对话录[1]中，如果其中根本性的问题"当下"尚不能被澄清，或者说其必须在另一刻才被处理，人们就会不耐烦地问道：为何一个有价值的主题稍一露面就随即消失了；对更本质之物的不断暗示是否真的与柏拉图思想某些部分相合，或者这不过置读者于坦塔洛斯[2]之境地：对他而言，近在眼前的果实仅仅是诱人的骗局？

（c）早期和晚期对话录一个最终的共同点即对话领导者相对于其他参与者无可逆转之优势。人们尚能记得，在《礼法》中的"雅典人"以知识上的优势为雄厚根基，不断教导他那些外行的多立克朋友；人们或许也记得，"来自爱利亚的客人"以一种压倒性的优势与那些年轻人滔滔不绝地论辩。当对话参与者们处于不平等的状态之时，特别是"苏格拉底"看起来每次都不费吹灰之力便战胜了他的对手之时，竞争性的对话录（Dialoge mit agonalem Charakter）应提供的公平似乎被破坏了。
21 人们会质疑：这样一个在对话竞赛中战无不胜的冠军，无论其对手是谁，是多面手希庇阿（Hippias），还是偏激的卡利克勒斯，是易激动的特

---

① 建构性的对话录（die konstruktiven Dialoge），与上文所及的窘境对话录相对，通常指柏拉图的中晚期对话录。在这些对话录中，结果常常不再开放，而是对话引导者试图针对讨论问题给出自己的解答。——译注

② 坦塔洛斯（Tantalos）是宙斯的宠儿，他作为一个凡人参加众神会议和事务，然而终因得罪了众神而被打入冥界。对他被打入冥界的原因说法不一：一说因为他向人间泄露了宙斯的决定；二说因为他盗了神宴上的神食和琼液给凡人；三说因为他把自己的儿子佩洛普斯杀死给神食用，以此来考验神的智慧；四说因为他拿走了潘达瑞俄斯盗出的宙斯神庙里的金犬。坦塔洛斯被罚入冥界后，拘留在一个湖中央。他口干舌燥，但要低头喝水时，水就向四周退去，永远喝不到口；他的头上满树都是水果，但刚一伸手摘取，树枝马上抬高，使他永远吃不到口。——译注

拉叙马霍斯（Thrasymachos），还是美名远扬的普罗塔戈拉（Protagoras），抑或德高望重的高尔吉亚，他都能同样轻而易举地让对方俯首称臣，这可能吗？这无论如何都可谓异乎寻常，几乎难以置信；人们本能地希望有更多的平衡与平等，一些被惹恼的读者心中就可能开始反抗不可战胜的苏格拉底。

这些反应完全可以理解。人们回顾一下这些情境就能看到，如此反应与近代以来的两个典型观念相关：其一，对公平之追求；其二，对于无限制地公开背景的追求。我们这些生活在民主的、多元的、敌视权威的二十世纪的人们，无论有意还是无意，都强烈地为统治性的相对主义所影响，以至于自然以一种怀疑或者内在的反感看待占尽优势的“苏格拉底”或者“雅典人”——因为他们竟胆敢将自己代表的导向标识为唯一的真理——同时，我们自然视他们玩弄窘境的游戏（Spiel mit der Aporie）[1]为缺乏坦诚，并感到，不断指示未来才可获得明见，这分明是对眼下要求的回避。不过与之相对，我们倒是应该发问，柏拉图以这样的创作，难道不是想告知某些对我们而言不是那么显而易见的特殊之物？难道这些观念不该回溯到某一哲学概念之上，这概念根本不同于二十世纪的信念，但正因此便能够补充和丰富这一信念？

从中我们看到，文本激发了读者对对话发生整体性的（不仅仅是理智上的）回应，这种回应同时包含着某种危险。谁没有发现自身可能就是导致扭曲的因素，谁就很可能局限在肤浅的理解之中。当然，导致扭 22
曲的原因未必仅在个体之主观，读者带入作品中的，不仅仅是其自身，更是整个时代。仅仅因为文本中的事物不合于时代的思想，它们就被忽视或得不到尊重。下面的实例应该可以直观地说明这点。

---

① 译按：Aporie来自希腊文的Aporia，原意指无路可行，这里可谓疑难、困境、窘境，这里主要关涉到柏拉图的早期对话录，参本章相关的译者注释。游戏（Spiel）对柏拉图也是核心的概念之一，特别是在《斐德若》中，参后文Szlezák的相关解读。

五
不了解的，就是看不出的

1.“隐藏”作为对话录的动机

自从施莱尔马赫揭示出，在柏拉图那里，对话录形式对内涵并非无关紧要，这就确立了解读柏拉图的任务在于研究作为对话录整体及其细节的戏剧艺术。可惜迄今无人能宣称，在这一任务的统领下相关研究已经取得了足够的进步。虽然个别的戏剧手法，如交谈伙伴的变换，个别反复出现的动机，如诗句的引用，都被反复描写，但是还有一个动机，因其陌生性和缺乏解释，始终没有得到重视。我以为这一动机即对知识的隐藏与刻意保留，由于它对柏拉图的作品意义重大，本应得到详细的论述和解读。

不过这一动机对我们而言是陌生的，因为在欧洲，很久以来人们就假定哲学与科学工作成果具有绝对公开性，由此也就不以为还存在这
23 样的可能，即有人将值得一提的结论刻意保留。[然而我们要注意，正如美国的社会学家罗伯特·弥尔顿（Robert K. Merton）证实的那样[①]，即便在十七世纪，决定公开心灵之创作也并非轻而易举的。将公开性想

① Merton：《科学的社会学》（*The Sociology of Science*），Chicago 1973，特别是第273页以下。

当然地划入更早的时代，恐怕过于天真，因为这是非历史的。]

既然“隐藏”作为动机在对话录中频繁出现，那么人们难免惊异，柏拉图到底缘何将其引入。苏格拉底的谈话伙伴们总是被怀疑不想公开或者不想完全公开他们的知识。他们或者为自身考虑而保守知识，比如赫拉克利特主义者克拉底鲁（Kratylos）或怪异的自吹自擂者兼神学家欧叙弗伦（Euthythron）所为；或者为了检验他人而有所保留，比如对智者普罗狄科[①]作为之推定；甚或为了欺骗他人而保留知识，正如克里底亚（Kritias）、卡利克勒斯、希庇阿和吟游诗人伊翁（Ion）对这一可能性的肯定[②]。如果在上述事例中这一对柏拉图而言显然异常关键的动机没有得到应有的重视尚可理解，那么在《欧绪德谟》这一形式极为完美的对话录中，人们没有注意到对知识的保守这一动机，则有些不可思议了。因为这一动机在此不仅参与了对话录结构之建构，并且也进一步规定了其内涵。如果没有对之相应的理解，对整个对话录意蕴的理解也只能是匮乏的。《欧绪德谟》的“情节”是苏格拉底试图引导欧绪德谟和狄奥尼索多斯（Dionysodoros）这两个智者将不严肃的胡闹与把戏一劳永逸地抛开，从而展示他们对严肃哲学所能贡献的东西。因 24
此，苏格拉底首先假定他们掌握着至关重要的洞见，但迄今一直故意保留而不愿公开。但当他没有成功地唤起智者的“严肃”时，他就建议二人不要再浪费自身的智慧了，而是应该维持像现在这样保守的姿态，因为正如他所说，“物以稀为贵”（das Seltene ist von Wert）（《欧绪德谟》

① 普罗狄科（Prodikos），来自柯沃斯（Keos）的智者，德谟克利特、高尔吉亚的同时代人，柏拉图曾数次称其为苏格拉底之师，并称其致力于语义学与词汇学研究。——译注

② 参《克拉底鲁》383b—384a；《欧叙弗伦》3d, 11b, 14c, 15e；《普罗塔戈拉》341d；《卡尔米德》174b；《高尔吉亚》499bc；《小希庇阿》（*Hippias minor*）370e, 373b；《大希庇阿》（*Hippias maior*）300cd；《伊翁》541e。

304b；我们下文还会涉及应该怎样解释苏格拉底的行为）。

柏拉图不仅将对哲学知识的刻意保留描画为作为一种个体可能的抉择，同时也视其为某一国家教育体系的组织措施。在较早的对话录《普罗塔戈拉》中，柏拉图幽默地勾画了“真实的”斯巴达的一个虚构景象。在那里，斯巴达人真正的长处不是作战，而是研究哲学。但因为斯巴达人不想让其他希腊人分有自己的智慧，于是他们不是偷偷摸摸地与思想领袖打交道，就是策划公开的排外运动，其真正目的无非是不想让外人看到他们的哲学活动。这样，其他希腊人就遗憾地没能意识到希腊最为古老与意义重大的哲学源头（《普罗塔戈拉》342a—e）。

与这个有些搞笑的虚构相比，更为重要的是两个国家乌托邦所提供的图景。在《政制》中，统治精英们进行哲学教育的具体日程安排以教育内容严格受限为前提。它规定，只有最有能力的人才可被引向至高原则，即善之理念的考察，这要从五十岁才开始（《政制》540a）。部分二十岁左右的青年，尤其是其中只拥有中等或者更低资质的人，会被排除到“最精确的教育”（die genauste Bildung）之外（503d）。如果他
25 们随处能够得到最后阶段哲学活动的信息——甚至以书面的形式，那么上面的规定就简直没有意义了。对于那些掌握着知识最高形式的人来说，倘若他们充满责任心地对待教育，这就意味着他们仅仅让做好准备的人通达此道（我们还将看到，苏格拉底自己便是在《政制》中如此行为的），那么长期地、辛勤地在基础教育阶段停留和按部就班地、决不过早地向较高层次过渡，就是相当合理的措施。在柏拉图晚期的理想国家筹划，即《礼法》中，国家的最高领导机构，也就是所谓的“夜委会”（der nächtliche Rat），一开始就笼罩着守密的氛围：克里特[1]理想国的普通公民对领导机构内部成员的抉择以及这些抉择的根据——相

① 克里特既是《礼法》中角色的谈话地点，也是“雅典人”试图筹划的国家的所在地。——译注

关信息和他们的教育情况——一无所知（《礼法》951d—952b, 961ab, 968de）。

2. 苏格拉底自身第知识的保守

根据目前的考察应该可以确定地说：不同于二十世纪的观念，在柏拉图那里对知识的保留显然是有着重大现实意义的核心观念。当我们进一步审视苏格拉底在《欧绪德谟》中的表现时，这将更为清楚地显明出来。我们已经提到过，他假定智者欧绪德谟和狄奥尼索多斯故意仅仅提供“游戏”，而哲学性的“严肃”则暂时藏在这些游戏背后引而不发。在整个对话中，他致力于努力引出对方“严肃性的”见解，不过最终逐渐清晰的却是：他们实际上除了足以迷惑青年的荒唐诡辩 26
之外一无所有。苏格拉底一开始对此就了然于胸，不过却坚持在智者的“游戏”背后存在着刻意隐藏的“严肃”，这是纯粹的反讽（Ironie）。

但为什么苏格拉底偏偏选择这种形式嘲弄反对者？看一看他自己在这一对话录中所影射的哲学理论尽管并没有以论证的方式展开它们，也足以澄清他的行为。这个“苏格拉底”显然对柏拉图式的回忆学说、理念论以及辩证法了然于胸。不过对今天的读者来说，只有通过细致比较《欧绪德谟》中的表述与其他对话录相关段落，特别是《美诺》（*Menon*）、《斐多》和《政制》，才能确定这一点。唯有把握了纵深的哲学背景，才能将那些以断片形式忽然插入的暗示联结成意味深长的整体。这意味着，如果我们单单占有了柏拉图的对话录《欧绪德谟》，那么我们还不能理解其中主要人物的哲学立场，就像对话录中的谈话伙伴显然不理解苏格拉底。换而言之，苏格拉底在《欧绪德谟》中的表现乃是“内传式的”（csotcrisch）：他掌握着深层的奠基性知识，但认为没有必要对一方面根底尚浅，一方面资质也不适合哲学的人展示。柏拉图以为，只要情况适宜，在必要时保守哲学知识的能力，是现

27 实中哲学家的正面特性。当苏格拉底将这一正面特性归于显然根本没有资格的伪哲学家欧绪德谟和狄奥尼索多斯，并给予他们极高的赞扬时[1]，这可谓尖刻的嘲讽。

只要理解了《欧绪德谟》中微妙的反讽，也就不会将苏格拉底在这里及其他对话录中对守密（Geheimhaltung）的嘲笑误解为对柏拉图反内传立场的表达；而是认识到，他在此暗示，只有真正的哲学家才有能力做到意味深长的保留，才有能力本着对接受者负责任的态度传播适宜的知识。

相反的态度，即人们把知识兜售到市场上，如商贩大声标榜，试图尽可能大量地卖出商品，而不考虑听众的需要与教育状况，对柏拉图而言，便是智者的态度。根据其本质，智者正是反内传主义者。因此无须惊奇，柏拉图恰恰让普罗塔戈拉，公元前五世纪最为重要的智者，为知识传播根本的公开性做辩护陈词（《普罗塔戈拉》317bc）。

3. 对话录指向自身之外

除却其他许多例证[2]，对话录《卡尔米德》和《政制》也展示出，如果苏格拉底将知识不加区分地传给他人，那么他就不符合哲学家的理想形象。在《卡尔米德》演绎颇长的框架情节[3]中，他采用了从色雷斯

---

① 《欧绪德谟》的解释更为详尽的论证参看我的论文《苏格拉底对保密的嘲讽：论〈欧绪德谟〉中的爱智者形象》（Sokrates' Spott über Geheimhaltung），见《古代与西方》（*Antike und Abendland*）26，1980，第75—89页，亦见《柏拉图与哲学的书写性》中《欧绪德谟》一章，第49—65页。

② 几乎每一对话录都涉及相关主题。我已经试图在《柏拉图与哲学的书写性》中给出苏格拉底式的哲学教育之图景。

③ Rahmenhandlung，这里指进入正式问题讨论前的场景叙述与对话。——译注

进口的灵药（φάρμακον）这一透彻明晰的比喻。苏格拉底本可以将它 28
给予青年卡尔米德，以治疗后者的头痛——但他却没有如此行为，而是宣称，只有先对灵魂“施咒”，药性才可能生效（《卡尔米德》15e）。那么这里，医药本来已经可以使用却有意搁置，原因就在于接受者从哲学上看，尚没有达到有效吸纳它的程度。

在《政制》中，贯穿始终的“情节”就在于，格劳孔（Glaukon）与阿德曼托斯（Adeimantos）兄弟一直试图让苏格拉底讲授他对正义的看法。尽管苏格拉底对兄弟二人赞赏有加，但并不认为对他们讲授正义就是理所应当；毋宁说，为了让苏格拉底更多地表明其见地，二人需要不断施加新的“强迫”。具有决定意义的是，由格劳孔与阿德曼托斯所施加的“强迫”仅仅在一定程度上是成功的：苏格拉底虽然筹划了理想国的图景，同时他也说明了正义何在；但是当他被迫详细陈述“善的理念作为万物本原”的见地时，他就解释说，有许多，特别是最重要的东西，即善的“本质”（τί ἐστιν）之阐明被省略了（509c及506de）。当格劳孔稍后重新坚持并且希望获知苏格拉底仅仅勾画了轮廓的哲学辩证法时，苏格拉底才告诉谈话伙伴他小心翼翼地限制哲学教导的根据：这正是因为格劳孔自己的心智还没有成熟到能够接受苏格拉底了然在胸的详尽阐述（《政制》53a）。

以这个例子我们已经触及柏拉图对话录的核心结构特征：不仅仅
是《政制》有着如前所述的情节，几乎所有的对话录都或多或少地指 29
示了这一构思上的关键点。于此，对话引导者明确地宣称，关于正在处理的实事之最为本质的一面，他本可以有更多更重要的东西要说，但是他此时此地尚不会说出。由于这一情节对于正确理解柏拉图有着至关重要的意义，我们之后还会不断论及并打算称其为“空略之处”（Aussparungsstellen）。

所有这些在前几页已经描述的——谈话引导者总是不断怀疑谈话伙伴恐怕保留了他们的知识；接着，柏拉图通过《欧绪德谟》的“情节”

澄清了这一动机的意义；随后，在理想国家的筹划中，苏格拉底限制了通达哲学之路的可能性；进一步，这一存在于所有对话录的情节让人认识到，苏格拉底本人以严格限制接受者的方式，即以“内传的”方式传授其哲学；最后，甚至也论及了“空略之处”的明确表述——尽管一切是如此抢眼并亟需解释，这在近几代的现代柏拉图解读中却没有发挥任何作用。它们或者像苏格拉底谴责“内传术”的微妙游戏那般被根本忽视，或者如“空略之处”一样仅仅被部分把握并且被系统地误解为限制视域（Blickverengung）的结果。[①]

就像上面所暗示的那样，这种忽视与误读的原因就在于，我们整个
30 时代——自从启蒙以来的“现代”，也包括所谓“后现代”——已经不存在对哲学传播有意识的限制，因此对这种限制也就无从理解。人们仅仅看到他所认识的东西。

柏拉图不是为十九世纪和二十世纪的书籍文化写作。如果我们没有开始严肃地看到这个浅显但根本的见解，也就违背了我们试图通达柏拉图哲学的意愿。

在考察了《斐德若》中柏拉图的书写批判之后，我们就会明白，面对哲学知识传播的难题，柏拉图的立场何在（第十二章）。而在我们进入这一部分之前，我们必须努力揭示柏拉图对话形式上的（当然同时关涉到内容的）根本特点（第六章和第七章）并且自问，我们是否清楚了，柏拉图究竟为哪些人写作（第八章）；当他书写时，他是否已经确定了一个文本解释的理论（第九章和第十章）。

---

① 研究中对空略情节的处理参看《柏拉图与哲学的书写性》第324页以下，包括注释144。第一个清晰认识到这一情节意义的是克雷默（Hans Joachim Krämer），见其《柏拉图与亚里士多德论德性》（*Arete bei Platon und Aristoteles*），Heidelberg 1959，第389页以下。

六
柏拉图对话录的诸特征

下面尝试总结柏拉图对话录的本质特征，它们共同构成了一种对话录形态学的基本配置。就其整体而言，这些特征表达出对哲学知识之传播的某种认识，也间接表达出某一特定的哲学观念。

这里仅仅关注在柏拉图的创作中没有例外，或者那些几乎总能遇见的特征（比如，这里因此就不将窘境结局计算在内，尽管它对于一些柏拉图早期对话录而言乃是根本性的）。任何一种柏拉图对话录的理论原本都应该能够解释这些奠基性的特征，但是正如我们这里必须强调的，在十九世纪与二十世纪才获得统治地位的反内传主义对话理论却只能部分地解释这些特征——这就清晰证明了，它必须为某一新的、更接近柏拉图信念的范型所取代。 31

（1）柏拉图的哲学作品毫无例外均以**交谈**（Gespräch）来表现。但在对话的框架内**长时间的独白**也是可能的。

（2）对话进行于某一确定的时间和地点之中。参加者们被刻画为贴近生活的个体，除了少数例外，均是历史上可以证实的人。

（3）每一对话录中均有一个形象明确地在其中担任引导角色。对话引导者的名字首先是“苏格拉底”。正如其他的参与者，他亦在个体层面上被刻画，并且他的形象一开始就倾向理想性的升华。在晚期对话录中，也可能是其他人引导对话；在这种情况下，引导者的个人信息显得比其他参与者更加含糊。

（4）对话引导者分别只和一个对象交谈。超过两个参加者的对话可归于对话的过渡，它展示出对话引导者将在对话中变换交谈对象。大篇幅的三人对话不会出现。对话引导者可以暂时中止与真实对象的交谈，而以与虚构对象典范般的对话取代之。

（5）对话引导者可以回击所有的指责。在竞赛性的对话中，他可以驳倒所有参与者，而自己始终无可撼动。所有确实推进对话的元素都由他提供（于此，当然有时他以“助产”术揭示“他人的”思想）。

32 （6）对话并不是逐渐地提升，而是可以说大多在防御攻击的过程中被突然地引向质的飞跃。

（7）对话引导者并不将论证引向结构上的终点，而是指示未来的诸主题、证明目标与工作领域。这些被指示的问题，从实事出发，本都应得到处理，但由于它们超出当前研究所能达到的深度与广度，于是被排除在外。因此，每一柏拉图对话录都有其空略之处。

七
对上述特征的疑问

柏拉图作品最为显著的特性大部分曾经为我们时代流行的思想模式草率地忽略。因为人们相信自己已经拥有了正确的答案，于是客观地对对话录遗产进行必要的发问也就一再被耽误。既然我们不应该成为一些流行误识的牺牲品，那么下文就将考察这些误识以及上述特征中的相关重要问题。

关于(1)：是否哲学活动对柏拉图而言仅仅在对话的意义上(dialogisch)才是可能的？它是否与“生存论式的交流”(existentielle Kommunikation)(在二十世纪生存哲学的意义上)相联系？并且对话录是哲学表述唯一可以构想的合法形式吗？

在此必须小心谨慎。我们当然不应该忘记，正是在对话录《普罗塔戈拉》中，柏拉图让苏格拉底坚持反对智者式的“长篇大论”(μακρὸς λόγος)，而提倡问答体(Frage-und-Antwort-Verfahren)；但也正是在这篇对话中，苏格拉底以系统讲辞的形式进行了长篇解说(342a—347a)；此外他借助假想的谈话对象(关于柏拉图的这种艺术 33
方式，参看下面的第4点)暂时摆脱了同普罗塔戈拉在现实中的对话。这样从内容上看，苏格拉底所达到的结论并不依赖普罗塔戈拉对他的回答[①]。由此可以证实，柏拉图时而将苏格拉底描绘为孤独的沉思者，时而让他利用所谓从前达成的共识（Homologien）与进行过的探讨，或者让他利用某一来自第三者的教导[②]：一切都清晰地表明，对话引导者根本不是**当下**（hic et nunc）才加工一切，而是将本质上已成形的思想方式和结论带入讨论。这就警告我们小心那些称颂"对话性"（das Dialogische）和"讨论的生动进程"（der lebendige Prozeβ des Diskutierens）的天真赞词。这里并没有拒绝思想之对话性的意义。依据柏拉图所言，思想是灵魂与其自身的对话[③]，也只有在这意义上而言，我们才谈及**思想**的对话性。苏格拉底确然认为，通过孤独之思所寻得的，也应该能够通过与他人对话的检验；将发现展示给他人并与之共同研讨，这是一种普遍的需要[④]。在此居于首位的是**根本的**可检验性。当苏格拉底强调，应该将一切交给**最好的**提问者与回答者来检验之时——正如他在《普罗塔戈拉》中所断言的——他指示的更多是他自己的思想而不是普罗塔戈拉这个人。但是如此根本的对话性，就其形式而言，却也可以享有非对话式的展现。柏拉图著作的非对话部
34 分透彻地展示出这点，比如《礼法》的第五章与第六章的大部分内容，《斐德若》中的爱若斯赋辞（Eros-Rede）以及《蒂迈欧》中同名人物至关重要的伟大独白：与简短提问和简练回答的方式一样，所有这些都是柏拉图哲学的真实表达。

柏拉图使用对话录这一形式也不应该误导我们相信，他希望保

---

① 尽管如此，与之完全不同的是，苏格拉底传授多少他的意见和洞察则分别依赖于他的谈话伙伴的反应，见第96页以下（译按：此处页码指原文页码，见本书边码，下同）。

② 《会饮》175b, 220cd;《克里同》（*Kriton*）49a;《美诺》81a;《高尔吉亚》493a;《大希庇阿》304d;《政制》505a3, 611b9—10;《斐多》100b5。

③ 《泰阿泰德》（*Theaitetos*）189e,《智者》（*Sophistes*）263e。

④ 《普罗塔戈拉》348d。

持“匿名”的状态，即将自己隐藏在虚构形象的诸观点背后。尽管对柏拉图之“匿名性”的信仰仍然如此广泛，甚至一些颇有声望的研究者也为之代言[1]，它仍旧仅仅是一种天真的迷误。人们确认柏拉图从没有以其自己的名义说话，而仅仅戏剧性地构思了他人的种种意见之争。这尽管初看起来像一种微妙的反思，但尚不足以称为刻意的匿名。事实上，一位长时间保持匿名的哲学家乃是索伦·克尔恺郭尔（Søren Kierkegard），他在各色的托名如克里马科斯和安替克里马科斯[2]背后代表相互争执的见解：当人们最终意识到这些托名背后实际站着同一个匿名者时，他们可能手足无措地问道，作者自己的意图究竟何在呢？而在柏拉图那里根本没有诸如此类的东西：他从没有让他的作品在假名下流传；至多他所想究竟为何，在那些窘境作品[3]中并非完全明了（从
消极层面上看，这些对话录其实也是极清晰的）。比如在古希腊没有读 35
者会怀疑，柏拉图自己也信仰灵魂的不死，无论他“仅仅”让苏格拉底，还是蒂迈欧或者“雅典人”来为此观点论证；如果我们还想对之有所怀疑，那只能说明我们缺乏精致的判断力。

关于（2）：将对话录的框架确定在一定的时间和地点内，正如将独特真实的历史角色引入其中，这始终指示了只有自己亲身投入，才有可能在哲学上登堂入室。然而，人们却也可能将这一特性误解为柏拉图强调最终结论的时代局限性——确实有人认为，柏拉图相信哲学家“不

---

① 比较早的例子如Heinrich von Stein：《柏拉图主义史七书》（*Sieben Bücher zur Geschichte des Platonismus*），Göttingen 1862，第一卷第11页以下；近年来有影响的当属Ludwig Edelstein：《柏拉图之匿名》（Platonic Anonymity），见《美国语文学学刊》（*American Journal of Philology*）83，1962，第1—22页。

② 两者均为克尔恺郭尔用过的笔名，而安替克里马科斯（Anticlimacus）的意思即为“反克里马科斯”（Anti-Climacus），这是利用Anti这一前缀所做的语言游戏。——译注

③ 即早期对话录，参第四章注。——译注

讲述他不会随即进行质疑的东西”；为了服务于这个信仰，柏拉图可以通过对话进程的个体化与人格化将本应找到的真理根本地相对化。

然而首先，柏拉图从来没有代表过此种意见；其次应该指出，对话情景与对话人物的“历史性”（Historizität）是一种在至高之诗的许可下被削弱的历史性。每一个对话参与者的目标是挣脱个体的束缚，导向应该永存的真理，这与读者的目标乃是一律。对话的情景与时间的有限性（Zeitbedingtheit）在这里是一种“理想的”或者说范例般的有限性，仅仅由此我们才能在其中辨认出我们自身的有限性。如果柏拉图的人物**仅仅**是历史的形象，那么他们的所作所为也就不会显得与我们如此切近了。不过，幸好他们不是在历史—偶然意义下的个体，而是——如果我们可以这样表达——以普世方式存在的个体。

关于（3）：毫无疑问，对于柏拉图而言，为“苏格拉底”或者其他对
36 话引导者设置心智上和个性上势均力敌的对手，或者相反将苏格拉底和其他辩证家描绘得不那么杰出，实际上都是可能的。奇怪的是，人们很少察觉一个势均力敌的交谈之缺陷，更少有人意识到其中的问题。我们不会略过这个问题以及另一个与之紧密相系的疑难，即为何柏拉图不是将对话引导者理想化，就是将他描绘得虚无缥缈。这两个问题再次指向柏拉图关于哲学知识传播的观念。如果柏拉图设置两个水平相当的对手，那么根本性的问题就会由于二者的不相上下而始终不能得到解答；而众所周知，柏拉图那里并没有如此**根本的**窘境（相反，早期对话录中的无结论窘境并不是持论水平相当的结果，何况这种困境在《政制》中已经被扬弃了）。我们必须发问怎样的哲学概念乃是设置不平等的人物形象之前提。

关于（4）：避免三人对话意味着，每一参加者的立场始终仅仅和对话引导者相关，并且为后者所纠正——其他立场的相互接触并不能产生什么成效。当和持某一立场的伙伴进行论辩却不足以引向有益的成果时，对话引导者可以自主地越过现实的界限，设置与虚构对象的讨论。比如，

这一虚构的对象包括,《礼法》第十卷中的无神论者,《会饮》中的蒂欧提玛(Diotima),以及《大希庇阿》中的苏格拉底的匿名家客(Hausgenose)。后两个例子还显示出柏拉图的“历史”角色如何被逐步任意拓展。

关于(5):柏拉图决定在每一对话录中仅将领导权交给某一个角色;这一决定似乎并没有必然推出同时赋予这一角色相对他人的优先性,即他在**任何**情境下总是胜人一筹。由于这很难和当代的平等思想 37
协调一致,人们于是干脆驳斥柏拉图想将苏格拉底立为在所有意见之争中的战无不胜者。不过相比于对这种遗产的否认,在此更为有益的还是去追问,在这样戏剧化的抉择中表达了怎样的哲学概念。

关于(6)和(7):当所达成的结论受到攻击,一个明确的“帮助”紧随而至,它以更为严格的思想方式和更深层次的论证在更高的层面上来确证这一结果。对《斐德若》的结尾部分书写批判的考索揭示了这一现象的意蕴。不过既然这一奠基性的文本迄今尚还没有成为描述柏拉图对话录结构的线索[1],那么,尽管一些解释者注意到了对话录中论证层次忽然拔高的现象,却从没有将其作为柏拉图的要求——哲学家一定优于其讲辞(Logos)——正确地施以解读。

柏拉图的对话引导者可以刻意地在不同层面上进行哲思——这依赖于谈话伙伴,依赖于他们的需要和把握能力,依赖于“苏格拉底”选择的层面。他不会没有根据地跃向更高的水平:真正的哲学不是将自己整个提供给爱好者,而是希望自己被找寻。既然这不为人所理解——与之相对,人们更容易想到所谓纠缠不休、与任何人都在街上搞哲学的苏格拉底——那么为何作者有意识地限制上升运动也就相应地不被理解。如前所述,空略部分既没有被正确描述,也没有在它的运作 38
中被辨识,其作用最终在于越过书写而指向柏拉图的口传哲学。

① 在我的作品《柏拉图与哲学的书写性》中(参第18页的注释),我尝试弥补自从施莱尔马赫(他是这种探究方式的第一个萌芽)以来柏拉图研究的延误。

八
柏拉图为谁写作

如果我们能够确然说出柏拉图为哪一群体写作，那么这对评判上述列举的特征就具有重大价值。不过我们提出这个问题，并非仅仅是追随自命为“接受美学”[①]的文学理论流派的号召（其不过是古典语文学早先努力的继续，即指示作者原本对受众的需求与期待乃是文学发生与形成的构造性要素），毋宁说，在我们迄今的考察中已经从多方面表明，柏拉图早已清晰意识到哲学接受可能的多样性及其意义。这种意识会引向选择某一特定的阅读群体（Leserschaft）吗？

对于这个问题柏拉图没有一个相应的说明；既然他选择戏剧作为贯穿始终之表达，也不应该期待他给出这一说明。那么，这也就提示我们，答案要从对话录的内容与基调来推论。

不过就此而言，对话录提供的图景根本不是统一的。在广阔的可能性序列的一端是小型对话《克里同》（Kriton）：从苏格拉底心中人

---

① 接受美学（Rezeptionsästhetik）为德国六十年代兴起的文学流派，后影响至美国的读者反应批评，代表人物乃康斯坦茨大学（Universität Konstanz）的姚斯（Hans Robert Jauß）与伊瑟尔（Wolfgang Iser），其主要受现象学与释义学的影响，强调文学经验的历史性、文本阅读的视域交融、文本与读者的交流等。——译注

格化的律法警示他安心守在父母之邦，并且全文缺乏高难度的论证来看，此文可能主要是为具有忠诚禀性的哲学业余爱好者所写。人 39
们可以将《蒂迈欧》置于另一极端：它不仅提供了一个意蕴深长的自然本原学说，而且第二部分还含有种种高度专业化的自然科学结论。显而易见，进入这类著作的前提是系统化的预习和掌握专业文献的基本知识，它极可能是为专业人士或者受过相关教育的爱好者量身定做。况且，部分刻意晦涩的表达与放弃对话性也要求读者拥有一个不低的耐性（Durchstehvermögen）。《巴门尼德》的第二部分虽然以问答体形式进行，却也要求读者的坚忍与敏锐。它严格集中于抽象概念“一”与“多”的逻辑，由此故意放弃了柏拉图作品一般特有的优美与生动。

《巴门尼德》的第二部分自称为“练习”（γυμνασία，《巴门尼德》135d7），它是对话引导者为在场的那些最为年轻与单纯的伙伴所定制（137bc）。年轻的哲学弟子们在晚期对话录《泰阿泰德》、《智者》、《政治家》（*Politikos*）、《菲勒布》（*Philebos*）中也是谈话参与者，他们的探讨和早期对话录中的探讨相比本身就具有某种学院式的专业性（Schulmäßig-Professionelles）。“方法练习”这一视角也在这些作品中被强调（例如，参《政治家》285c—287a, μελέτη①，286b1）。

从对话**内部**问题的接收人我们或许可以推断对话本身的接收人：那么它们似乎首先为学园的学生们作为练习引导，同时也作为讨论的基础所写。在柏拉图哲学预备教育的基础上，学生们一定要有能力解决文本中的诸种谜团和疑难（Aporien），并补充论证的不足。由此，对 40
话中超出自身的指示（Über-sich-Hinausweisen）恐怕要和学园内哲学授课框架下设想的实践用途联系起来或者由此来澄清。至少在这种假设下，早期的窘境结局作品得到了意味深长的解读，这应该是无可争

① 意即“练习”。——译注

议的。[①]

就目前之所见，我们以为这三种不同的接受人群体均是可能的，即业余爱好者、接受过基础学术训练的人和柏拉图学园中的学生。此外若想将一团体与另一团体相互严格区分，恐怕也是有些武断的。谁若恰恰是初入学园，他的修为就很难和一个对哲学有兴趣的“门外汉”相区别；另一方面，可以设想一个禀赋极佳的“学生”在学园中进行高强度的学术研究，很短时间内他就在这一或者那一学科领域内已经是“专业人士”了。我们不要忘记：没有对话不关注哲学进阶者的兴趣；正如可以反过来看，没有对话录[②]是如此费解，以至于一个初学者在阅读时会一无所获。

柏拉图在《斐德若》中解释，书写著作（总的来说，其不值得过于严肃）最大的价值在于对于有识者提供了一种记忆上的支持（《斐德若》278a1）；哲学家为了自己年老后有一回忆之媒介而写作，游戏而
41 已——为自己，为每一个追随此印迹之人（276d1—4）。谁能与柏拉图踏上同一条道路？人们可以将他们仅仅限定为学园内的学生吗？如果我们设想一下，对话录确实曾首先是“课堂使用的练习册”——那就可以推出，他们“不可设想为为一个更为广泛的群体而作的文献”？[③]然而正是柏拉图意识到，一册书一旦被写成，就会毫无选择地在各色读者那里传播（《斐德若》275e）——如果他希望避免一个广泛的阅读群，他好像必须采取一些措施以防止他的书写四处传播。而在伊索克拉底（Isokrates）的著作中我们得到了同时代人的证言，即柏拉图的作品也

---

① 参Reinbold Merkelbach编辑、翻译并注疏的《柏拉图的〈美诺〉》（*Platons Menon*），Frankfurt a. m. 1988，“导论”第5—10页；Michael Erler：《柏拉图对话录中的窘境之意义》（*Der Sinn der Aporien in den Dialogen Platons*），Berlin/New York 1987。

② 也许唯一的例外是《巴门尼德》的第二部分。

③ 参R. Merkelbach，前揭，第1页，注6。

在学园之外被阅读；并且那些讲究文学形式的大手笔，像《斐多》、《会饮》、《欧绪德谟》与《斐德若》，可以确定是为有文学修养的公众而作。拥有着政治视野的作品，像《申辩》(*Apologie*)、《美诺》、《高尔吉亚》、《政制》，如果说它们仅是为志同道合的年轻人而作，这恐怕很难讲得通。最后应该想想那些强烈的劝勉(protreptisch)效应，它从柏拉图整个早期和中期著作中生发，并在晚期著作的部分章节中仍然可以被察觉到：从这一角度看，相关作品的目标首先是那些亲近哲学但尚未投身于其中的圈外人。

这样，尽管每一具体的对话录确实提出了对心智的不同要求，但一个有教养的公共群体仍是柏拉图的首要目标。不过从这些公众出发，并不一定意味着其他团体要被排斥在外。简而言之：柏拉图为所有人 42
写作。

九

柏拉图的对话录是多声部的吗？——现代对话理论

如我们所看到，柏拉图知道，只要一个作品公开流传，就可能碰到各种类型的读者。他也知道，《普罗塔戈拉》中对希默尼德（Simonides）诗文的讨论证明（我们之后还要进一步处理此点），不同类型的读者倾向于从同样的文本中提取不同的东西。并且他有意识地为所有人写作，至少他著作的主要部分如此。

那么这就可以推出，他的目标是以同样的文本分别与不同的读者做特殊的攀谈吗？他利用一种文学技巧，这种技巧允许凭借同样的字句给这个读者阐明某样东西，同时给另一个读者阐明另一种东西？如果他握有这种技巧，那么他也就可以将最为本质的、必须言说的东西有意识地以某种方式传播，以至于只有某一类读者才能把握？

这里涉及的这个问题，由维特根斯坦的沉思意想不到地解释清楚了，这见于他为自己的《哲学评注》（Philosophische Bemerkungen）所做前言的一个早期稿本：[①]

---

① Ludwig Wittgenstein：《评注汇编：遗稿选》（*Vermischte Bemerkungen. Eine Auswahl aus dem Nachlaß*），由Georg Henrik von Wright及其助手Heikki Nyman编辑，Frankfurt a. M. 1977，第23页。

"如果一本书仅仅为少数人写作，那么它就将展示出，只有少数人能理解它。书籍必须自动地促成区分理解它的人与不理解它的人。[……]如果你不想让某种人进一个房间，就要上把锁，而他们没有相应的钥匙。但是和他们说这些没有意义，除非你确实希望，他们从外部对这间屋子发出惊叹！适宜的方式是，在门前上这样一把锁，它仅仅引起有能力开启此门者的注目，其他的人则反之。" 43

作者给他的文本上一把"锁"，这把锁一开始就仅仅被某一类读者看见，并且随之也可以打开，维特根斯坦认为这是可能并且必要的。凭借这把锁，维特根斯坦企盼不能理解此书与可以理解此书的两类读者"**自动地**"区分开来。

维特根斯坦做出这般深思之时根本没有想到柏拉图。然而当他写作时，确实存在着一种超过一百年之久的柏拉图对话录理论。这种理论认为，柏拉图刻意通过书本"自动区分"读者，并且在对话录前悬了一把"锁"，预言有人去发现并开启这把锁。我以为，这就是已经多次提及的由弗里德里希·施莱尔马赫开创的对话录理论。既然他的主要思想在十九世纪和二十世纪以来广泛传播，我们也就可以将其称为"柏拉图对话的现代理论"。

根据这一理论，既然对话录可以自动疏远那些不合适的读者，那么它自己就有能力寻找自己的读者。既然它在新一次的阅读中开启出新的意义层，并因此回答相应读者之发问，那么它所言就并非一成不变。既然那些无知者的攻击根本没有触及深层次的意义，而那些有识者的怀疑也通过新的"答复"被平息，在这个意义上，柏拉图的对话录也可以帮助自己抵御攻击。根据这一理论，对话作品的这些能力使其成为一种"活"的文本(ein aktiver Text)，成为一个读者必须和它一同尝试"谈话"的"伙伴"。

让我们首先确认一下，正是通过否定柏拉图在《斐德若》中完完全

44 全地归于书写(即γραφη)/的缺陷,“活的”对话作品才赢得了这些积极能力。柏拉图说,书写总是一成不变,不能回答问题,不能自己选择读者,也不能为自己辩护(《斐德若》275de)。柏拉图从来没有说,存在或者将来可能存在一种书写表达的形式可以克服书写文字的根本缺陷。只有口传哲学没有被这种缺陷所缚:“有识者”(Wissende)可以在活生生的对话中寻找合适的伙伴;他可以不总以一种方式回答问题,面对指责时他可以为自己辩护(276ae)。

现代对话录理论相信,柏拉图书写的对话录可以根本上和“有识者生动的、附灵的(就是说口传的)言谈”(die lebendige und beseelte Rede)达成同样的成效,因此柏拉图也确然揭示出这一个与口传的哲学活动无异的领域。但这根本没有柏拉图文本的支持,不仅在《斐德若》里没有,在其他对话录中也没有。对话录作为唯一一种书写使用克服了书本特性的观点[①]根本上偏离了柏拉图,其合法性将由下文进行考察。

不过,在我们开始这个检验之前,应该先看一下涉及这一理论普遍特性的两个断言。

(1)对话形式的现代理论从一开始就有一个反内传主义的目标设
45 置,这延续至今。在施莱尔马赫之前,腾尼曼(W. G. Tennemann)在其书《柏拉图的哲学系统》(*System der platonischen Philosophie*)中论证了如下观点,即柏拉图从没有意图将自己的哲学完整地以书面形式来表述。为了反对这一见解,施莱尔马赫[②]将对话形式视为一种可以与口头对话相提并论的表达形式,这样也就确定了对话录就算不是以直接的,也是以间接表达的方式无所缺漏地代表了柏拉图哲学。自从施莱尔马赫以来,“间接表述”(die indirekte Mitteilung)被普遍接受为一种足以排

① 在弗里德兰德(Paul Friedländer)的表述中:“对话录是作为书本唯一的形式,其仿佛扬弃了书本本身。”见其著,《柏拉图》卷一,1964第三版,第177页。

② 见柏拉图翻译的“导论”(卷I. 1,柏林1804,第5—36页)。

斥内传主义（Esoterik）的文学技艺。不过它是否能够满足这一要求，应单独考察。

（2）就上述倾向而言，人们可以将现代的对话录理论标识为“反内传主义的柏拉图阐释”（die antiesoterische Platonauslegung），它与二十世纪由罗班[1]、维尔佩特[2]、克雷默、盖瑟尔所代表的“内传式的解读”（die esoterische Deutung）针锋相对。遗憾的是，这一对立根本是引人误入歧途。因为施莱尔马赫从没有战胜或者克服内传主义，而仅仅——相应于德国浪漫派的整个趋向——将其内在化了，置于接受者的内心，或者用他自己的词汇，使其成为一种“读者的禀赋”（Beschaffenheit des Lesers）。施莱尔马赫及其追随者确实与“内传主义者”（Esoteriker）拥有同一见解，即柏拉图远没有将所有严肃的东西全盘托出。他们仅仅是反对柏拉图有意限制了哲学表达，并确信所有本质的东西就在书写中，不过隐藏在间接表述的技艺之下。那么这就要求读者竭力去成为一个“真实的内在倾听者”（ein wahrer Hörer des Inneren）（施莱尔马赫语），或者用维特根斯坦的比喻，要求读者看到 46
“锁”并去开启。人们可以称这一结论的立场为“对话录内的内传主义”（dialogimmanente Esoterik）。此外，这种立场也接受对“内传主义”

---

① 罗班（Léon Robin），法国知名古典学家，著有《从亚里士多德看柏拉图的理念论与数论》（*La théorie platonicienne des idées et des nombres d'après Aristotle*）、《柏拉图爱的理论》（*La théorie platonicienne de l'amour*）、《希腊思想与科学精神之起源》（*La pensée grecque et les origines de l'esprit scientifique*）、《希腊化思想在伊壁鸠鲁处起源：方法、考证与历史诸疑问》（*La pensée hellénique des origines à Epicure: questions de méthode, de critique et d'histoire*）等。——译注

② 维尔佩特（Paul Wilpert），德国神学家、古典学者，著有《两部关于理念论的亚里士多德早期作品》（*Zwei aristotelische Frühschriften über die Ideenlehre*）、《托马斯·阿奎那的真理确证问题》（*Das Problem der Wahrheitssicherung bei Thomas von Aquin*）等，编译库萨的尼库拉（Nikolaus von Kues）作品多部。——译注

来说具有关键意义的区分，即区分“适宜的”与“不适宜的”接受者并且排除后者。不过按照前者的看法，这一区分乃是通过书本“自动”发起的。

于是，我们必须选择的不是“反内传主义的”和“内传主义的”柏拉图阐释，而是内传主义的两种形式：相对于“文本内的内传主义”(die textimmanente Esoterik)——人们或许也可以称其为“释义学的”内传主义(hermeneutische Esoterik)——是逾越对话的，或者说“历史的”内传主义(die dialogübersteigende oder historische Esoterik)：后者关注的是书面上从没有确定下来的本原学说(Prinzipienlehre)的历史现实性——当亚里士多德在《形而上学》(*Metaphysik*)中批评柏拉图时，总是偏爱指涉这一学说。

为能够从根本上判断这两个立场，就有必要引述关于文字多义性的古典理论以及介绍柏拉图对此的态度，并且首要的是具体考察他的书写批判(见第十二和十三章)。然而我们迄今为止的考察绝不让我们毫无原则地进入这一问题。

值得注意的是，现代的施莱尔马赫对话录理论漠视空略之处。这种漠然或轻视乃是必然的，因为它们原则上不符合这一理论的筹划。相应于维特根斯坦关于“房间”与“门”前之“锁”①的比喻，柏拉图的空
47 略处并不是提示对大众而言不可见的锁之在场，即不是提示维特根斯坦个人所明确拒绝的行为，而是确认还存在着其他的“房间”，在它们门前甚至根本没有读者。估计维特根斯坦也会否定这样的确认，既然他认为，谈论表述界限的唯一动机是作者希望他们“从外部对这间屋子发出惊叹”，所以他认为弄一把不显眼的锁“更合乎礼仪”。从这一评估出发，一些读者相应也就认为任何内传主义都总有点不合体统。然而很容易看到，还可能给出另一个不同于维特根斯坦所言的动机：比如

---

① 参见第42页的引用。

柏拉图非常希望，尽可能多的人进入他的“房间”，也包括最内部的房间，而没有合适准备的人则不行。与之相对，从外部发出惊叹对于他根本微不足道。出于这种态度，他可以公开指示其他“房间”的存在，而绝不违背维特根斯坦式的“礼仪”。

再者，现代对话理论使得对根本洞察的表述（间接的表述）纯粹依赖于读者智性的高低。因为在某些人看来肤浅和无甚问题的字句和思想背后发现某一深层的、“原本的”意义，这是语言分析、逻辑分析、记忆与联想能力的成果，简而言之，是智性能力的结果。而在对《卡尔米德》（上文第27页）场景的概览后，我们已经看到，苏格拉底掌有的灵丹妙药要依赖卡尔米德首先在灵魂上与之“相适”才能生效，这意味着他要先有“明智”（σωφροσύνη）这样的美德。我们同样看见，在《高尔吉亚》中的卡利克勒斯并没有由于智性上的缺陷，而是由于其性格道德上 48
的状况而被排除在“大秘仪”之外。在《政制》中，柏拉图最后从根本上讨论“哲学天性”（die philosophischen Naturen）里的必要品质时，相对于强调智性，更强调伦理的优先性（《政制》485b—487a）。如果一种表述“原本之物”的理论完全漠视这一条件，那就值得被略微谨慎地推敲一下了。

十
一个古典的释义理论

认为一个文本可以交织着多个声音，至少交织两个声音的想法绝不是源于现代，这在柏拉图的时代也已经不是什么新东西了，至少泰奥格尼斯[①]（诗行681以下）或者品达（《奥林匹亚颂》2.83—86）的贵族读者圈对此耳熟能详。[②]它对公元前六世纪以来的荷马阐释（Homerexegese）也有着特殊的意义。在整个古风时期，荷马史诗在希腊世界取得了无上的权威性，它不仅仅被视为审美的范式，而且亦含有对人神世界的整体阐释。按照诗哲色诺芬尼[③]的表达，即所有人"都以向荷马学习为始"[④]。而这个色诺芬尼正是反对荷马的众神世界中拟人

① 梅加拉（Megara）的泰奥格尼斯（Theognis），公元前六世纪后半叶至前五世纪初希腊贵族诗人，以他名义流传之诗目前有1 400余行，包括宴饮时的诵读诗、哀歌、道德与政治格言等诸多方面。诗人强调贵族青年与诗人通过爱若斯结合成亲密的共同体，在其中达成诗歌的教育。——译注

② 也参本书第150页的注释1。（译按：原文为第148页注释2，据作者手校本改。）

③ 色诺芬尼（Xenophanes），公元前六世纪希腊哲人，相传为巴门尼德（Parmenides）的老师，因主张一神论，并开启了哲学对诗歌的批判而闻名，间或被史家归为爱利亚学派的创始人。——译注

④ 色诺芬尼：DK 21B 10（卷一，1952第六版，第131页）。

图景（anthropomorphes Bild）最具影响力的代表。他如此嘲笑道：只要有可能，牛将构想牛形的神像，马则构想马形的神像。并且就诸神的行为而言，色诺芬尼以为，荷马和赫西俄德①把所有属人的肮脏和羞耻均 49
归于了神。②赫拉克利特同样激烈批评源自诗人的神学，他甚至认为，人们必须将荷马从节日庆典中驱逐出去。③

尽管对于所有弃绝传统的尝试来说，习俗的力量当时始终十分强大并难以克服，不过新哲学批判之犀利亦迫使传统不得不有所转变。这就导致人们坚信——正如瑞吉恩的特阿格尼④于公元前六世纪晚期所证实的⑤——荷马用诸神世界充斥着欺骗、斗争、嫉妒与情爱这看似野蛮的传说讲述了一个对于肤浅的理解力而言无法通达的深沉智慧。荷马之隐喻（Homer-Allegorese）很快成为希腊教育的共同财产，并且从根本上导致在早期哲学的批评之后，荷马作为希腊人教师的地位非但没有削弱，反而被巩固。在数百年之后，斯多亚派（Stoa）和新柏拉图主义（Neuplatonismus）均为这一诗歌阐释方法的拓展做出了贡献。并且既然这一方法涉及的不是具体细节的解说，而是整个方法，那么就不能排斥将它运用至其他"神学的"文本。欧里庇德斯（Euripides）通过一个祭司之言提供给我们一个解读神话"深层意义"栩栩如生的事例：特里西亚（Teiresias）在《酒神的伴侣》（*Bakchai*）中向不信神的彭透斯

---

① 赫西俄德（Hesiod），生活于公元前700年左右，希腊诗人，其所著《神谱》（*Theogonia*）是荷马的《伊利亚特》与《奥德赛》之外最为重要的希腊神话来源之一，并第一次在希腊筹划了一系统的世界图景。流传迄今的诗作尚有《工作与时日》等。——译注

② 色诺芬尼：DK 21B 15和11。

③ 赫拉克利特：DK 22B 42。

④ 瑞吉恩的特阿格尼（Theagenes von Rhegion），公元前六世纪的希腊学者，因荷马阐释而闻名，他奠基了隐喻式的阐释方法，并涉及荷马生平、文本校勘等方面。——译注

⑤ 《证辞》（*Testimonien*），见DK 8A 1—4；参G. Lanata：《前柏拉图之诗》（*Poetica Pre-Platonica*），Firenze 1963，第104页以下。

(Pentheus)解释，狄奥尼索斯(Dionysos)从宙斯的大腿中出生“究竟”意蕴何在(欧里庇德斯：《酒神的伴侣》，272行以下)。由一无名氏对一
50 俄尔甫斯教[1]文本(ein orphischer Text)所做的类似阐释也出现在从公元前四世纪的墓穴中寻得的纸草[2]上。

伊索克拉底[3]证明，这种首先用于阐发诗歌的方法，也被选用于散文。在《泛雅典颂辞》[4]中，第一部分对雅典与斯巴达的比较完全偏向于雅典，而在第二部分(12.240以下)他的一个学生认为：对雅典的赞美似乎仅仅是针对肤浅读者的表面论述，而细心的读者将在这背后发现伊索克拉底隐藏了偏向于斯巴达的真实意见。对雅典的称颂“绝不简单”(οὐχ ἀπλῶς，12.236)，其言外之意乃是测验学生，看他们是否能忆起夫子从前表述过的那些见解，能否以哲学的方式接受看待这一讲辞[5]。有能力书写“双重意蕴的讲辞”(λόγοι ἀμφίβολοι)，书写可以这样

① 俄尔甫斯教因俄尔甫斯(Orpheus)得名，后者相传为缪斯卡利厄佩(Kalliope)和阿波罗或欧亚格洛斯(Oiagros)之子。他从音乐之神阿波罗那里获琴，遂得奏天人之乐。同名教派将其学说回溯至神话人物俄尔甫斯，公元前七世纪左右由色雷斯地区传播至整个希腊，其学说强调灵肉之间的矛盾及灵魂转世，影响之后的毕达哥拉斯学派与柏拉图。——译注

② 即所谓的德维尼纸草(Derveni-Papyrus)，发表于《纸草学与碑铭学期刊》(*Zeitschrift für Papyrologie und Epigraphik*)47，1982，第300页以下。

③ 伊索克拉底(公元前436—前338年)，古希腊修辞学家，智者普罗狄科与高尔吉亚的学生，在雅典建立了与柏拉图学园竞争的修辞学校，传授修辞、演讲等技艺。现今存有21篇讲辞及9封书信。——译注

④ Panathenaikos，源于Panathenaia，指雅典大型的公众庆典，在每一届奥林匹克运动会之后的第三年，纪念雅典城邦的守护神，举行献祭、游行、竞赛等活动，这里指伊索克拉底于公元前339年为雅典所写的赞辞。——译注

⑤ Isokrates 12. 236：“对我来说，似乎你把咱们这个圈子的人召集在一起称颂雅典，不可能背后没什么想法(“是不简单的”)，而且[这个想法也]并不像你对我们说的那样，而是故意要考验我们，看我们是否全心受教(我们是否在进行哲学活动)，(转下页)

或那样被解读的讲辞并提供争议的诱因，都是“美妙的和哲学式的”（12.240, καλὸν καὶ φιλόσοφον）。不过，令人惊异的是，伊索克拉底并没有赞同这一隐意书写理论，也没有接受反义解读他对斯巴达的指责[①]。 51

柏拉图怎么看这种阐释理论和读者必须面对一个秘密“隐意”（ὑπόνοια）的“谜中讲辞”（αἰνίττεσθαι）？

他当然知道，一个哲学思想可能被高层次地或者低层次地理解。在《卡尔米德》中他让苏格拉底肤浅地曲解概念“行己之事”（τὰ αὑτοῦ πράττειν），这不是为了反驳“明智即行己之事”（Besonnenheit ist das Tun des Seinigen）这一定义本身，而是为了最终确定，他一开始对“行己之事”的理解是错误的。这里定义的创始人没有说他之所想，而是表达了一个“谜”（《卡尔米德》161cd, 162a）。苏格拉底没有说，在何种其他的意义上这一概念可以得到理性地运用，这只能理解为柏拉图邀请读者自己找寻意义。

不过，与伊索克拉底在《泛雅典颂辞》中的那个学生相反，柏拉图从来没有将在书写双重意义的讲辞视为“美妙的和哲学式的”。知识传

（接上页）我们是否能想起我们在讨论中已经说过的东西，以及我们是否有能力辨认，这讲辞是以何种方式来组织的。”（...δοκεῖς δέ μοι ποιήσασθαι τήν τε παράκλησιν τὴν ἡμετέραν καὶ τὸν ἔπαινον τὸν τῆς πόλεως οὐχ ἁπλῶς, οὐδ' ὡς διείλεξαι πρὸς ἡμᾶς, ἀλλ' ἡμῶν μὲν πεῖραν λαβεῖν βουλόμενος, εἰ φιλοσοφοῦμεν καὶ μεμνήμεθα τῶν ἐν ταῖς διατριβαῖς λεγομένων καὶ συνιδεῖν δυνηθεῖμεν ἂν ὃν τρόπον ὁ λόγος τυγχάνει γεγραμμένος, ...）比较前揭《柏拉图与哲学的书写性》第360页注释42；M. Erler：《帮助与隐意：伊索克拉底的〈泛雅典颂辞〉与〈斐德若〉之书写批判》（Hilfe und Hintersinn），见《理解〈斐德若〉》（*Understanding the Phaedrus*），第122—137页。

① Isokrates 12.265：“……对于其他所陈述我无话可说——不是他及其隐意与我的意图相合，也不是他误解了它，毋宁说，他的状况是自己为自己设定的。”（...περὶ δὲ τῶν ἄλλων οὐδὲν ἐφθεγξάμην ὧν εἶπεν, οὔθ' ὡς ἔτυχεν ταῖς ὑπονοίαις τῆς ἐμῆς διανοίας, οὔθ' ὡς διήμαρτεν, ἀλλ' εἴων αὐτὸν οὕτως ἔχειν ὥσπερ αὐτὸς αὑτὸν διέθηκεν.）

达的目标是知识的“清晰与确然（或者恒久）”（《斐德若》275c6, σαφὲς
52 καὶ βέβαιον, 277d8—9[1], βεβαιότητα καὶ σαφήνειαν，参278a4—5, ἐναργὲς καὶ τέλεον）。这一目标只能通过口头活生生的逻各斯来到达；不过既然柏拉图将书写下的逻各斯作为口头逻各斯的镜像（εἴδωλον,《斐德若》276a8—9），那么书写就必须也始终指向同一目标，哪怕他从不能达到（就如镜像式的感性事物追求其原象，追求理念的完美，虽然无从达到。《斐多》75ab）。认为苦心达成的二义性（Amphibolie）可能升华所意欲洞见的清晰和恒久根本就不是柏拉图式的。柏拉图拒绝在未来的理想国家中以诗歌—神话形式来“隐晦地”传达关于诸神更深的真理，因为听众没有能力确然地区分隐意（ὑπόνοια）和直言（《政制》第二卷，378d）。即使这里首要谈及的是**年轻的**接受者，而当水平较高的听众或者读者相应被置于更艰涩的“谜题”面前时，问题却始终如一。所以在《政制》差不多一开始的时候，柏拉图就设置讨论被苏格拉底视为“迷津”的希默尼德格言[2]，并以一个荒谬的结论和谈话伙伴的不知所措而结束（《政制》第一卷，31d—36a）。进一步还应该想起在《克拉底鲁》中，柏拉图极度反讽式地使用解读诸神之名时隐意式的词源学方法（40d以下），正如应该想起在《斐德若》中他将隐喻式的神话解读作为多余的精神财产一概贬低之（29c—230a）。

柏拉图公开地轻视以隐意为旨归的诗歌阐释，并且明确地拒绝将
53 其沿用至散文体的哲学文本，或者拒绝将双义书写作为一种哲学能力，这样就进一步说明了（参上文第46—47页），一个与之相应的文学技艺对他来说根本不可能起着核心作用。

---

[1] 原文作277b8—9，据Burnet本改之。——译注

[2] 《政制》第一卷，332b9，“苏格拉底猜测……”（Ἠινίξατο ἄρα…ὁ Σιμωνίδης）。

十一
《普罗塔戈拉》中的希默尼德阐释

《普罗塔戈拉》的中间部分（338e—347a）亦与我们的主题有着莫大的关系，其中柏拉图巧妙并且直指根本地刻画了试图从文本阐释而进入哲学问题的戏剧场景，展示了苏格拉底和普罗塔戈拉这两个异常卓越的阐释者如何在对同一诗歌的解读中进行针锋相对的论辩。

普罗塔戈拉认为，恰当解读文献的能力乃是一般教育最为重要的组成部分（338e），因此他希望在这个领域向苏格拉底发难。他选出希默尼德的一首诗，并且苏格拉底确认，自己对此诗也烂熟于胸且称赞有加。普罗塔戈拉宣称，在这首诗中希默尼德有几行文字自相矛盾，因为诗文首先称：成善者（ein tüchtiger Mann zu werden），难也；但马上批评庇达柯[1]的格言：做君子（edel zu sein），难也——一首存在着矛盾的诗怎么可能是“好的”（gut）呢（339b—d）？

而一开始苏格拉底就给这首诗以积极评价并由此肩负着帮助诗人同时也帮助自己（βοηθεῖν τῷ ἀνδρί，340a1，参341c8—9）的任务，即为这首诗和他自己正名。柏拉图让他调用了一种令人惊叹的先进

---

① 庇达柯（Pittakos），公元前六世纪的僭主，七贤之一。在古代传统中常将其与梭伦（Solon）及克罗伊索斯（Kroisos）并称为智慧的立法者。——译注

54 解释方法，他稽考希默尼德的语言使用，利用普罗狄科的同义词研究（Synonymtik），可以说利用当时最现代的语义学理论；他稽考诗歌隐蔽的背景，这有些类似精神历史视域的重构，并揭示出希默尼德纠正庇达柯的本来意图。

尽管毫不缺乏方法上的充分准备与反思，却很难说苏格拉底的阐释处处都是正确的。在两个关键点上，“苏格拉底”将他的或者说柏拉图的理解带入了阐释，由此也就本质上越过了希默尼德的意向，也可说与其擦肩而过：首先他区分了“**成**善”（gut *werden*）与“**是**善的”（gut *sein*）两组概念，前者因是短时段从而是可能的，或者后者由于是长时段，对人们来说便是不可能的。通过这种区分他反驳了普罗塔戈拉所断言的矛盾——由此，希默尼德这位古风时代晚期非形而上学的诗人承载了柏拉图对“生成”（Werden）与“存在”（Sein）的本体论区分，同时也承载了柏拉图对哲学概念的理解：在他看来，于人而言在思想之高潮短暂地达到目标是可能的，而持续逗留则是不可能的。[1]其二，苏格拉底在希默尼德那里还找到了他伦理学的根本立场：德性即知识。为了贯彻二者，一些解释的暴力是必要的，而柏拉图似乎对之也有着明确的意识。

柏拉图引入了这段欧洲精神史上第一个细致入微的文学阐释并且
55 以此宣称：阐释不可避免地乃是误释（Fehlinterpretation），至少部分如此。其中的原因就在于解释者不可避免地将他自己的立场带入其中，而只要这一因素不可能被排除，那么任凭解释者持什么先进的方法论或者理智上超常的能力都不能改变这一切。

---

① 参Karl Albert：《论柏拉图的哲学概念》（*Über Platons Begriff der Philosophie*），St. Augustin 1989。Albert首先从《会饮》与《斐德若》中推演了柏拉图的哲学概念，但没有涉及《普罗塔戈拉》中更早的阐发，也参第156页以下。（译按：原文作第154页，据作者手校本改。）

于是合乎逻辑的是，整个试图确切阐释诗意的尝试均相应地被苏格拉底极端地贬低。他将在“新异”见解那里逗留比作没修养的宴饮者之作为，这些人靠雇来乐女（Flötenspielerin）的靡靡之音娱乐。能自持的宴饮者则不需要乐女和舞伴，而靠自己的投入与自己交心。所以现在这些聚在一起的谈话参与人应该将诗人的见解束之高阁，而直接朝向实事（347c—348a）。人们反正不能问诗人他们说了些什么，那些含义相互矛盾的解读是无可证实的。[①]

柏拉图将对某一文本的阐发置于导向实事本身（导向“真理”，348a5）的属己言说与思想的尖锐对立面。这一伴随着“新异”之音的言说与伴随着属己之音的言说之对立自然并非由于这里被处理的文本出自**诗人**（不是出自哲学家）之手。这就意味着，**所有**伴随“新异之音的言说”，即所有的阐发行为，对柏拉图来说都得靠后站。这里还存 56
在另一并非仅为**诗人文本**所有的缺陷，即如果文本作者本人确实不在场，那么也就不能对作者发问，由之关于其所意谓的推测便始终得不到检验。

这两个批评导致柏拉图与文本的使用保持距离而投入至口头的哲学活动中，这一活动直观实事本身，并引导参与者说出自己的声音。在对话录《斐德若》结尾部分，柏拉图便原则性地将书写哲学活动之间接性与口传哲学活动之直接性的对立作为探讨的主题。

---

① 《普罗塔戈拉》347e3—7：不能询问关于他们（即诗人）所言之意谓，多数在讲辞中论及他们的人，一些说诗人之所思为此，一些则说为彼，而没有人能论证所谈及的实事。（...οὓς (sc. τοὺσ ποιητάς) οὔτε ἀνερέσθαι οἷόν τ' ἐστὶν περὶ ὧν λέγουσιν, ἐπαγόμενοί τε αὐτοὺς οἱ πολλοὶ ἐν τοῖς λόγοις οἱ μὲν ταῦτά φασιν τὸν ποιητὴν νοεῖν , οἱ δ' ἕτερα , περὶ πράγματος διαλεγόμενοι ὃ ἀδυνατοῦσι ἐξελέγξαι...）

十二
《斐德若》中的书写批判

在《斐德若》的最后几页（274b—278e），柏拉图于这一以“书写批判”而闻名的片段中，讨论书写在普遍意义上的价值，特别是哲学家对待书写的态度。既然《斐德若》思想的统一性并不容易把握，人们便常常将这一片段从整个对话的系统中抽离出来处理，甚至根本没有追问其表述内容与之前对话布局的具体关系。而至关重要的是，书写批评应该作为《斐德若》的高潮来把握，因为只有从这一角度出发，它才同时成为解读整个柏拉图对话录结构的钥匙。

《斐德若》开始于“讲辞”（λόγοι）的比较：年轻的斐德若朗读了他所崇敬的吕西阿斯[1]精心炮制的讲辞（230e—234c），而苏格拉底之后则以同一主题，即以爱若斯（Eros）为主题另做了两个即兴的演说（237b—
57 241d，243e—257d）。比较二人的讲辞不仅关涉到形式的完美，而且从一开始就根本关涉到谁更好地把握了他所处理的事物的本性。在讲辞内部，则涉及这样的问题：对于青年人而言谁是适宜的爱人，陷入爱的

① 吕西阿斯（Lysias）：生于约公元前445年，卒于约前380年，古希腊著名讲辞家、法律文书家，叙拉古富商克法洛斯（Kephalos）之子，三十僭主时期为民主派著名人士。其书写之讲辞影响甚大，至古希腊晚期仍被封为法庭演讲之典范。——译注

仰慕者（Verehrer）还是没有陷入爱的仰慕者。既然苏格拉底在第二个讲辞中展现出爱若斯为哲学本真的动力，对真的爱欲者（Erotiker）的追问就转换为对真的哲学家的追问。

这一在第一部分展开的线索在书写批判中得到了总结：它给出了一个讲辞超越其他讲辞的普遍条件；而伴随着这些条件的明晰，这也同时澄清了，何谓对哲学家而言必要的知识，以及他与自己的书写作品之间的关系。

柏拉图将讲辞，即λόγος，理解为说出的，或是即兴或是提前准备的，或是独白或是对话，同时也包括书写下的“摹本”（Abbild）。这样，他寻找一个对两者——说出的与写出的——均有效的标准。但是活生生的口头交流对他而言无疑是具有优先性的，并且所写的东西需要由所说的东西来衡量。

讲辞的水平依赖于它是否被塑造得“恰如其分”（kunstgemäβ）。演说的**哲学**艺术不仅以把握对构造形式而言通行的修辞学诸规则为前提（这毋宁说仅具有预备性的意义，266d—269c），而是建立在两个要求更高并且更为全面的能力之上，即掌握所言说之物的本质与交谈对象的灵魂本性（277bc）。对物的哲学知识与对灵魂的哲学知识这二者既不能通过经验，也不能通过健全的人类理智就能得到了解，而是纯粹通过 58
对理念哲学（Ideenphilosophie）的不懈研究才可通达，这一研究被柏拉图标识为“辩证术”（Dialektik）[①]，理解为一条“长路”。它在这一对话录中仅仅是暗示，但并没有走出。[②]

在规定了何谓“真正”之言说技艺的背景下，即规定了言说之艺需以哲学为基础之后，柏拉图在书写批判中展开了书写使用的“合宜性”（εὐπρεπείας，274b6）这一特殊问题。这首先涉及的不是书写“**能**”做什

① 《斐德若》276e5 διαλεκτική τέχνη，参266c1，διαλεκτικός。

② 参《斐德若》274a和246a，两个典型的空略段落。

么或者“**不能**”做什么，而是一个“为神所喜爱”(参274b9)之人，即哲学家，**应该**如何使用书写(“属神的”对柏拉图而言是在理念领域，参《政制》611e2，《斐多》803a，“诸神喜爱的”言辞和行为随之也成了理念哲学家的目标：《斐德若》273e)。

苏格拉底首先带来一个关于埃及的神灵忒伍特(Theuth)的故事，他被看作书写的发明者，在希腊语境(interpretatio Graeca)中即等同于赫尔墨斯(Hermes)。使用“创始者”(πρῶτος εὑρετής)神话的运思形式显示出，柏拉图在最根本的意义上审视这一问题——因为对神话思维而言，在事物原初的创造处确立了其不可转变的本质。这样，忒伍特神将书写与其他发明带到国王塔穆斯(Thamus)面前并且称赞这一工具可以使埃及人更为智慧和拥有更好的记忆力(σοφωτέρους καὶ μνημοωικωτέρους，274e5)。

忒伍特处于这样的幻觉中：人们可以通过书写，即通过一外在的
59 (对于灵魂而言)异己的符号，达到聪慧与明智。这一幻觉被塔穆斯当面揭穿了。书写并不促进记忆，而是妨害记忆，即灵魂从内部提取事物的能力。书写不过是回忆的某种工具。通过书写，人并不会更智慧，而仅仅是在未曾接受教导的情况下(ἄνευ διδαχῆς，275a7)，通过各色的字词屈从于智慧的幻象。只有διδαχή，即交流式的教导，才能传达清晰的值得信赖的洞见(274e—275c)。

假设柏拉图分享了对现代对话理论(也包括《泛雅典颂辞》中伊索克拉底的那个弟子)的信赖，即认为书写尽管缺陷重重，但却有能力传达清晰与值得信赖的洞见，哪怕它仅仅在个别能够理解某一双关表达微妙含义的精英那里发挥效用，那么，这里似乎正是谈谈这一信念的地方了。而与之相对，柏拉图在后文中固持书写原则上的缺陷，这一缺陷扎根于书写的本质之中。要知道，对某一事物而言奠基性的东西，是不能通过运用时或多或少的应变来削弱的。虽然在心理学的意义上可以理解，自从施莱尔马赫以来，崇信书本之神灵忒伍特的当代追随者感到

需要颠倒柏拉图的判断。他们担保，在有悟性的读者那里，以谜语和暗示方式给出的书写还是能够拥有其所期望的效果，即洞见的清晰与确然。然而我们必须心平气和而决不带任何挑衅地指出，对文本的这一补充在方法上是站不住脚的，因为它引向了柏拉图原初意愿的反面。

柏拉图通过展示口传的逻各斯不同于书写逻各斯的系列特征，随 60
后通过一个令人印象深刻的比较，达到了对书写之物与口传之物的系统界定。让我们从这一比较开始：

为了理解理智农人的行为和哲学家的或者说"辩证家"(Dialektiker)的行为之比较(《斐德若》276b—277a)，人们必须理解所谓"阿多尼斯花圃"(Adonisgärten)的含义。柏拉图这段文字是流传文献中对之最早的例证：在夏日的收获之后，人们留出种子的一小部分，在浅的罐中或篮中播种，保存在黑暗中并浇水，以便这些种子很快在伏天中繁茂地生长起来。随后盛土的罐或篮将置于日光下，在那里，这些植物迅速死去，当然在种植中也就得不到任何收获。在哀悼阿多尼斯[①]的祭奠中，妇人们将凋零的"阿多尼斯花圃"丢进海中或泉中。

这一少见习俗的含义不久前由鲍狄(Gerhard J. Baudy)揭开。它是一种农俗，一种为了检测新储种生命力的试播种，正如其他已广为人知的试播种形式[②]。不过既然柏拉图以读者了解实事为前提，并没有将这一层面选出作为比较的第三方(tertium comparationis)，那么我们不必太关注仪式的这一方面，就像我们不必太关注其与阿多尼斯神话的联系。柏

① 阿多尼斯(Adonis)，希腊神话中的美少年，为爱神阿佛洛狄特(Aphrodite)与冥后珀耳塞弗涅(Persephone)所爱，但不幸为野猪所伤致死，阿佛洛狄特向宙斯请其复生，后者决定阿多尼斯半年返回人间，半年留在冥界。其死与复生遂成为自然界兴衰往复之象征。——译注

② Baudy：《阿多尼斯花圃：古代种子象征学研究》(*Adonisgärten: Studien zur antiken Samensymbolik*)，Frankfurt a. M. 1986。

拉图更多的是阐明，如果一个理智的农人希望从播种中得到收获，他就不会严肃地将种子播撒在阿多尼斯花圃，并出于娱乐让这些植物在八天内可人地抽芽；只有出于阿多尼斯节庆的需要，他才会这样做，以一种
61 游戏的方式去做。与之相对，如果播种对他而言是严肃的，他则凭借种植技艺方面的知识将种子播撒在适宜的土地上（因此也就不是陶土罐），种子八个月后成熟起来，他才随之心满意足（276b）。“辩证家”也以同样的理智对待自己的种子：他将不会将自己的言辞（Logoi）严肃地在书写的阿多尼斯花圃中播种，这些言辞无力帮助自己，也无力充分地传授真理。也许当他“讲述”关于正义或者类似主题的“故事”（μυθολογεῖν，276e3——对这一表达的阐释见第65页以下）时，他才在游戏中播种于书写的苗圃。他的严肃适用于所掌握的“辩证法技艺”，通过找到某一“适宜的灵魂”，并且在灵魂的逻各斯（logoi）中播种。这些逻各斯可以帮助自身和播种者，并不会始终毫无收获（276c—277a）。

为了进行比较，柏拉图所引入的阿多尼斯花圃礼俗可以从如下视角得到考察：

1. 收获的视角。(a) 正如在阿多尼斯花圃里根本不可能从播撒的种子（σπέρματα）[①]那儿取得收获（καρπός），书写对柏拉图而言必然也是贫瘠而无获的；通过书写可以传达的知识和情志，被比作阿多尼斯花圃中短暂的繁荣，随后则迅速凋零。(b) 既然“收获”——它作为农夫的目标——在于种子（而不在于耕作的技艺之中，其更多地掌控着种植活动，276b6），那么辩证家的“收获”（λόγοι ἔχοντες σπέρμα）必须从内涵上得到理解，就是说，“收获”存在于哲学性的内涵之中（而不仅仅在于“辩证术”作为一种无确定内容之能力的传达）。

62 2. 持续时间的视角。阿多尼斯小花园八天便茂盛起来，而严肃的农人以八个月为目标。我们现在可以了解到，为什么对话录的“文字花

① 参 ἔγκαρπα 276b2, ἄκαρποι 277a1; ἔχοντες σπέρμα 277a1, σπέρματα 276b2, c5。

圃”总是强调，辩证术乃是一条“漫漫长路”，这条道路在多方面超越当下书写所提供的东西[①]。对柏拉图而言，书写这一在原则上不充分的传授捷径（276c9）根本不可能适宜地替代口头的辩证法。

3. 选择的视角。(a) 正如聪明的农人在“适宜的土地上”播种（276b7），辩证家也必须因此为哲学种子亲自寻找一个“适宜的灵魂”（276e6）。既然书写根本不能选择读者，“凭借辩证法技艺”（e5）的哲学播种就不会考虑它。(b) 一个有理智的农人无论如何不会将所有的种子播撒到阿多尼斯花圃里——这样他就断绝了任何收获的可能，这样他也就不会是一个**有理智**的农人了。同样辩证家仅仅将他“预播种子”的一部分撒进书写的花圃，恰恰保留他寄希望的那部分（267c3—9, b2—3）。在此农人与辩证家行为的比较也就与“游戏”与“严肃”的对立相重合了，以至于一些解释者错误地假设柏拉图指向如下对立，即某一作者将所有种子**严肃地**播于书写之中，而另一个则仅仅出于游戏也播撒所有的种子在书写之中。可以说，这样的解释忽略了根本性的比较：对于希腊人而言，在阿多尼斯花圃里种植始终仅仅播撒所收存的一 63
部分种子。不过对我们而言，这一礼俗已经逝去，由于我们作为二十世纪的书籍信仰者，以一种非理性的先入之见反对柏拉图的内传立场，我们便陷入错误的阐释轨道。柏拉图从没有想过，把他的所有哲学托付给书写。

辩证家在与文字打交道的时候有所保留的原因来自书写根本的缺陷，这点柏拉图在进行比较前已经列举了：

(1) 书籍对所有人说话，对有理解力的人，也对那些根本无从与其内涵打交道的人；它不能选择自己的读者，不能面对一定的读者保持沉

① 比较例如《政制》534a7 πολλαπλασίων λόγων, 5042b μακροτέρα περίοδος, 435d3 μακροτέρα ὁδὸς;《斐德若》274a2 μακρὰ περίοδος, 246a μακρᾶς διηγήσεως;《巴门尼德》136d1—137a6, 特别是a5 τοσούτων πέλαγος λόγων。

默(275e2—3)。口头哲学活动决定性的优越性在于,根据其能力亲自选择谈话对象,并在必要的时候拥有沉默的可能性(276a6—7,e6)。

(2)书籍总是说一样的东西。这显示出,当读者或者听众发问,这本书里讲了些什么:唯一的“回答”就是已在字句的重复。这在柏拉图看来,离真实的交流如此之远,以至于在这点上,书写只能和绘画上无生机的形象相提并论(275d4—9)。

(3)书籍不能为自己辩护,当它被斥为不义时;它始终需要作者的帮助(275e3—5)。而活生生的“有识者”即辩证家的口头逻各斯却能做到自助。辩证家有能力帮助逻各斯及其拥有者,而且也可以对“适宜的灵魂”,即对哲学敞开心灵的学生,提供进一步的帮助(276e5—277a3)。

这里也应该毫不犹豫地复述通过忒伍特的段落所应该说出的(见
64 上,第58页):如果柏拉图在现代对话理论的意义上相信,对话录书写的逻各斯并不对所有人言说,因为它能够特意对那些适宜者言说,并且不总是千篇一律,因为它根据不同读者不同的发展阶段分别给出不同的回答,它在某种程度上仍然能够帮助自身;那么,柏拉图必然会将这种信念表达出来。但是柏拉图的文本却从没有提示,会有一种书写的使用——无论是已知的还是未来的[①]——可以恰如其分地完成口头逻各斯的任务。从中虽然我们并不必推论出,柏拉图对通过暗指与提示并且必须由读者自己来填充意义的“间接表达”一无所知[②],但是我们可以推论出,就对书写的价值与功能的把握而言,“间接表达”并

① 通过对未来的提及,柏拉图可以指向自身,而不让“苏格拉底”犯一个年代学上的错误。在这个意义上也有权认为《卡尔米德》169a中所提及的未来“伟人”指涉柏拉图。同样在《斐德若》此处,他似乎已经勾画了一个现代对话录理论意义上对书写的“将来”使用。然而恰恰是这与他毫不相干。

② 比较第128页以下,关于苏格拉底逻各斯的“开放”。(译按:原文作第126页,据作者手校本改。)

不能起到施莱尔马赫及其在十九世纪与二十世纪的无数追随者所归之的那种关键性作用。为何这一命题——暗指性的双关讲辞(λόγοι ἀμφίβολοι)之艺可以在某一隐喻的意义上完成口头讲辞的任务——是不可能的,这并不难回答,我们下面还将更为详细地论述(第147页以下)。谈话伙伴的选择,对不适宜者的沉默,以新论证来进行帮助,对柏拉图而言不是隐喻,而是应该从字面上理解的哲学知识传达的根本条件。

既然书写的逻各斯不能带来已提到的成效,那么其价值在柏拉 65
图看来就颇为有限,最好的情况下仅仅可作为对有识者回忆的帮助(εἰδότων ὑπόμνησιν 278a1,参 ὑπομνήματα θησαυριζόμενος 276d3)。书写可能以多种方式来帮助回忆,但遗憾的是柏拉图并未说出何种方式首先浮现于他心中。所以新近有人建议,应以如下方式理解作为回忆助手的窘境对话录:柏拉图学园中的学生,只有证明自己在一定前识的基础上能够解决包含疑难的练习任务,才可被视为"有识者"[①]。虽然很可能柏拉图也认同这一点,但也应该注意的是,建构性的对话录——他们对柏拉图而言更是"最好的书写作品"——无论如何也不是这个意义上的回忆助手。此外值得怀疑,是否柏拉图将这些仍旧必须接受如此书面练习方式测试的学生归为"有识者"(这一表达在《斐德若》中明明白白指的是辩证家)。不错,甚至应该质疑,比如一个学生,当他已经掌握了《美诺》中存有的回忆学说,是否仍有必要将《欧绪德谟》中的疑难作为练习任务。

正如在276d3中柏拉图说,当哲学家到达了健忘的年龄时设置回忆助手,这并不仅仅为同道,而且也为他自身。从这个目的出发,窘境对话录就被明确排除在外。对回忆功能的强调,让我们这些当代人最可能想到《蒂迈欧》和《礼法》这样的著作,其富含自然科学的、

① 参本书第40页注释1。(译按:原文作第39页注释1,据作者手校本改。)

法律的或者历史的细节。这里所意谓的严格意义上的“回忆”文字
66 (hypomnematische Schriften)之广度何在，恐怕尚不能确切地说出[①]，尽管它们无疑包括不同知识领域材料的汇集，包括种属划分(Dihaeresen)与定义。

然而不能忘记，回忆助手的设置并非哲学家书写的唯一存在理由——柏拉图也提到了“游戏”，其成功使得作者获得了乐趣(276d4—8)。没有理由不将这个说法回溯到柏拉图本人，特别是当他在《政制》中论述正义概念时，随即相当明确地影射了自己的“神话”(mythisch)游戏，即讲述故事的“游戏”[②]。柏拉图视从戏剧与心理引导两个层面上
67 构思哲学对话录为透彻心神、提供兴悦的游戏。对话录的存在尤其依赖于天才作者艺术性的游戏冲动。

---

① 也有人尝试，将这“回忆助手”(ὑπομνήματα)与记忆(Anamnesis)理论联系起来(参见 Ch. L. Criswold: *Self-Knowledge in Plato's Phaedrus*, New Haven 1986)。如果应该这样认为，文字可以直接将灵魂带入到对其在彼岸所见之理念的回忆中，那么这样一种暗示与书写批判的意义很难相应。

② 276e1—3：“一个美妙之至的游戏，苏格拉底，你将它与某一低等些[的游戏]相比：懂得以言辞来游戏，通过它讲述关于公正与其他你所言及事物的故事。”既然将自身作为一神话叙述(μοθολογεῖν)标识出来(376d，501e)，那毫无疑问，柏拉图指向的是其重要著作[《政制》]。(W. Luther已及此点，见氏著：《书写逻各斯的诸弱点》(Die Schwäche des geschriebenen Logos)，载于*Gymnasium* 68，1961，第536页以下)。

十三
从哲学家与书写的关系出发对其进行规定

苏格拉底带给斐德若的消息会合了柏拉图对口头与书写逻各斯相关价值的沉思，由此他超越了吕西阿斯。而除了吕西阿斯，这一消息也指向荷马与梭伦；这三个名字并不是作为个体而存在，而是代表着整个文学领域：荷马代表所有诗歌（278c2—3）；吕西阿斯代表非哲学的散文；梭伦代表哲学，特别是伦理—法哲学。这三个名字同时在希腊精神史的三个时代存在，毫无疑问应该以象征的方式代表着希腊文学传统的整体。“苏格拉底”向整个传统通告：一个“知道真理如何”的作者，当他进入检验其所写的谈话中时，就可以帮助它们，并且有能力，通过其口头的表态（通过他自己言说λέγων αὐτός）指出其书写作品价值之有限（φαῦλα），所以这样的作者不应由它们（即书写作品）而留名，而应以其严肃投入的东西。

斐德若：你想怎么称呼他们呢？

苏格拉底：称他们为“智慧者”，斐德若，在我看来无论如何有些夸张了，这只有神才配；不过恐怕可称其为“智慧之友”（φιλόσοφος）[①]，或

① 即爱智者或哲学家。——译注

者某个以这种方式更适合他，也更合体的称呼。

斐德若： 这也毫无问题。

苏格拉底： 另一方面，有些人除了上下求索、翻来覆去撰写与创作
68 之外，再无什么更有价值的东西（τὸν μὴ ἄχοντα τιμιώτερα），你就确然有权利称他们为“诗人”、“讲辞写手”或“法律文书家”，是吗？

斐德若： 否则还有什么呢？（《斐德若》278c4—5）

柏拉图在此将作者这一群体分为两个差异极大的团体。其一，无疑是大多数，他们可以根据各自的创作被称为“诗人”、“讲辞写手”或“法律文书家”。另一群体所获得的名字与神并不是决然分离，而是有关联的——因为仅仅在**爱智者**（philosophos）的名字中存在着一个标识着神之特性的余音，即智慧的（sophos）。因为其所“知”，**爱智者**如此地接近神：“了解智慧若何”的人（der εἰδὼς ᾗ τὸ ἀληθὲς ἔχει，278c4—5）正是辩证家，他拥有着关于正义、美与善的知识（276c3），使用辩证的技艺；他也是在理念学说的意义上掌握着事物之智慧的思想者（比较27b，也包括273d—274a）。

书写作品仅仅使得**爱智者**卓异众人，而凭借理念知识，他则超越了自己的书写：在“检验与论驳”（ἔλεγχος）的过程之中，他有能力帮助他的书写，并且可以在口头的陈述中指明其之所写不过了了（δυνατὸς τὰ γεγραμμένα φαῦλα ἀποδεῖξαι，278c6—7）。与之相对，另一些人“除了一直忙上忙下，颠来倒去地创作或书写之外，再无什么更有价值的东西”。他们属于另一团体，即非哲学作者团体（278d8—e1）。

这样，哲学家可以通过更好的论证从口头上帮助他的书写——
69 此外他如何指明书写的价值有限呢？在内容上正确的东西，当它缺少充分的证明时，可以同时被视为“糟糕的”（φαύλως）（比较《政制》449c4—8）。柏拉图于此将这一更好的论证视为“更有价值之物”，τὸν

μὴ ἔχοντα τιμιώτερα[1]（278d8）这一表达概括了非哲学家们所缺乏的东西，即理念知识，他们也因此缺乏去“帮助”自己的书写作品与显示书写之较低价值的能力。这一否定的表达展示出“有识者”（278c4）的反论题，即 ἔχειν τιμιώτερα[2]，他握有比自己所写更有价值的东西，对柏拉图而言，这是辩证家的一个积极标志。

既然我们从哲学家与自己书写作品的关系出发，完成了对哲学家的规定，对这一规定的含义还需做一番彻底的深思。

如果有某一作者有时乐意将“更有价值的东西”书写下来，有时不；随之，他有时可以“帮助”他的书写并有能力指出它们的局限，有时却无能为力；这样，他有时可以享有哲学家这一名称，有时则不行——然而，相对于这一可能性，对于柏拉图而言，哲学家与非哲学家的区分完全是根本性的。成为哲学家，即体验导致一生转变的“灵魂之转向”（ψυχῆς περιαγωγὴ，《政制》521c6，参518d4）。构成哲学家的东西，是一种已完全转变了的对待现实的态度——只有他有能力朝向理念知识。柏拉图引入**爱智者**这一概念的所有地方，都指示了一个存在论的转向（比较《斐多》101e，《会饮》204b以下，爱若斯作为爱智者，《政制》474b以下，《斐德若》249c，《泰阿泰德》172c—177c，《蒂迈欧》53d）。通过柏拉图的书写批判，没有什么比**爱智者**这一名称仍依赖于某一不断变换的立场更不可能的了[3]。事实上也没有柏拉图的文本显示出，一个今 70

① 没有拥有更有价值之物的人。——译注

② 拥有更有价值之物。——译注

③ 亚里士多德的一段话在这里显得颇有助益。伦理学的目标是幸福，但这必须是某种永久的东西，必须建立在人类最永久的特性与能力之上，就是说建立在拥有德性与科学之上（《尼各马克伦理学》1100a32—b22）。如果人们希望将幸福与命运的转化相系，那么人们就将幸福的人（εὐδαίμων）弄成了“某种变色龙”（Chamäleon）（1100b6）。亚里士多德的幸福（εὐδαίμων）和静观（θεωρία）与柏拉图那里的爱智者（φιλόσοφος）相应，其利用其辩证术（διαλεκτικὴ τέχνη）获得了对人类可能的幸福（《斐德若》276e5—277a4）：他也不是“变色龙”。

天因哲学之名而得到尊重的作者，随后可能退归入诗人或者讲辞写手一级。

这就得出，在柏拉图的意义上，**哲学家总是**使用**更有价值之物**（temiōtera）。这里又产生了两种可能性。其一，他以书面方式记录下所有他必须说出的，并且能够以进一步的论证不断前进。而在这种情况下就可以说，论证对柏拉图而言是一个没完没了、永无终点的回溯。不过众所周知，柏拉图的哲学观念以一个与此相反的看法为基础：辩证术引向一个ἀνυπόθετον[①]，即根本引向一个非假说性的原则，或者说，对辩证家而言存在一个“旅行的终点”（τέλος τῆς πορείας，《政制》532e3）。要想反对这种可能性，除非辩证家不像理智的农人那样行动，后者从不将所有种子都撒在阿多尼斯花圃。

不过，与农人的比较（276bc）和对在必要时沉默能力的强调（276a7）恰恰都指向了这一可能。这样，一切并没有改变。只有我们接
71 受，柏拉图式的作者事实上必须像理智的农人那样行为，哲学家的规定才能在书写批判中毫无矛盾地被解读：只有当哲学家有意识地让其最终的论证从书写的阿多尼斯花圃中抽身而出，我们才能确定，他根本上是能够通过“更有价值的东西”超越自身之书写的；只有在这种条件下，我们才能与下述非柏拉图的想法告别，即根据临时（ad hoc）的即兴帮助是否成功，此时可承认同一作者拥有哲学家之特性，彼时又可否定之；同时也只有在这一条件下，一个随时可施行的帮助一定不会消融在非柏拉图式的无限复归（regresus in infinitum）中。

① 无设定处，绝对。——译注

十四 τιμιώτερα的含义

在我们对书写批判的解读中，我已经将temiōtera[①]这个词与哲学的**内涵**（Inhalte）联系在了一起。柏拉图这里指，与其他命题与证明相比较，含有“更高价值”的诸概念和理论、命题及其证明具有更为深远的意义。不过，既然temiōtera这一表达常常被误解（参后文第75页以下），那么首先从对话录《斐德若》的语境与柏拉图的其他相关表述出发来确认其含义，可谓不错的选择。

书写批判指明，既然哲学家通过更好的运思手段来帮助书写，他口头的逻各斯必然能够原则上超越书写的逻各斯。正如第56页已经提到的，对话录的第一部分已经处理了某一逻各斯为另一逻各斯所超越的问题：在斐德若朗读完一篇吕西阿斯的成文讲辞之后（230c—234c），他与苏格拉底随后的对话就集中澄清，什么样的讲辞才能超过 72
之前诵读过的文辞（234e—236b）。新讲辞必须在内涵上给予**更多**，也就是说不仅仅关涉数量，而是关涉哲学上的意谓（Bedeutung）：这里所要求的不仅仅是“更多”，而是“另一”“更好”的内涵，它有着“更高”

① 意为“更有价值的东西”。——译注

的价值[1]。于是，读者从一开始就知道，一个优越的逻各斯必须满足什么样的条件。因为事实上，苏格拉底关于爱若斯的讲辞便完全满足这个条件。这样从根本上说，书写批判仅仅是以普遍的形式表达了柏拉图之前在对话的进程中已经引入的东西。不将temiōtera从哲学的内涵上来把握的解读割裂了柏拉图自己明确标示的重要思想关联。为了避免任何混淆出现，柏拉图除却书写批判，在《斐德若》的结尾亦提及了这一关联：他在一个显然是对伊索克拉底的事后预言[2]中（他在早年与吕西阿斯无异，为他人书写诉状，随后转职成为一个声名显赫的演讲教师及写作政治和教育理论书稿的作家）指出，伊氏将超越吕西阿斯并很快转向“更为伟大的事物”（279a8）。这一表达也可直接视为“更有价值事物”[3]的同义词。
73 这样我们在整个对话录中始终涉及同样的思虑：逻各斯在哲学内涵上的高低决定了逻各斯的高低。哲学家通过口头的帮助引入temiōtera就意味着，与书写相比，他将口头讲述在哲学上更为重要的东西。

从柏拉图的语言使用来看，无从指望另一不涉及内涵的解读。根据《政治家》（285e4），那“至高与至贵之物”（τὰ μέγιστα καὶ τιμιώτατα）是理念世界非物质化的实体（Entitäten）；同样在《斐德若》中，理念总体上是τίμια，也就是“高级的或珍贵的”（250b2）。在《政制》中，柏拉图甚至在理念世界之内亦划分了高级的与低级的“部分”（τιμιώτερον /

---

① 《斐德若》235b，236b：ἄλλα πλείω καὶ πλείονος ἄξια正是与τιμιώτερα意味相似。对此部分的解释参看《柏拉图与哲学的书写性》，第28—30页。

② 事后预言（vaticinium ex eventu），神学及史志学（Historiographie）的专业术语，指预言者已知结果后做出预言。作者这里使用此术语指，柏拉图在《斐德若》的写作时已知伊索克拉底之成就，但在对话录的戏剧时间中（此时伊氏尚在青年）借苏格拉底以“预言”形式表述已成之事实。——译注

③ 这里当然不是说，伊索克拉底由此被解释为柏拉图意义上的哲学家：μείζω，正如τιμιώτερα和πλείονος ἄξια，是一种比较级的表达；伊索克拉底在其生命历程之终点所从事的，虽然比他开始做的“更为重要”，但是尚远离柏拉图式哲学家的τιμιώτερα。

ἀτιμοτέρον μέρος, 485b6）。

对柏拉图而言，“等级”和“价值”的最终源泉是作为一切本原的善之理念自身[①]。即使认知(das Wissen)也分有了善之级序[②]，这当然就其指向本原而言。但同时，表达认知的诸言（Logoi）也分有了认知的级序，因为根据《蒂迈欧》29b，它们与其所向是有亲缘关系的。总的来说，知识比正确的意见更有价值（τιμιώτερον ἐπιστήμη ὀρθῆς δόξης，《美诺》98a7），因为它通过论证将正确的东西同意见相系。最后的论证必须来自“万物之本原”（ἀρχὴ πάντων），朝向本原的上升就是从一个预设到另一更高的（ἄνωθεν）预设，直到走向绝对之物（ἀνυπόθετον，参《斐多》101de，《政制》511b）。一个普遍“高水准的”或者“有价值”的论 74
证若成功地将洞察与更直接朝向本原的事态相结合——在“紧系本原”（《政制》511b8）的意义上更直接——它必须逐层提升其级序。“拥有更高价值”（ἄγειν τιμιώτερα）对于辩证家就是能够用论证来选择预设序列中“更高”的“连接点”，以此证明一个已经给出的陈述。

从之前所述中也可得出，那“更有价值”或者说“更高级”的逻各斯也必定更为科学、更为严格。从此就可以理解，为什么辩证家在口头哲学活动中看到了他的“严肃”，而在朝向注定鱼龙混杂、缺乏学术训练的公众的书写作品中看到了“游戏”。与口头的东西相较，书写的东西乃是φαῦλον（《斐德若》278c7），这一表达在此应该理解为“非业内人士的，非专门的”，这已经得到了很好的证实。

除此之外需要指出，亚里士多德和特欧弗拉斯托[③]对timion的使用

---

① 《政制》509a4—5 μειζόνως τιμητέον τὴν τοῦ ἀγαθοῦ ἕξιν, 509b9—10 πρεσβείᾳ καὶ δυνάμει ὑπερέχοντος (sc. τοῦ ἀγαθοῦ) πρεσβείᾳ 说的正是τιμῇ。

② 《政制》508c2—509a4。

③ 特欧弗拉斯托（Theophrastos），约公元前371/370—前287/286年，亚里士多德的学生，亚氏之后逍遥学派（Peripatos）掌门人。——译注

表明：此词在老学园[1]里是一个标识本原（ἀρχή）的存在论级序的**专业术语**（terminus technicus）[2]。柏拉图认为，知识的级序指向其对象的级序，这一思想以理念学说为基础（参《政制》474b—480a）；亚里士多德同样保留着这一想法，正如《论灵魂》（*De anima*）一开始展示出的[3]：“知识从属75 于高贵的和有价值的事物（τῶν καλῶν καὶ τιμίων），知识的一种形式胜于其他，或者由于其精确性，或者因为它指向更好的并更令人惊异的对象（βελτιόνων τε καὶ θαυμασιωτέρων），如果我们从此出发，那么根据这两点，我们就可以充分地视灵魂的研究为重中之重。”（402a1—4）

综上所述，没有任何老学园或者逍遥学派的成员会怀疑，柏拉图的“更高价值的事物”（τιμιώτερα）应该关系到哲学的内涵，其级序应归于对一切级序与一切价值的生发点——本原——的回溯论证。

一个对“更有价值事物”常见的误解源自人们没有认清《斐德若》内部贯穿全文的联系，源自对柏拉图的语言使用漠不关心，从而在一个狭隘的视域内试图拒绝它与哲学内涵的联系：他们以为“更有价值之物”所指的是口头讨论活动，以为这一活动本身就已经超越了书写。尽管对这一表述进行内涵上的解读显然无误，但他们仍然拒绝之，这种拒绝的背后动力乃是二十世纪反内传学说的偏见：人们不愿意承认，柏拉图式的辩证家可能故意将根本的内容搁置一边（这一解读当然也不想承认，在《斐德若》中呈递出省略重要领域的两个清晰指示：246a和274a）。

---

① 老学园（Alte Akademie或曰Ältere Akademie），指柏拉图学园的第一时期，即从建立之初（约公元前387/386年）到掌门人Krates去世（约公元前268/264年）。——译注

② 如参亚里士多德：《尼各马各伦理学》（*Ethica Nicomachea*）1101b11, 1102a4, a20, 1141a20, b3, 1178a1；《形而上学》1026a21, 1074b21；《论动物分类》（*De Part. an*）644b25；特欧弗拉斯托：《形而上学》6b28, 7b14, 10b26, 11a23（论Speusippos）。

③ 与之类似，《形而上学》983a5—7, 1026a21,《论动物分类》644b32。

如果这一解释是正确的，那么就让我们稍微想一想从中产生的后果。如果脱离对论证更高内涵上的要求，那么哲学家对书写作口头辩护就仅仅局限在我们于所有可能的日常领域、于所有的日常经验中所 76
认识的方式，就是说，这一口头辩护是一种继续的安抚与调解，它与应该被帮助的书写在同一反思层面上运作。但是这样一种帮助，正如惯例所示，还不如说致力于证明自身的书写是合宜并且可靠的，然而柏拉图的辩证家却通过他口头的帮助恰恰将自身的书写视为“价值较低的”。进一步说来，任何一个有点儿智商的作者都有能力在缺乏内涵更高的论证条件下，为自己的文字提供一般意义的帮助；这似乎意味着任何禀赋平平的人均配享有**哲学家**这一称号，即使他根本就没有与柏拉图的理念辩证法打过交道。事实上存在一些新解释者，他们相信：柏拉图在此将这一名称“**赐予**”所有可能的作者，只要他们对待自己的书写仅仅持有“一种保留的态度”。但我们已经看到了，书写批判中所谓的“有识者”（276a8, c3—4, 278a1, c4），只能是熟知柏拉图理念哲学和辩证法的人（参276e5—6, 277b5—8）。就柏拉图所标识的**哲学家**之意谓而言（参上文第68页以下），如果一种解答认为这一头衔对于任何人都可忽然轻易获得，他就难以让人信服。此外，既然对话录中已经有足够多的地方指出辩证家口头的“帮助”如何进行，既然它们在此完全证明了“更有价值的事物”的内涵阐发，那么这一解读就只能出于对上述事实显而易见的无知。 77

十五
对话录中“对逻各斯的帮助”

既然对话录是对有识者生动对话的“模仿”（参《斐德若》276a），那么我们也可以重构辩证家**口头的**影响力根本所在，即重构对逻各斯的帮助。口头的逻各斯在书写中展示出来，初看恐怕像是矛盾。不过，只有一个书写下来的对话自称，它包含着自身需要的帮助，这种矛盾才会出现。但与之相反的事实则显而易见：对话录在诸空略段落中暗示了此时此地不会传授那些对论证而言必要的、因此足以作为“帮助”的论题。只要读者清晰地知晓，提供帮助的逻各斯作为已经被书写下的东西显然还需要帮助，这一帮助是其自身不能提供的，那么在柏拉图的对话录中，一个书写的逻各斯来“帮助”另一个同样被书写下的逻各斯，就其自身而言并无什么矛盾，也没有什么疑难。换句话说：对柏拉图而言，将引向本原知识的更高帮助只托付给书写作品才是矛盾的。显然，柏拉图的对话录并没有违背这个条件。

当逻各斯遭到了攻击，它的所有者需要去帮助它，这就是帮助情境（βοήθεια-Situation），这乃是柏拉图对话录中心的结构原则。在一些情形下，“帮助”（βοηθεῖν）这一词语被明确使用，而有些场景为近义的表达所替代——但是根本的情境始终如一。这里的问题一直未变，即逻各斯的所有者是否有能力，以新的和更为重要的思想方式和论证，就是说凭借更有价值的东西去帮助——如果他可以，那么他就是**哲学家**。78
代表着辩证家形象的对话引导者始终经受住了这一任务的考验，而其他人则中途放弃——因为仅仅只有沉思理念者才是**爱智之人**。让我们转向对这一点的证明[①]。

1. 柏拉图式的帮助：三个范例

(1)在《斐多》中，希米阿斯(Simmias)和克布(Kebes)批评了灵魂不朽(84c—88b)之后，紧接着中断了正在讲述的谈话。在柏拉图那里，诸如此类的安排始终有着这样的功能，即强调下文。艾希克拉底(Echekrates)，场景对话中的倾听者，希望从讲述者斐多那里得知，苏格拉底面对来自忒拜的朋友引发的对话危机是恼羞成怒呢，还是“尝试冷静地帮助逻各斯；他是充分地帮助了它，还是未能如此。”(πράως ἐβοήθει τῷ λόγῳ; ἱκανῶς ἐβοήθησεν ἢ ἐνδεῶς, 88d9—e3)艾希克拉底从两个角度追问苏格拉底的反应：其人与其论证。斐多便继续从这两个层面报道苏格拉底如何展现出过人之处：一方面，在讲述对话第二次中断时——这一中断显然是对第一次中断的再次强调——文本顺带点出(102a)苏格拉底使批评者对他帮助逻各斯(βοηθεῖν τῷ λόγῳ)的能力心悦诚服。另一方面，从论证上看，苏格拉底为了回应克布的反驳(从96a起)，越过主题“灵魂”，而报告了一个包含生成与消逝之根据的理论
(“因为我们必须从根本上研究产生与消逝的原因”，ὅλως γὰρ δεῖ περὶ 79
γενέσεως καὶ φθορᾶς τὴν αἰτίαν διαπραγματεύσασθαι, 95e9—96a1)。如人们所知，这个理论引向理念假说的阐发(99d以下)，从此为起点，灵魂的问题仿佛就能作为次一级的特殊事例被讨论(105b以下)。

① 下面两段中对于“帮助”情境的描写参阅《柏拉图与哲学的书写性》中对所涉及的对话的详细阐释。

从这个对话的片段中我们可以确认如下特征：

1. 成功地帮助逻各斯将由对话引导者来实现（自然不是希米阿斯和克布）。

2. 为了帮助其第一个（关于灵魂的）逻各斯，苏格拉底先谈论了其他的东西（关于理念等）。他暂时转换了主题（然而并没有从眼前抹去“不朽性”这一普遍主题）。

3. 这一新主题涉及涵盖面更广的原理，这一原理引向接近第一始基的知识。预设法（Hypothesisverfahren）规定了直到充分处（ἱκανον）的连续上升，这一充分处显然应该作为本原来把握（101de，参107b）。既然帮助的逻各斯使得一个更为全面并更为坚实的知识成为可能，那么讨论一个“更高级序的”理论在事实上也是合法的。

（2）在《政制》的第二卷中我们从一开始就听到格劳孔和阿德曼托斯攻击正义，而苏格拉底在第一卷正是针对特拉叙马霍斯为正义做了颇有成效的辩护。他们要求苏格拉底帮助这一正义（当然也借此帮助有利于正义的第一个逻各斯），后者承认这是他的责任。βοηθεῖν（帮
80 助）这一表达在上下文中至少出现了五次[1]。苏格拉底带来对正义的帮助涉及直到第十卷的整个论述过程。为了获得一个关于正义的理论，他改变了直接的论说对象，谈起了最好的国家和灵魂；为了再次为其国家的观念辩护，他谈了理念和个别事物的区别，谈了哲学家的本性（Natur）与教育，并且在后一主题的框架中谈论了普遍的“最高学习对象”（μέγιστον μάθημα），即作为“万有之原则”的善之理念。对正义的“帮助”也是一个层层上升的过程[2]，尽管没有到达本原的（τί ἐστιν[3] 正好存而不论，506de）知识，却也仅相距咫尺之遥了。善本身就是至高之

① 《政制》第二卷，362d9，368b4，b7，c1，c5。

② 参445c5，ἐπειδὴ ἐνταῦθα ἀναβεβήκαμεν τοῦ λόγου。

③ 其之所是。——译注

物（μειζόνως τιμητέον τὴν τοῦ ἀγαθοῦ ἕξιν，509a4—5，也参b9），这样与其相系的论述相比于其他以较低级序之事物为鹄的的理论与论证，应该被恰如其分地视为更有价值的东西。

（3）与苏格拉底在《政制》中对正义的帮助极为相似，《礼法》中展
示了雅典人对渎神法（Asebiegesetz）的帮助。对帮助的召唤几乎同一
于对宗教责任的召唤[1]，这足以显示出二者进程意谓之一律。雅典人
预言了刚刚颁布的法律可能遭到无神论者发出的批判。这一法律，就
像所有法律一样，将以书面的方式宣告给应新成立的克里特国家的公
民们（891a）；同时在与克莱尼亚（Kleinias）和梅格罗斯（Megilos）的口 81
头谈话中，立法者现在已经准备好了可以为书写下的东西做辩护的论
证。这里说的并不是一个法律—政治的辩护，后者显然是任何一个立
法者，即使其不是哲学家，都必须准备的。毋宁说，对话引导者迟疑是
否开始对逻各斯的帮助（ἐπαμύνοντες λόγοι）[2]，因为其不可避免地导致
“越过立法”（νομοθεσίας ἐκτὸς βαίνειν，891d7）。事实上，雅典人在帮助
过程中离开了一般的水平和迄今的论题，并为了确保宗教法之基础，阐
明了运动的概念、灵魂的自我运动、灵魂相对身体的优先性、宇宙中善
与恶的作用及万有由神驾驭（891b—899c）。这样，同《政制》一样，《礼
法》也证实了凭借《斐多》便足以确认的“帮助”的一切特性。此外，这
一文本还极为清晰地表明：柏拉图式的帮助除了越界（ἐκτὸς βαίνειν），

---

① 《礼法》卷十，891a5—7：“对我来说，不帮助这些逻各斯可谓渎神（不虔敬）”（οὐδὲ ὅσιον ἔμοιγε εἶναι φαίνεται τὸ μὴ οὐ βοηθεῖν τούτοις τοῖς λόγοις）；《政制》卷二，368b7—c1：“因为当正义被唾弃之时，若拒绝支持与帮助，我怕这是渎神的（不虔敬的）”（δέδοικα γὰρ μὴ οὐδ’ ὅσιον ᾖ παραγενόμενον δικαιοσύνῃ κακηγορουμένῃ ἀπαγορεύειν καὶ μὴ βοηθεῖν）。

② 与《政制》第二卷进入到“帮助”类似（参上文第79页），这里有一系列对帮助的表述：890d4 ἐπίκουρον γίγνεσθαι（参《政制》368c3 ἐπίκουρειν），891a5—7（文本见第80页，注释2），891b3—4 ἐπαμύνοντες λόγοι，b4—6 νόμοις... βοηθεῖν。

即通过主题转换，便“不能以其他方式”（μηδαμῇ ἑτέρως）达成（891d7—e1），并且这一进程逐渐引向万有之首（πρῶτα τῶν πάντων，891c2—3及e5—6）。

这样，柏拉图式的“帮助”就是对话引导者（“辩证家”原型的代表者）为受到批评的逻各斯辩护的过程，其方法在于通过暂时离开主题，
82 继续趋近诸本原的知识，以便在“更高等级的”论题中为其本来的逻各斯展示一坚实之基础。

2. 始终如一的帮助情境

我们知道，除了βοηθεῖν（αὐτῷ或τῷ λόγῳ或τοῖς λόγοις），柏拉图表示帮助的词还有ἀμύνειν/ἀμύνασθαι（比较ἐπαμύνοντες λόγοι）和ἐπικουρεῖν或ἐπίκουρον γίγνεσθαι。柏拉图对一成不变的术语[①]的公开厌倦让人们一开始就期待：这个书写批判的核心概念在他那里有着语言上更多的变化。为了发现那些近义表述（Synonyma），人们必须从那奠基性的、始终如一的**情境**出发：首先给出一个命题（“灵魂是不朽的”；“正义胜过非正义”），接着给出第一步的论证——然而随后，逻各斯之父（πατὴρ τοῦ λόγου）却陷入论辩（Elenchos）之中，就是说，他被要求，将逻各斯向更深的奠基回溯以显示其配享哲学家之名。

重要的是，根据《斐德若》278cd的证明，**哲学家**与**非哲学家**应该以此种论辩来衡量。随之可以期待，尽管在对话录中各色人物形象在论辩中登台，不过只有一种人，即辩证家，通过了测试。进而言之，辩证家有能力不断给出帮助（《斐德若》276ef），这也至关重要——如果一个教师无能于此，我们只能将其视为非哲学家了。

高尔吉亚的情况便是如此。他的学生柏罗斯（Polos）在师长的逻

① 参《卡尔米德》163d，《美诺》87bc，《政制》533e，《政治家》261e。

各斯受到苏格拉底的批判后，希望“重建”这一逻各斯的合理性(《高尔吉亚》462a2)却未能成功，正如紧随其后的卡利克勒斯也功亏一篑。他们的老师不是柏拉图意义上的哲学家，自然也就不能教导对逻各斯的帮助(ἐπανορθώσασθαι τὸν λόγον)(等同于βοηθεῖν τῷ λόγῳ)[①]。 83

由于叠加着极度的讽刺，在《大希庇阿》中的情境并不是那么一目了然。苏格拉底想把希庇阿标榜为技高一筹的师长，自己则欲拜师学艺，以便在他与所谓的匿名第三者论辩失败之后，“将对话重新来过”(286d7, ἀναμαχούμενος τὸν λόγον)。希庇阿为重整旗鼓所预备的东西也被苏格拉底(反讽地)评为帮助(ὅτι μοι δοκεῖς…βοηθεῖν, 291e5)。而事实上那个所谓的匿名第三者显然仅仅是一个苏格拉底内心声音的面具(特别参304d)。他因此也就始终是在对话中的那个胜利者，特别是在对希庇阿攻击的顺带回应中(300b以下)，拓展出了更为深广的诸主题。

极为尖锐的讽刺也体现在与希庇阿更短的交谈中[②]。由于为“急症”所袭(κατηβολὴ,《小希庇阿》372e1)，苏格拉底成了一个道德上可疑论题的代表者，然而他希望通过希庇阿得到“治疗”。他请求“不要拒绝医治我的灵魂”(μὴ φθονήσῃς ἰάσασθαι τὴν ψυχήν μου, 372e6—7)。在对话情境的上下文中，这说的正是“来帮助你的逻各斯”(βοηθεῖν τῷ σαυτοῦ λόγῳ)，因为希庇阿代表的是伦理上正确的观念——如果他能在更深的层次上论证它，他也就能医好苏格拉底的“急症”。然而希庇阿不是**哲学家**，所以他的“治疗”正如对其逻各斯的帮助一直付诸阙如。

在《欧绪德谟》中，对对手反讽性的推崇达到了顶点。两个诡辩家

① 普罗塔戈拉同样如此——对我们而言他是一重要的思想家——对柏拉图而言，他不是哲学家，因为关于这一关键问题：他是否有能力帮助自己的逻各斯(εἰ οἷός τ' ἔσῃ τῷ σαυτοῦ λόγῳ βοηθεῖν,《普罗塔戈拉》341d8)，在对话的进程中得到的答案是否定的。

② 指对话录《小希庇阿》，相比于《大希庇阿》其篇幅略短。——译注

84 (Eristiker)被“当作狄奥斯库里”[1](293a2)唤来援助,他们颇有裨益的介入似乎完全可以和对希庇阿“治愈灵魂”的期待相提并论。既然苏格拉底已经将这对诡辩家抬高到了卡斯托与波吕丢科斯这样的解困者的层次上,他就不再用“帮助”,而是说“拯救”了:δεόμενος τοῖν ξένοιν... σῶσαι ἡμᾶς...ἐκ τῆς τρικυμίας τοῦ λόγου[2](293a1—3,δεόμενος βοηθῆσαι τῷ λόγῳ ἡμῶν[3])[4]。诡辩家被请求来帮助一个**陌生的**逻各斯,如对话录《克拉底鲁》和《泰阿泰德》所展现的,这属于辩证家的能力(就亟需帮助的逻各斯所允许的程度与范围而言)。苏格拉底为克拉底鲁(他自己在现场)或普罗塔戈拉的立场(由其学生特奥多罗[Theodoros]代表)做了一部分辩护;但是极具典型意义的是,尽管他必定自己能承担对他人的帮助,但这帮助最终不会前行太远:因为只有理念哲学的立场可以经受任何考验。在柏拉图的意义上“帮助”不是智性上的机巧圆滑,而是正确的存在论(ontologisch)立场。

在《大希庇阿》中,谈话低人一筹的苏格拉底在一位“更智慧的人”那里寻求指教,这一游向滑稽的理念于《会饮》中被柏拉图严肃地
85 重构。据说苏格拉底曾与阿迦通(Agathon)陷入同样的迷雾中(《会饮》201e),他便询问智慧的蒂欧提玛,以学习关于爱若斯之事。这一期望并没有落空。和《大希庇阿》里的匿名第三者一样,曼提尼亚

---

[1] 狄奥斯库里(Dioskuren),希腊海难时的援救神,为兄弟卡斯托与波吕丢科斯二人,并称狄奥斯库里。——译注

[2] 意为“请求这两个异乡人……从言辞之风浪中……将我们拯救”。——译注

[3] 意为“请求帮助我们的逻各斯”。——译注

[4] 我试图解读书写批判中的哲学家形象和《欧绪德谟》中哲学家漫画像之间丰富的和紧密的联系,参《苏格拉底对守密的嘲讽:论〈欧绪德谟〉中的哲学家形象》,载于《古代与西方》26,1980,前揭,第75—89页。苏格拉底自己保守知识,而同时将其反讽地强加给欧绪德谟,正如其隐射回忆学说和辩证法的概念所展现的。参下文第105页和第119页。

（Mantineia）的女预言家蒂欧提玛同样是一虚构的文学形象。于是，其实再一次是苏格拉底将讨论引向前方。既然他处理的东西有着更为重要的哲学意蕴，其引向接近本原的知识，那么也就不容否认，苏格拉底在自己的蒂欧提玛讲辞中远远越过了与阿迦通关于爱若斯对话的范围。

列举上述这些平行的情境和近似的表达足矣。帮助逻各斯标示着柏拉图对话的结构原则，它将目标指往更高的论证层次并引向来自本原的最终论证，现在这应该已经一目了然了。

十六
向本原的上升与哲学表达的界限

柏拉图不止一次说起，知识的目标是向最后的超越原则上升。他可以谈及从一个预设向更高预设，并且直到某一“充分处”的上升（《斐多》99d—107b）；谈到升华的美之认识，即从观察美的身体经过认识习俗美到观望美自身（《会饮》，210a以下）；或者谈及认识方式的级序，其中最高的理智活动（νόησις）首要认识本原（das Prinzip）（《政制》509d—
86 511e）[①]。无论如何，这些段落的意旨在古代并未被误解，人们在“上升”（Aufsteigen）与“超越”（Übersteigen）的趋势中看到了柏拉图主义的本质。

但是极少有人看到，恰恰上升的运动在对话录中就是戏剧模仿（Mimesis）的真正主题。如果这个事实跃入眼帘[②]，那么大多数对上升本身的强调却遗忘了对话录始终仅仅展示了上升运动的一个断片，并

---

① 在这样的情境中也自然应该想起“灵魂马车”向“超天际地域”远行的神话图景（《斐德若》246a以下），即使这里，彼岸观望的对象（247de）中也没有一个被强调为其他东西的本原。

② René Schaerer：《柏拉图式的问题》（*La question platonicienne*，1938，1969第二版）与Paul Friedländer：《柏拉图》（*Platon*，1928，1975第三版），二者的解读对于这一考察都具有示范性。

足够清晰地表现了对这一进程刻意的限制。正是对书写批判的正确理解解释了，为何上升与书写摹本的限制（Limitierung）紧密相系，为何“更有价值事物”带来的“帮助”与必要的“沉默”（das σιγᾶν πρὸς οὓς δεῖ）紧密相系。上文给出柏拉图式“帮助”的例证（第78页以下）不仅仅是利用更有价值事物的例证，同时也是明显的空略段落的例证。

柏拉图的更有价值之物最终以本原知识为导向，这一论断鉴于如下事实而更显出其关键性，即亚里士多德在《形而上学》和其他著作中记载了一个柏拉图的本原学说，而这一学说在对话录中并未为我们所见。这种矛盾导致柏拉图研究陷入一种根本没有必要的混乱。人们曾经不打算承认：既然亚里士多德有二十年在柏拉图的学园里生活，他就能够比今天仅仅固守于对话录的柏拉图学家更详尽地知道柏拉图的本原学说。所以人们试图最小化亚里士多德记载的意义：一些人故意将轮廓 87
正逐渐明晰的本原学说限制到柏拉图生平的一定阶段，即他的晚年——随之他们认为，老年柏拉图没有时间关于此再写一个对话录了。另一些人认为，这些记载仅能理解为亚里士多德的阐释。除此之外，柏拉图研究圈长久以来顽固地不承认柏拉图本原学说的存在，其原因还在于，人们对在书写文字中有所保留的可能原因尚没有一个清晰的认识。

为什么偏偏是哲学处理本原的一部分要预防成文的散布呢？在书写批判的背景下，答案清晰易见：对象越复杂，就越容易导致误解，并由之引发无根据的蔑视，而面对这种情况，缺乏作者在场的文字无从为自身辩护（参《斐德若》275de）。这样的蔑视对柏拉图而言显然不是无关紧要的：如果人们想到，对他来说，理念的世界拥有一个“超越天际”和“神圣”的地位[①]，这就变得完全可以理解。也许更重要的是，就柏拉图而言，对一

① 人们只需要想到“超越天际”的地域作为理念的地域（《斐德若》247以下），或者也想想“与神相匹”（Angleichung an Gott），从客观上说即与理念世界的秩序性相称（《政制》500b—d）。

个不适宜的人或者尚未做好充分准备的人进行传授根本毫无意义。这样的内容他称为ἀπρόρρητα(aprorheta),即“不可提前传授的东西”,因为如果在接受者尚未足够成熟之前传授它们的话,“任何东西都不会被澄清”(《礼法》968e4—5)。既然就其根本而论,本原理论在哲学中是前提最多
88 的,那么就无从凭借“无能力充分教导真理”(《斐德若》276c9)的书写来进行充分的预备教育,由此将之书写成文只能与自己的意旨相违背。

人们并没有从对话录中摘取这些简单但根本性的洞察,也没有将它们运用到对话录自身,而是担心一个“秘密学说”(Geheimlehre)会归予柏拉图[①],并且认为对他而言,只有拒绝本原理论,才能使其与秘密学说保持距离。或者人们通过如下假设构造了一个人为的困境[②],即如果接受柏拉图的本原理论,那么柏拉图的哲学就有两套不同的对象域,其一对应书写的哲学活动,其一对应口头的哲学活动;这一反对意见误识了柏拉图书写性与口头性的关系:其无关于两个不同的对象领域,而是以论证层次逐步提升的方式对同一问题的一个不懈的哲学活动。

这两种试图将亚里士多德关于柏拉图“未成文学说”的记载去除的努力,已经注定是失败的。它们无法展现出这些记载仅仅是些解
89 读[③]——相反:亚里士多德在这里异常清晰地区分了他的对手所言之

① 关于内传主义与秘密学说的区别参下文第152页。

② 参Gregory Vlastos的文章《评克雷默〈柏拉图与亚里士多德论德性〉》,载于*Gnomon* 35,1963,第653页以下。

③ 这正是Harold Cherniss的论证目标。见氏著:《亚里士多德的柏拉图批评与学园》(*Aristotle's Criticism of Plato and the Academy*),Baltimore 1944。关于Cherniss的尝试,伟大的亚里士多德学家W. D. Ross(《柏拉图的理念论》[*Plato's Theory of Ideas*],Oxford 1951,第143页)写道:“亚里士多德并不是Cherniss所归之于他的那个纯粹的鲁莽至误者[……]我根本不认为他[按:Cherniss]成功建立了他的命题,这一命题,即所有亚里士多德关于柏拉图之所言,只要不能为对话录所验证,便纯粹是误解(misunderstanding)或者误述(misrepresentation)。”

物和他自己从对手的设定那里得到的推论[1]——而从编年上将本原学说限定于柏拉图的晚期也站不住脚。不仅在《政制》中，善的理念首先作为本原（archē）被辩证地把握（504a以下，532e以下，540a），于此哲学王的教育达到顶峰；而且在相对较早的对话录《卡尔米德》和《吕西斯》中已经展现了上升之思，其在到达一、到达本原之前是不可停止的：如果人们想深研爱（φιλία），必须一直回溯到一个“最初的爱”（erstes Liebes），一个πρῶτον φίλον（《吕西斯》219cd）；如果人们想了解明智，那么“关于善与恶的科学”就在阐释的视域中显现（《卡尔米德》174bc）[2]。恰好在《卡尔米德》关于节制的对话中——如我们在上文第27页以下[3]所论及的——出现了“**灵药**”和“咒语”（ἐπῳδή）这两个概念鲜明的比喻用法，这有助于我们理解柏拉图对写下诸本原（archai）的态度：苏格拉底宣称自己拥有可治疗青年卡尔米德的**灵丹妙药**，但此刻却不能将它给出，因为只有与“咒语”相系它才可发挥药力，否则便无效用（155e8），并且苏格拉底已经对传授给他**灵药**与咒语的色雷斯祭 90
司发誓，在未对接受者灵魂施咒之前，绝不出让灵药（157b1—c6）。**灵药**隐喻蕴含着一个哲学传授正确方式的表述，这无疑可以确定下来[4]。柏拉图让人们认识到，苏格拉底作为一个辩证家持有似乎可以直接传

---

① 参我的论文：《学园本原理论的不完备性：以亚里士多德〈形而上学〉卷M和N中之记述为据》（Die Lückenhaftigkeit der akademischen Prinzipientheorien nach Aristoteles' Darstellung in Metaphysik M und N），载于Graeser主编：《亚里士多德的数学与形而上学》（*Mathematik und Metaphysik bei Aristoteles*），乃《第十届亚里士多德研讨会档案》（Akten des X. Symposium Aristotelicum）（1984），Bern/Stuttgart 1987，第45—67页。

② 关于上升之思与抉择一切的关于善与恶的科学，参《柏拉图与哲学的书写性》，第127—150页，特别是第145—148页；关于《吕西斯》中的本原之思，同上，第122页以下，也参G. Reale：《柏拉图的一个新阐释》，第456—459页。

③ 原文仅为第27页，据作者手校本改。——译注

④ 参《柏拉图与哲学的书写性》，第141—148页。

达的洞见，但是又小心翼翼地不去传达，因为只要卡尔米德没有预先被施咒，并由之没有准备好理解上述手段（Mittel）[1]，这**灵丹妙药**对他终是无益。于是就关于善与恶的辩证科学之诸核心论题而言，**灵药**是存在的，这些论题是可表达的——这里根本无关于哲学的不可说性——由之也是可能以书面表达并传播的。阻止苏格拉底出让灵药的，乃是一个他对其色雷斯老师发的“誓言”——那么对辩证家而言，为了适宜的接受，只有满足了认知的和伦理的诸条件，才会进一步给出“更有价值的东西”，这对他而言是一种责任，被视为如宗教的誓言约束（Eidesbindung）一般强力。而书写，正如我们所知，是不能创造这些条件的。

在早期的《卡尔米德》中通过隐喻所传达的，在《蒂迈欧》中得到直接表达：恰恰这些本原不能完全被传授。毫无疑问“创世者”（Demiurgos）的神秘形象就是在《蒂迈欧》中宇宙论（Kosmologie）框架内世界秩序的本原之名。柏拉图说，寻找这个宇宙的创生者和父亲是困难的，而寻得他并通报给所有人则是不可能的（《蒂迈欧》28c3—5）。根据另一段落，“那些更高的本原”（αἱ δ’ ἔτι τούτων ἀρχαὶ
91 ἄνωθεν）只有神与亲近神的人们才可认识，并因此从这段叙述中省略了（53d6—7）。

在《蒂迈欧》中，紧随这一论断引入基本三角形（Elementardreiecke）作为可感知物体的元素（Elemente）或“本原”（53cd）[2]。我们作为对话录的读者不可根据一个普遍的规则给出：什么样的本原可以对所有人，即以书写的方式传授，什么样的则不行。眼前的这个例证则使我们略为瞥见柏拉图从感官世界向本原的回溯。这里可传授学说的界限通过

① 这里作者使用Mittel一词是一语言游戏，意为方法、方式或医药或媒介，这样与前文的Heilmittel和mitteilen, mittelbar联系起来。——译注

② 原文作52cd，误，根据Burnet编Oxford版《蒂迈欧》改之。——译注

回溯的第一步，即引向几何学的对象域，确定下来（由于亚里士多德的记述，我们可以确切知道，关于基本三角形的“更高本原”是数[①]）。是否这个界限对柏拉图来说一劳永逸地确定了，我们不能确认——很可能的倒是他需要估量，在他的种子收存中希望多少播撒到“阿多尼斯苗圃”中去，他在书写中对每一个对话录分别确定相应的界限。普鲁塔克已经注意到，柏拉图在晚年更倾向于较为直白地提及他所意味的诸本原（《伊西德和奥西里德》48, 370F）。然而我们还应该补充，从《卡尔米德》的灵药隐喻一直到蕴含关键概念ἀπρόρρητα[②]（968e）的《礼法》第 92
十二卷，他根本的想法始终如一，即存在不应书面表达的事物，因为提前的表述澄清不了任何东西，并由之是“无益的”。

① 亚里士多德那里有极多段落证明了数相对于几何图形存在论意义上的优先性（ontologische Priorität），其中极为重要的是Ross［辑佚的］残篇二，出自《原善》，保存在Aphrodisias的Alexander的《形而上学》注（55.20—26 Hayduck）中，也参K. Gaiser：《柏拉图的未成文学说》（*Platons ungeschriebene Lehre*），Stuttgart 1968，第148页和第372的注释125。

② 即“未提前说之物”。——译注

十七
一些空略段落

始终不变的还包括：从对于空略的提示中并不能充分清晰地获知到底什么内容被略过了。如果我们仅仅根据《蒂迈欧》53d的暗示，便根本不能从中寻得何谓基本三角形之上的“更高原则”。在这种情况下，如前所述，正是亚里士多德对柏拉图未成文学说的证实才根本上带来了必要的清晰[①]。这同样适用于《政制》506de中著名的空略段落，其中苏格拉底明明白白地告诉他的对话伙伴格劳孔，善的本质（das τί ἐστιν）是不应该解释的，因为这一论题越过了当前对话的领域。尽管恰如伽达默尔所见，这里所意味的本质陈述（Wesensangabe）——善等于一——“也隐含在《政制》的构建里”[②]，但如果谁就因此推断，从《政制》的构建中就足以看到对柏拉图而言并未传授的善之本质，他就成了
93 循环论证的牺牲者了：因为事实上，我们在亚里士多德那里找到了直接的表达，即学园中人将一本身与善本身相提并论，将事物的本质（οὐσία）

① 参上文第91页注释1。尽管看起来《礼法》的894a暗示着同一论题，这一段落却也需要间接流传文献的澄清。参本书第112页以下。

② Gadamer：《柏拉图与亚里士多德之间的善之理念》（*Die Idee des Guten zwischen Plato und Aristoteles*），1978，乃《海德堡科学院会议报告》（SB Heidelberger Aked.Wiss.），第82页。

与一相提并论(《形而上学》卷N第4章,1091b13—15)。仅仅因此,我们才从《政制》的建构中也间接地提取一等于善这一等式。

这样在指示柏拉图口头哲学本原理论的空略段落那里,只有当柏拉图本文外的流传文献提供给我们相应的钥匙,我们才能把握其指示的含义。

幸运的是还存在另外一种空略段落。与第一种相同,它也并非摆出一个谜题,从而通过对谜题本身绞尽脑汁的苦想和细致入微的索隐便能揭开谜底;毋宁说,与上述境况无异,如果没有外在于相应作品提供的附加信息作为监察,空略的内容就无法得到重构。不过与第一种类型不同,在这一情况下对意图(das Gemeinte)进行补充的必要信息来自**柏拉图的**其他作品。这些段落的价值在于,它们指示了我们对空略段落的阐释得到了柏拉图本人权威的确认:我们可能通过它们——在柏拉图全集的内部,而不必援引只是间接流传的"未成文学说"——就可检测并证实柏拉图的空略段落并非含糊的允诺,而是极为具体地指向了轮廓分明的论题;它们不是根本上潜含于文本可解的谜题,而是对他处已经陈述的哲学结论的直接提示。

这种空略段落很多关涉到灵魂学说。而当人们想到,灵魂的理论对于柏拉图的存在论、知识论、宇宙论及伦理学何等重要,也就不必对这一现象惊讶了。在《斐德若》中柏拉图表达得一清二楚,没有对于整全(das All)的指示,便不可能拥有对灵魂本性的知识(270c)。与之相应,做出关 94
于灵魂本性最为清晰陈述的对话者,来自洛克罗伊(Lokroi)的蒂迈欧,也被刻画为对整全之本性最了如指掌者(《蒂迈欧》27a),并且在报告的进程中,他确然将宇宙论与灵魂学说紧密相连。既然灵魂理论丰厚的哲学背景不能每次都展开,既然最终的论证存在于不可向所有人公开的本原(archai)之中,因此就不难理解为何在这一关联中存在较多的空略段落。

在《斐德若》关于爱若斯的伟大神话中,柏拉图先将灵魂不朽的证明建立在灵魂的自身运动之上,随后才谈论灵魂之形(Gestalt)(246a)。

他认为，展示灵魂之所是，需要极为神圣和漫长的阐释，因此这里只能以简短的属人的阐释，说明其之所近似（246a4—6）。

人们相信从“神圣的”与“属人的”阐释之对立一定会推出，易逝的属人的东西就是人们原则上所能得到的一切。然而在柏拉图那里，“神”性的知识并非就对人先验地紧闭着——恰恰相反，当一个人实现了其最高的可能性时，由于他通过理念知识接近了**智慧**的神，他就成为**爱智者**。于是在《蒂迈欧》中也有言，卓越的属神的**本原知识**（Erkenntnis der archai）对于爱神者是可通达的（53d）。与《斐德若》类似，哲学家的灵魂能够总是通过回忆（Anamnesis）流连于理念世界，并由之“完美”，正如理念世界的认识使神成为神圣的（249c）。

95 事实上从《斐德若》本身中就可以获知，灵魂本性的分析必然贡献出不止于其所意欲提供的双翼马车之形象比喻，后者在246a以下仅被称为“属人的”解释。一个如此的分析不得不问：灵魂是单纯的还是多部分（mehrteilig）的；如果它是多部分的，其施动与受动（Tun und Erleiden）的能力（dynamis）何在（270d1—7）。显然这个神话没有批判性地面对这些问题，没有以论证来进行抉择，而是以一种天才般的诗性譬喻进行了非论证的回答。不过同样清晰的是，这些问题在柏拉图对话录的框架中能够以批判—论证的（kritisch-argumentativ）方式得到回应，并事实上在《政制》第四卷中已经得到答复。其中435e以下详细论证了为何灵魂不应该被视为单一的（einheitlich），为何灵魂恰恰被分为三个部分，它们分别的能力是什么。

与之相应，那么在《政制》第四卷中灵魂本性的“神圣”阐释就以书面方式呈于我们面前了吗？如果这样认为就太过了，因为那里给出的灵魂本性理论本身也是伴随着重大局限的（我们将马上切近考察这点），然而没有一个有判断力的读者会反对，《政制》第四卷中的论证远比《斐德若》270d（也参271d）出色地完成了一个哲学灵魂学的筹划，它无论如何也比灵魂马车的精美图像更接近“神圣的”阐释。

除了对灵魂本性的深入了解，辩证家作为哲学修辞学的代表，首先需要物之本质的知识，既然他意欲传授关于此物的真理（《斐德若》273d—274a，参277bc）。这里也就指示了一条“满含艰辛”的“漫长曲径”，但是这最终会使得人们能够通过言与行而取悦于神（《斐德若》273e4—5, e7— 96
8, 274a2）。柏拉图这里所说的“道路”乃是辩证法之路或辩证法之“旅”（πορεία,《政制》532e3），正如柏拉图一直将其描述为事实上可以通行的道路，就是说，将其描述为一种实际的、他已然了解的“人之可能性”，并且这条道路引向一个明晰的目的，而人之幸福正系于其上。不过，这条对话录中所指示的口头辩证法之途却是在书写中决然不可通达的。

在《高尔吉亚》中，柏拉图勾勒了一种灵魂理论，但其中灵魂之“形”（Gestalt, ἰδέα）显得比三分的灵魂马车图像更要模糊。苏格拉底的谈话伙伴卡利克勒斯，正如我们上文所见（参第16页以下），其盲目的自我中心主义和飞扬跋扈妨碍了他理解苏格拉底伦理学的核心命题，而最大的阻力便是他对欲求原始的认同（491e — 492c）。为了强调与卡利克勒斯思想世界的距离，苏格拉底抛出了一个完全不同的人类形象与之对抗，称此观点出自那些异域未知名姓的“智慧者”（σοφοί）。根据这一见地，那些没有理性的人乃是未入秘仪者（Uneingeweihten）（493a7）：他们不知道在身体（σῶμα）中的生命就如在坟墓中的生命（σῆμα）①；像达奈德们②的传说中形象表达的，不断从冲动与欲望中得到满足即试图用滤器来为有裂痕的罐子满水③（492e8—493c3）。在苏格拉底的生动阐释中，罐子

---

① 柏拉图在这里利用σῶμα和σῆμα的读音相近做了一个语言游戏。亦可参柏拉图《克拉底鲁》，400bc。——译注

② 达奈德们（Daneiden）指达纳欧（Danaos）的五十个女儿，其父与双生兄弟艾吉普特（Aigyptos）分裂后，与她们一同从埃及流亡而出，而艾吉普特派五十个儿子追赶至阿哥斯（Argos），欲胁迫婚姻。——译注

③ 类似于中文说竹篮打水。——译注

相应于灵魂的一个部分，就是“那个欲望所驻身之地”（493a3, b1）。灵
97 魂乃是一个结构化的整体，“滤器”服务于“罐子”的需求；这显然与非理性生物和为冲动（Trieben）所控制生物的生活方式相应，就像对卡利克勒斯而言，明智（φρόνησις, 492a）仅仅具有为冲动服务的功能。总的来说，对上述传说的使用一方面意谓着要求卡利克勒斯选择自我节制的生活，而不是放纵和根本贪得无厌的生活（493cd），另一方面意味着欲望和冲动并非代表了整个灵魂，而仅仅是灵魂中低于明智的一部分，它们并不了解另一种生活——不受身体羁绊的理性灵魂生活。除此之外，如果以柏拉图《政制》中与灵魂分部学说相系的主德[①]系统（489e, 491c—e）来衡量卡利克勒斯的卓越理想，那么就能清晰看出，倘若他要从其迷误中摆脱出来，他就需要一关于其自身的，关于值得追求的生活方式的，并首要关于灵魂结构的启蒙。只有这样，他才能理解什么叫“统治其自身”（αὐτὸν ἑαυτοῦ ἄρχειν, 491d8）。然而卡利克勒斯没有得到这一启蒙，显然因为他的道德状态排斥了他认知上的进步。凭借秘仪隐喻，柏拉图指示卡利克勒斯（包括对话录的读者），这里本质的东西故意从讨论中被剔除，虽然从客观上说，这对于问题的完整澄清不可或缺：苏格拉底这样高抬卡利克勒斯，称如果他在了解“小秘仪”之前获知“大秘仪”的话，就是幸福的（497c）——任何当时之人都知道，在厄琉息斯秘仪[②]那里这是不可能的，而柏拉图仍然让苏格拉底特意如此表

① 这里所谓的主德（Kardinaltugenden）即勇敢、明智、正义、智慧。——译注

② 厄琉息斯秘仪（eleusinische Mysterien）是古希腊时期位于厄琉息斯（Eleusis）的一个秘密教派的年度入会仪式，这个教派崇拜德墨忒耳（Demeter）和珀耳塞福涅，被视为古代所有的秘密崇拜中最为重要的一种。小秘仪一般在阿提卡历第八月（Anthesterion，相当于公历1月到2月之间）举行，时间也偶有变化，不像大仪式那样严格。这个仪式是为了洁净入会的候选人，为他们几个月后参加大仪式做准备。大秘仪则更为隆重，开始于阿提卡历第三月（Boedromion，约莫公历8月到9月间）并持续九天，参加者也受到更为严格的限制。——译注

达。读者应该领悟到，在《高尔吉亚》中不必期待柏拉图对“大秘仪”的透露[①]。 98

对卡利克勒斯而言，柏拉图灵魂划分学说的引导已经带来了一个关键性的进展，正如在《政制》第四卷中所呈现的。而对代表辩证家的角色即苏格拉底而言，这一解说则根本不能与“大秘仪”的揭示相提并论。在与格劳孔与阿德曼托斯的对话中，他不再使用秘仪隐喻，而是以非诗意的清晰性明确指出，在提升至理论的论证性展开之前，对话中所历经的讨论对“精确”回答灵魂划分问题尚不充分：

> “并且你应知道，格劳孔，根据我的看法，我们目前在阐释中所使用的方法尚没有精确地把握它——因为这是另一条更长更广阔的道路，其引向……”（《政制》IV, 435c9—d3）

因此对这一理论的证明——其作为德性学说和国家筹划之基础——就哲学上的有效性而言，从一开始就受到了限制。

柏拉图并未止步于一个暗示。他随后强调了他本预备引入的另一奠基性理论。当苏格拉底在第六卷开始解释为何未来理想国家中的哲学王必须具有关于善的知识时，他首先提示在第四卷中已经做出的抉择，在刻意简化的论证层次上论述灵魂理论（504a）。引人注目的是对话伙伴一开始并没有想起来这点——人们几乎有了这样的印象：柏
拉图这里从优越的灵魂知识出发，意欲漫画化自己的无能，即无能为对 99
话设置清晰的限制。然而，苏格拉底始终坚持并最后在面对善之理念这一新主题时重启了同样的限制。“更为漫长之途”在这里同样无可通达。从戏剧内部来看，这是由于对话参加者预备不足（参53a）；而从另

① 对《高尔吉亚》中话语限制的阐释，参《柏拉图与哲学的书写性》第191—207页，尤其第199—204页。

一方面——《政制》乃是书写文本——来看，则是由于书写带给哲学交流的局限。值得关注的是，当苏格拉底接近最高的学习对象（μέγιστον μαθήμα, 503e, 504de, 505a）时，他远比在第四卷中更为明确地强调了导致放弃踏上“更为漫长道路”的不充分性（504b—d）。最后他解释道，他不想处理对善之理念本质的追问（506de），而且以替代的方式给出的日喻在很多方面乃是不完整的；他随后仅仅想报告“在当下乃是可能的”（ὅσα γ’ ἐν τῷ παρόντι δυνατόν, 509c9—10）东西。这两个部分异常清晰地阐明，对传授的限制并非来自某种实事的不可说，就像人们间或断言的，而是苏格拉底持有关于善的“见地”，但他经过深思熟虑不予展开：

“但是，你们这些幸运的人，善到底为何，我们想现在把它搁在一边；因为我觉得，其多于就我们当下的进展而言所能达到的。”（506d8—e3）

“——无论如何不要放弃，他说，即使别无其他，也再谈一遍日喻，就你（迄今）所省略的而言。

100 ——现在，我说，我省略了许多。

——他说，你一点儿也不应该略过。

——我说，我觉得许多（我将省略）；不过就当下可能的而言，我将不会随意省略。”（509c5—10）

苏格拉底说，他仅仅想报告“在当下乃是可能的”；其意谓从第七卷中他拒绝为格劳孔阐释简单勾画的辩证法之内容与方法可知：

“亲爱的格劳孔，你不再能跟上我了——因为就我看，预备是不可或缺的。”（533a1—2）

在《斐德若》中（参274a，同本书第95页以下）同样可知对“更为漫长道路”的放弃，这在柏拉图的代表作（按：即《政制》）中一方面涉及灵魂学说，另一方面涉及善之哲学，并且还包含柏拉图辩证法的整个领域，其引向最终的**本原**。像上文所提示的（第92页以下），对这一领域内容的填充可以通过间接的传世文献部分地重构。而就“更为漫长道路”的第一个主题即灵魂学说而言，柏拉图至少已经在《政制》中开始大略地勾画导致迷误之因，并且根据《蒂迈欧》的部分信息我们甚至能够达到朝向清晰和确然之陈述的中心点。

在《政制》的第十卷，柏拉图分两步引入了一个对这一代表作中的灵魂论异常重要的补充：首先他明确了当时为止尚未发挥效力的灵魂不朽（608c—611a），随后他继续推进（611a—612a）：

我们不应该认为，灵魂正如截至目前所展示的，“就其最真的本性
而言”充满了多重性、非和谐性和争执。从“多”中聚合并且未能以最 101
佳方式关联的事物，不可能不易于衰退消逝。然而我们必须看到最纯粹形式的灵魂，即其摆脱了所有派生的、受身体影响而产生的附赘的状态。人们通过望见灵魂的**爱智**（philosophia），就可以认识它“原初的本性”（ἀρχαίαν φύσιν，61d2），并随后看到其所触及的东西和其所追求的领域，与神圣之物和永恒存在的亲近。这样的考察将揭示灵魂“真实的本性”，揭示它究竟是多重的还是单一的。现在则相反，我们是在人的生活之中考察其际遇（πάθη）和形式（εἴδη）。

于此柏拉图设置了一个对灵魂的未来考察，它与在对话录中当下的考察形成鲜明对比。这两个考察虽然对同一问题，即是否灵魂拥有多重部分，同样有效。并且如果答案是肯定的，则不得不继续追问，是哪些部分：因为灵魂是多重的还是单一的这一问题（612a4）与《政制》第四卷中的问题无异，即灵魂是否显示出在作为放大模型的国家中可以观察到的那些部分（435c4—6）。但是仅仅只有将来的研究会揭示灵魂的“原初的”和“真实的”本性，并且能够言说它们**到底是合成的还是单一的**。

这样,《政制》中的灵魂学强调此岸的,即所谓“经验的”灵魂学。正如我们特别指明的(611c6, 612a5—6),这些结论在这个领域内完全有效。但是它们尚缺少通向最为重要之物的进路:通向其“真实的本性”。

据其所述,对“真实”灵魂的多重性和单一性的追问乃是开放的(612a4);只有对灵魂的最终研究才将对此做出抉择,不过这在对话录
102 中尚付诸阙如。这一表面的开放性导致人们或者将错误的回答强加给柏拉图或者甚至解释道:柏拉图自己在此也不知道答案。

实际上柏拉图对于真实灵魂的见解不但可以在我们阐释过的段落中,也能在《政制》的其他章节中获悉,只可惜缺乏能够获得一个普遍认同的必要清晰性。认为“灵魂真实的本性”无异于此岸仍依附于肉身的灵魂状态,认为前者与后者一般亦是复合的,这一观点在两种考察方式的强烈对照下已经失去了立足点。真实的灵魂近似于神圣物与永恒存在,这一确论完全清晰地展现出,这里所可能意谓的仅仅是灵魂的理性部分(λογιστικόν),也就是三部分中的最高部分。同时,特别是当人们承认在第九卷中关于灵魂三部分的“亲缘性”和秉好之所言(参585b以下)时,灵魂能够“完全追随”永恒存在(611e4)——整个理念世界——的想法也便展示出:既然只有**理性部分**(das logistikon)“始终”倾向于“和谐、不朽和真”,并且由此只有它与这一领域相称(参500c),那么也仅仅是它被称为人类中的“神圣之物”(589d1, e4, 590d1)。于是这确然已经暗示了:既然灵魂的其他两个部分导向的是可朽物并追随可朽物,那么仅仅**理性部分**是可能不朽的。而在第七卷的一处几乎更清晰地显明,相对于其他德性,比如类似于某种身体的德行,“理性存在的”(φρονῆσαι)德性乃是“绝不丧失其力量”(518de)的“某种神圣之物”的能力。

那么,从这些段落得出修正过的灵魂学说如下:构成灵魂的三个部分中仅有思之灵魂(Denkseele),即理性部分是不朽的;只有它展示了
103 灵魂不可毁朽的“原初的”和“真实的”本性。而在第四卷中的灵魂其他两部分,它们彼此谐和并与理性相别,但根据其本质,二者仅仅作为

真实的灵魂与身体相系时产生的可朽附赘。

人类灵魂的这一图像在对话录《蒂迈欧》中同样可以获悉。如柏拉图所言(35a, 41d)，由创世者所创生的或者“所调和”(zusammengemischt)的单单是思之灵魂，由之只有它不可毁朽。灵魂的其他两部分由下属的诸神作为可朽的附属而“搭建”(angebaut)(69cd)，它们根本建立在可朽物上，即建立在欲望和冲动之上(90b)，而理性部分所负载的任务则在于通过思把握整全之运化，以此“按照它的原初本性”(90cd, κατὰ τὴν ἀρχαίαν φύσιν d5，参《政制》611d2)使自身相配于天宇的秩序与和谐。

通过从存在论上划分可朽的两部分与不朽的一部分[1]，灵魂获得了这种二分式的结构；柏拉图在《政治家》(309c)和《礼法》(713c)中明确提到了这一结构，而《斐多》则显然以这一结构为前提。正是在这里，在《政制》的结尾处，我们找到的不是对这一结构明确的称谓，特别是没有从灵魂本性与理智对象(Inteligible)的关系来阐明这一本性——估计因为如果没有关于理念世界的进一步陈述，这样的阐释并无可能，同时谈话伙伴面对“更为漫长之路”尚还稚嫩。而且，上述更为确然的对话录段落也未让人清晰认识到，对灵魂“真实之本性”所公布的结论根基何在。(尽管如此，依然存在的不确定性仅仅在于思之灵魂的本质与构造，而其真实的本性指的是**理性部分**，仅仅只有它才是不朽的，这 104
已经毫无疑义。)

当柏拉图提到“相称”与“亲缘性”的时候，他借此并不简单地指本质相同；毋宁说，他想到了一种本质规定。通过这一规定，思之灵魂被安置到理念与感性事物之间的中间域，就如亚里士多德所论及的，数

① 原文作 zwischen dem sterblichen und den zwei unsterblichen Teilen，意为“在可朽的和两个不朽部分之间”，显为笔误，按文意改之。——译注

学对象也从属于这一领域[①]。无论如何，在《蒂迈欧》(35a—36d)中根据数学关系对世界灵魂(即思之灵魂)的著名“调和”(Mischung)提示了这一可能性[②]。

未来的研究将展示灵魂真实的本性，“它是多重的还是单一的，或者它的特性到底是什么”(εἴτε πολυειδὴς εἴτε μονοειδής , εἴτε ὅπῃ ἔχει καὶ ὅπως, 612a4)。这一表述或许一开始显得有些陌生，而从《蒂迈欧》来看，它就变得可以理解了。认为柏拉图也不确定结论何在是不太可能的。如果人们从《政制》第四卷中的灵魂划分出发，答案一清二楚：由于灵魂的其他两个部分(εἴδη)建立在可朽物之上，并且由此自身可朽，所以真实的原初的灵魂是单一的(μονοειδής)。这里柏拉图只需要一个“敞开性”的表述就够了，其根据恐怕就在于，他不只想到《政制》第四卷意义上的灵魂划分，而是同时想到出自不同“部分”的理智灵魂
105 的“调和”——哪怕在《蒂迈欧》中的“部分”所指示之物与灵魂三分法中的“部分”之所指示完全不同。

柏拉图限制了其代表作611a—612a中的灵魂理论，这一限制的重要意义应是毋庸置疑的。未来更为详细的研究至少在中心点上无疑完全可以由其他对话录补充，通过这点我们得到了保障，即在我们无从检验的地方，柏拉图凭借“更为漫长的道路”指示了他哲学工作的具体结论。

---

① 亚里士多德：《形而上学》A6, 987b14—18和Z1, 1028b19：柏拉图给予数学对象一个存在论上的居中地位。参William David Ross：《亚里士多德的形而上学》(*Aristotle's Metaphysis*)，Oxford 1924，卷一，第166页。

② 关于柏拉图那里的灵魂(psyche)和数学对象(mathematika)的关系，参Philip Merlan：《从柏拉图主义到新柏拉图主义》(*From Platonism to Neoplatonism*)，Den Haag 1968第三版，第13页以下，第45页以下；Gaiser：《柏拉图的未成文学说》，第44页以下，第89页以下。

而从另一个角度看,《政制》611a—612a也是值得关注的：我们断定,通过这一文本指向尚阙如的详尽的灵魂学,其已经在暗示中预先筹划了这一研究的内容。这对我们回到柏拉图释义学而言是一个重要问题,即对暗示作用的追问及对应由读者填充内容的提示之作用的追问。我们一定要将暗示的意义估量得高过我们至今之所为吗？在我们试图回答这个问题之前(参下文第十九章),我们希望转向另一个柏拉图的文本,此文本在暗示中指向其他一些结论,这些结论提供了比文本自身更为根本的意义。

十八
《欧绪德谟》中的回忆学说和辩证法

在对话录《欧绪德谟》中，读者总是不断碰到看似无意义的虚假推理，欧绪德谟和狄奥尼索多斯希望借此误导其谈话伙伴。不过当人们
106 把握了柏拉图对于学习的理解及回忆学说，在此背景下阐释这些虚假推理时，就可以看到，其中不少仍具有积极意义①。

他们首先问年轻的克莱尼亚(Kleinias)：谁应该学习，是"智慧者"还是无知者(οἱ σοφοὶ ἢ οἱ ἀμαθεῖς, 275d4)？结果"智慧者"的回答被驳回，而克莱尼亚选择"无知者"同样被驳回(275d3—276c7)。对于做出这种反驳的戏剧人物欧绪德谟和狄奥尼索多斯而言，这就是一个纯粹的智术游戏，于此也不会更多。然而，如果人们联系到《会饮》的203e以下和《吕西斯》的218a：根据这些段落，学习者既非智慧者，亦非无知者；那么人们就会同时看到，上述诡辩对作者柏拉图而言却意蕴深长。通过这一"既非—亦非"，上述两个反驳获得了初步的意义，这在《欧绪德谟》中尚付诸阙如，正如与之相关的对爱若斯和哲学的见解同样

① Hermann Keulen：《柏拉图〈欧绪德谟〉研究》(*Untersuchungen zu Platons „Euthydem"*), Wiesbaden 1971，第25—40页和第49—56页。参Friedländer：《柏拉图》卷二，Berlin 1964第三版，第171页，第177页以下。

阙如。

与之类似，面对第二个问题——人们学习的东西是人们不知的还是已知的——两种可能性均被反驳（276d7—277c7）。在《美诺》中同样出现了这一结果：人们既不能学习他们知道的，也不能学习他们不知道的。不过在那里，这一"诡辩性的论证"（eristisches Argument）通过苏格拉底引入回忆学说而得以克服（80d以下）。但在《欧绪德谟》中没有这一解答。

不过通过《欧绪德谟》偏后一段文字，对之的解答也跃然纸上：诡辩者们证明，谁知道某些东西，他就知道一切（293b—e）；所有人都知道一切（294a—e），且所有人总是知道一切（294e—296d）。这些听起来完全没有意义的东西在《美诺》的背景下变得意味深长：既然相似性连接着所有事物，那么只有从一个唯一的"回忆"出发，认识者才能寻得 107
一切；进而言之，既然灵魂在进入身体之前已经看到了理念，每个人也就事实上潜在地知道一切，并且凭借苏格拉底引导未受教育的奴隶说出几何学认识，人们可以看到，每个人已经永远地潜在地意识到了一切（《美诺》，81cd，85d—86b；参《斐德若》249b中生前对理念的直观）。

两个诡辩者还进一步证明：他们自己的父亲同时也是对话伙伴的父亲，此外也是所有人的父亲，甚至是所有生物的父亲，其中包括海胆、猪和狗（298b—e）。这个所有种类的人与动物特殊的"亲缘性"可看作是下述命题——其包含了回忆学说存在论上的基础——漫画化的变体：即"那整个自然是相互亲近的"（ἅτε γὰρ τῆς φύσεως ἁπάσης συγγενοῦς οὔσης，《美诺》，81c9）。

这就清晰地显明了在《欧绪德谟》中不少虚假推论是在回忆学说的视野下构造的。然而在这里则没有解释这一理论，甚至根本没有提及。"灵魂"（295b4）一词可能会提示，柏拉图的灵魂学说是可能为诡辩者的荒谬游戏提供意义的背景。但是只有已经了解一些柏拉图的回忆学说和灵魂学说的人，才能理解这一提示——如果它确实是一提示的话。

在这里，理念学说也同时被暗示（就回忆学说与理念论客观上的相系而言，这正是几乎应该期待的）。苏格拉底显然熟知个别物与理念之间关系的难题（301a2—4）；“美本身”不同于美的个别事物，但后者通过美的“在场”（比较πάρεστιν，301a4）而成为美。而在诡辩者狄奥尼索多斯代表的水准上则得出，苏格拉底通过一个公牛的在场而成为公牛（301a）。

108 既然在《政制》中，理念论与诸科学之具体关系紧密相系，那么毫不奇怪这一主题在《欧绪德谟》中也被论及。如我们在290cd看到的，数学不可能是所找寻的最高科学。因为在最高科学那里创生（或获取）与使用是叠合的，而数学所获得之物则来自辩证法的转予，就像一个将军将一个被占领的城市转给政治学。这一关于数学与哲学之关系的看法出乎意料地在《欧绪德谟》中出现，它在这一对话录的框架内也是令人费解的。不过一旦人们走出这一框架并且联系到《政制》的510c以下和531c以下，其所意指就会显明开来。这样柏拉图所预设的实多于他所言说的。

在对决定性的最高“科学”（Wissenschaft）或技艺（Kunst）的寻索中，炮制讲辞的技艺（ἡ λογοποιικὴ τέχνη，289c7）被检验并被摒弃。这一拒绝的根据在于“讲辞作家”（Redenschreiber）（289d2）对产品的创作和使用相互分裂：他们写讲辞，但是自己并不诵读；他们的顾客虽然使用讲辞，但自己却不能写出。可以承认的是，**这一**讲辞技艺不会是至高的、引向福祉的技艺——尽管苏格拉底相信可以在这一领域的“某处”找到如此的技艺（289d8—e1）。人们可从这些引人瞩目的表达中获知可能还存在**另一种**“讲辞技艺”，这足以满足“所寻索之科学”（e1）的标准。这显然指的是在《斐德若》中展开的辩证法之一面，即辩证法作为理想的讲辞技艺。在那里，辩证法被视为口头的哲学活动。辩证家在口头的哲学活动中，通过亲自与适宜的接受者交谈导致了“讲辞”

的产生，并且同时根据灵魂知识和实事知识的准则正确使用讲辞①。 109
从《斐德若》中也可以看到，辩证的讲辞（λόγοι）确保人们可能的福祉（Eudaimonie）（277a3）。

总的来说，人们可以察觉到，对话录《欧绪德谟》中存有一深厚的哲学背景，它隐蔽地决定了其中的思想进程，而不是公开地掌控之。柏拉图哲学的重要组成部分，如回忆学说、理念学说和辩证法理论实际上都在场，但没有被明确地提及，也很少以系统的方式论及甚至论证。在对话录中它们同样没有为谈话伙伴所注意，并且，如果没有来自其他对话录相关理论的明晰教导，也可能不为我们这些读者所注意。

---

① 相反，书写必然带来创作和使用的分离：作者和读者原则上根本不互相往来。这一“异化”（Entfremdung）属于书写的本质并使得书写根本上无法满足对真正的讲辞技艺（λόγων τέχνη）的要求。

十九
暗示对柏拉图文本的意谓

现在我们手上已经有充足的例证来重新处理柏拉图那里的“暗示”（Andeutungen）这一问题[①]。此处要问的当然不是：是否存在读者必须伴随思考并且挖掘出的暗示或者提示——毫无疑问，它们在柏拉图那里存在。但是正如我们将看到的，诸如此类的暗示在其他作者那里照样
110 存在。为了找到柏拉图的哲学书写之特殊性，我们还要进一步追问，对他而言，以暗示的方式写作，其系统价值何在？

迄今为止我们尚没有找到明确的标志表明：柏拉图相信凭借精致地使用微妙的影射、间接的提醒和加密的暗示可能在书写作品中接近口头的哲学活动。这恐怕曾是弗里德里希·施莱尔马赫天真的信仰，并以此确立了他反内传主义的信念，即以为凭借“间接”表述的技艺，柏拉图在口传领域所保守的哲学根本部分已经变得无关紧要。然而，柏拉图的书写不断指示，自己需要“更有价值事物”的口头补充。认为书面的暗示可以起到这种口头补充的作用是一个现代的偏见，对此我们下文还不得不详加论述。首先凭借对种种暗示与影射之分析将展现出：在柏拉图那里它们完全没有能力与直接的表述相竞争，无论是口头

① 参本书第45—53页，第105页。（译按：原文作第104页，据作者手校本改。）

的直接表述，还是书面的直接表述。

（一）暗示最为简单的形式恐怕就是通过转引来提示观点。《斐德若》276e2—3中就展示了这种形式。在那里，柏拉图举了一个哲学家书写“游戏”的例子，即讲述关于正义及其类似主题的故事（μυθολογεῖν）。既然《政制》处理了正义与其他德性，既然有两处（376d, 501e）都自称是在讲述故事（μυθολογεῖν），那么就毫无疑问，柏拉图这里表明将其代表作视为书写哲学“游戏”的一次实践。但是否如此辨识出这一影射，并且得出正确的结论，即柏拉图在批评所有书写下的文字时也包含其 111
自身的创作，这一切就要依赖读者的洞察力了。

这样通过纯粹的暗示，书写批判的重要问题得到回答了吗？并没有。因为柏拉图是否也将其对话录置于书写批判名下的这一问题，根本是针对现代对话理论提出的。这一理论从反内传学说的前提出发，极力将对话录排除在书写批判之外。然而对柏拉图而言毫无疑问的是，他的批判指向“书写”（γραφή）本身。并且当批判意谓**所有**书写下的东西时，对于不想扭曲文本中清清楚楚表述的读者而言，它们包含对话录这一见地不仅仅以暗示的方式，而且也被直接表达。把握了这一点的读者就把握到了根本的东西——这样相对而言，上述对《政制》的那一颇不明晰的影射是否被确认，也就无关紧要了。

这一颇不引人注目的影射晚近——1961年首先通过威廉·路德[①]——才被发现，这是情有可原的。让人惊异的倒是，这一事实上清晰透彻的联系却被多数阐释者所忽略或者含糊其词地对待。这就展示出缘何柏拉图有权坚持：书写没有能力表述什么“清晰的确然的东西”，即使在对一个如此简单和“确定的”影射的判断上，评判主体仍享有极大的自由空间。为什么我们应该假设恰恰是柏拉图寄希望于影射

① Wilhelm Luther：《书写逻各斯的诸弱点》(Die Schwäche des geschriebenen Logos)，载于*Gymnasium* 68，1961，第536页以下。

的明确性？书写批判已经清晰地展示出，他早就否认了这种天真有任何必要。

112 （二）《蒂迈欧》53d中指出“尚有更高的诸本原”（noch höchere archai），但在那里却未对之进行阐明。以此为契机，让我们回想一下《礼法》中处理万物之生成（γένεσις）的一段文字（参上文第92页注释1），文本如下：

> “那么事物之生成必须经历怎样的历程呢？显然，只有经历了如下过程才是可能的，即先有一个开端（ἀρχή），经历了生长，并以此到达发展的第二阶段（μετάβασιν），继续前行直到第三阶段，在此能够为拥有感知的存在所感知。通过这样的转变和过渡，一切产生了，只要维持于此，就拥有一现实的存在（Sein），相反当它过渡到另一特性上去，也就完全被毁灭了。”（《礼法》第十卷，894a1—8）[①]

没有人可以反驳，正如康拉德·盖瑟尔所表述的，这一段落“必然被视为谜一般的”[②]。如果人们将《礼法》的第十卷中这一段落的语境再仔细探究一番，这一判断依然成立。而就像盖瑟尔展现的，一旦引入未成文的本原学说作为证言，上文也就获得确然的清晰性了。随即便可看出，这段文字乃是对从第一维、第二维到第三维过渡的一个数学原理刻意模糊的复述。同时，柏拉图也利用这一原理作为范式来解读存在论上的事态（ontologische Sachverhalte）。[③]

---

① 据原引Rufener的德译译之。——译注

② Gaiser：《柏拉图的未成文学说》，第187页。

③ 同上，第173—189页，特别是第175页和第187—189页，也参其：《作为哲学作家的柏拉图》（*Platone come scrittore filosofico*），Napoli 1984，第148页以下。

那么现在人们可以在这里说，根本性的东西已经以暗示的方式传达了吗？非也。因为根本上说，如果不是读者已经**从某个地方**预先获 113
知了信息，那么在这里对他而言，则什么也没有“被传达”。如果没有盖瑟尔对其来源的考证，那么这段文字就始终悬疑不清，成为各种主观阐释技艺的玩物。再者，《礼法》的第十卷真正试图展现的乃是一个理性的世界灵魂在宇宙中进行统治。而对此而言，对生成（γένεσις）维度之阐释也尚不是根本的东西。与之相对，国家引导者的哲学教育内容属于不可提前说出之物（ἀπρόρρητα），对其提前进行传授并无意义。这一切读者不是通过模糊的暗示，而是通过作品结尾处直接的表述获知的（968e，参上文第87页）。

（三）在《欧绪德谟》中错乱的和看似矛盾重重的思想进程“背后”隐藏着种种哲学洞见（参第十八章），这一现象就已经指示出：如果不了解《美诺》、《斐多》、《政制》中对回忆学说和辩证法概念非加密性的表述，这一对话之“谜”也就根本无从解开。《欧绪德谟》中的谜并非指古风时期的文学类型：**爱诺斯**（ainos）[①]。后者魅力就在于，接收者能不依赖于外在的帮助，而从文本本身推导出作者的意谓。斯芬克斯之谜对俄狄浦斯而言必须在没有可利用的特殊前提的情况下来解答。如果俄狄浦斯是在某些特殊条件下完成了这个任务，那么恐怕他的整个“解谜者”声誉就无从谈起了。与之相对，每个人都知道一切，每个人过去始终就知道一切（《欧绪德谟》294a—e, 294e—296d），这一“谜题”只有在特殊的柏拉图式的前提下才可得解。而如果没有这一前提，那么对于并无准备的读者而言，它就的确显得毫无意义。

这里特殊的和重要的东西在背景之中，柏拉图并没有依靠不定的

① 爱诺斯（αἶνος）这种文学体裁通常指向一个个体，并且通过谜题或暗示的方式期待对方直接的反应或态度的转变，它与αἴνιγμα在辞源上接近，其晦涩神秘类似于神谕。——译注

114 暗示，而是依靠对记叙中对话的打断这样的戏剧手法来表达。关于此我们将在下章处理（参第12页以下）。

（四）在处理《政制》61/12的空略段落之时，我们认为，在对话录中没有贯彻对灵魂的详尽考察，这一结论来自文本的一些提示（参本书第102页）。这样一来，此处的暗示就有将本质之物以加密的方式传达的功能吗？

虽然柏拉图没有说："灵魂'真实的本性'是单一的，因为灵魂在它的'净化形式'中与三'部分'中的最高部分，即理性部分同一。"然而如果人们斟酌一下，这个结果其实直接来自下面的提示，即灵魂的真实本性应该来自它的**爱智**，来自它与神圣物及永恒存在者的交往与近似（611e）。那么人们会自问，于此应该在什么意义上谈论"加密的"传达——既然这里涉及的更是对对话录早期种种结论的直接回顾（参上文第101页以下）。引人注目的是，对读者而言，将从前之所述与当前所述连接起来的简单任务，并没有引向知识必要的"清晰与确然"，毋宁说，始终不断挑起争端的正是柏拉图在这里意欲将不朽限制在理性之上①。

然而对评判这一段落极为关键的是，从《政制》本身出发，在611—612中敞开的问题仅能得到部分的回答，即灵魂的"真实本性"可与灵魂三部分之一相提并论。相反，真实灵魂本身的复合性（Mehrteiligkeit）
115 可能意谓什么，仅依据《政制》就无从猜测——只有附加《蒂迈欧》35a—36d中直接讲述的"诸灵魂之混合"（Seelenmischung），才能提供给我们一个拓展的灵魂存在论分析的认识。

概而言之，我们可以确信，虽然柏拉图使用诸种花样的影射、暗示

① 关于这里段落的问题和柏拉图研究对之的处理，参我的论文：《〈政制〉卷十中的不朽与灵魂三分》（Unsterblichkeit und Trichotomie der Seele im zehnten Buch der Politeia），载于*Phronesis* 21，1976，第31—58页。

和提示，但是他从没有让人们以为，他刻意让文学的暗示技艺成为哲学教导的中心角色。[①]

赫拉克利特的名言：德尔斐（Delphi）训谕中的神“既不明言，也不遮蔽，而是暗示”[②]，惟妙惟肖地描绘了神谕和谜语（αἶνος, αἴνιγμα）的表达方式。不过柏拉图早就远远越过了神谕和谜语这种古风时期的小文类。他可以偶然地使用它们，并且使用起来游刃有余，不过它们始终扮演着服务性的和补充性的角色。如果人们意欲理解他作为哲学作家的真正旨趣，那么人们就要首先思索和提问，为何他选择了散文体的戏剧这样新起的大文类，他以何种戏剧手段引导认识，什么对他而言是根本性的。对所有解读进行判断的准则便是并始终是书写批判。

但现代对话理论却违背了书写批判的精神，它将传授哲学的根本功能归于诸种书写的暗示——以这种方式，内传的本原学说因此就无
甚必要了。其谬误是双重的——首先他们遗忘了，在柏拉图那里书写 116
无从担保知识的“清晰与确然（恒久）”（《斐德若》275c6—7，277d7—8）。他们认为，必要的不确定的暗示能够越过这个扎根于书写本质的障碍——这建立在一个天真的乐观主义之上。不仅柏拉图自己从未分享过这样的乐观，柏拉图著作的接受史也完全驳斥了这种观念。第二，他们忽视了，在柏拉图那里，拣选“适宜的灵魂”乃哲学教导的前提——否则哲学家就将保持沉默，而以书写为媒介根本无从完成这一拣选。加密的暗示可以为任何一个拥有必要智性的读者所破解。对之的例证就是，在《会饮》中早已脱身哲学实事之外的阿卡比亚德斯（Alkibiades）宣称，为了成好成善，人们一定只需“开启”（öffnen）[③]苏格拉底之言（logoi）便能找到其所需要的一切（《会饮》221d—222a）。然

① 关于对话的“敞开”（《会饮》，221d—222a），参下文第128页以下。

② 赫拉克利特：DK 22B93。

③ 更多关于阿卡比亚德斯的内容，参第126页以下。

而柏拉图对“适宜灵魂”的要求不仅仅是智性上的能力，而且也包括对哲学实事内在的亲和，这也包含其灵魂中主宰德性的全面发展(《政制》487a，也参《书简七》，34a)。

人们必然要惊异地问道，为何这巨大的裂痕——现代对暗示及“间接传达”教导功能的亲近迥异于与柏拉图对哲学上运用书写的看法——被长久地漠视呢？其原因恐怕仅仅在于，自从弗里德里希·施莱尔马赫以来，反内传式的一厢情愿操控了对柏拉图对话录的理性思索。施莱尔马赫确实相信，柏拉图的目标就是创造一种书写的使用方
117 式，其对知识传授发挥着与口头教导几乎相同的作用。他将《斐德若》划为早期作品，并且认为，这时柏拉图尚未指望达到这一目标，然而这一目标之后却得以实现，[①]以至于他“最终不再相信哲学上一个如此广阔的不可传达性”[②]。这样对施莱尔马赫而言，柏拉图引入书写批判的立场随后为自己所克服。在此之上，施莱尔马赫构建了自己的对话录理论，该理论今天仍颇有信力。但是人们现在知道，《斐德若》是较为晚期的作品，它不可能在公元前370年以前写就，这里包含着柏拉图深思熟虑过的对于哲学书写使用的最终见地。这样我们也就能告别建立在错误前提上的现代对话录理论，它试图让书写中的暗示与指引来承担只有口头的哲学活动所能承担的任务。[③]

① Schleiermacher：柏拉图译文的《导论》(Einleitung zur Platon-Übersetzung)，Bd. I. i，Berlin 1804，第15页。

② 同上，见《〈斐德若〉导论》(Einleitung zum Phaidros)，第52页。

③ 对施莱尔马赫方法上的缺陷和事实上的谬误的详尽批判，参《柏拉图与哲学的书写性》第331—375页，附录1：《对话形式的现代理论》(Die moderne Theorie der Dialogform)。

二十
柏拉图的戏剧技巧：一些范例

正如上文已经指出的，理解对话录不能以神谕（χπησμός）和谜语这样古风时期小文类的释义学为导向，而必须从后起发展的大文类戏剧出发。事实上，柏拉图掌握了发达戏剧理论的所有技法，并且，为了 118
呈现自身的哲学，他也熟知如何主动地运用它们。这里并不打算对柏拉图的戏剧技艺进行全面的描写——这需要一本与本书至少相同长度的著作。这里能提供的仅仅是几个范例，以此来形象地阐明一个古老的洞见：柏拉图对话的形式绝非表面文章，其对理解内涵也有着根本性的意义。尽管上几代不少解读者不断声明拥护这一洞察，但这大多数仅仅是口头空洞的许诺，一旦落实到实践，他们计划中宣称的内容与形式之统一性就并没有得到具体贯彻。这里，在书写批判的视域下对其文学技法重新进行细致的考察与解读，足以获得一些令人惊异的发现。[①]

① 我在《柏拉图与哲学的书写性》中的目标之一，即展示柏拉图书写使用的理论与对话录文学形态的一致性。关于下面的考察可参阅那里详尽的分析。

1. 贯穿始终的“情节”

普遍说来，我们很少考虑到这一事实，即柏拉图式的对话录根本上有一贯穿始终的“情节”。柏拉图提醒读者回顾这一情节的方法，就是动机的重复。

如上文第23页所述，《欧绪德谟》中贯穿始终的情节是揭示诡辩者欧绪德谟和狄奥尼索多斯乃非内传主义者（Nichtesoteriker）。这个词
119 对柏拉图来说就等于非哲学家。文本逐步展现，二者在身后没有保留什么“更高价值的东西”能帮助自己受困的逻各斯。推动情节向前并且使其环环相扣的动机一方面是“掩饰”，另一方面则是“游戏”与“严肃”的对立。苏格拉底的战略在于，将欧绪德谟和狄奥尼索多斯二人论辩中借此扬名的插科打诨理解为“游戏”，并且不断请求他们拿出尚隐藏在“游戏”背后的“严肃”来。当最终证明，除了廉价的诡辩，他们拿不出任何有价值的东西时，苏格拉底就嘲弄般地建议他们，将来最好始终韬光养晦保守知识。

解读者不会没看到，这篇对话中苏格拉底利用了理念论和回忆学说，也利用了柏拉图的辩证法概念[①]。然而，既然人们从前没有意识到可将苏格拉底预设的背景知识与贯穿始终的情节相系，这一事实在这篇对话语境中的意谓便未被理解。如果人们从情节出发，意识到苏格拉底刻意反讽般地掩饰了知识上的优越性，那么就会恍然大悟，正是苏格拉底自己才是能够保守“严肃”的有识者，尽管他本嬉笑着将这个称谓归给了那两个诡辩家。那么现在，这篇对话的情节应该表述为：真正的内传主义者苏格拉底，通过证实他们并不持有刻意保留的“严肃”，揭穿了两个江湖骗子。在颠倒现实的反讽中，他称二人为内传主义者。这样，他所辛辣讽刺的不是对知识的保留，而是对保留知识的无能为

① 参上文第105页以下。

力。从积极的层面上看，通过对《欧绪德谟》清晰可见的主导动机及始 120
终如一的情节的关注，这一对话录表达了：真正的哲学家必然是内传主义者。

《卡尔米德》中贯穿始终的情节在于青年卡尔米德的“转信”(Bekehrung)方式，就是说，在于他突然义无反顾地转向理想教师苏格拉底。与这个情节相系的动机关涉到“灵药”与在其使用前必须念出的“咒语”[1]。这篇对话的主题则是明智(Besonnenheit)这一美德。

简而言之，情节、主导动机和主题的关联如下：在对话的结尾，卡尔米德决意拜苏格拉底为师，这无疑是其灵魂中已经具有“明智”这一禀赋的标志。然而真正的抉择则握在苏格拉底手中——他特别指出，念不念“咒”权力在他(《卡尔米德》156bc)。他甚至可能直接使用这一“药物”——不过，这有违他来自色雷斯老师的警告：若无提前施咒，则绝不应该用药(《卡尔米德》156bc)。这样，苏格拉底作为师者，一方面需要明智这一德性——同时，一旦预备性的交谈(die epōdē)尚未使得学生达到足够的成熟，出于考虑到知识传播的客观适宜性，他便保守更深的哲学认识(他的灵药)，这也证明了他拥有这一美德。引导主题、情节与动机的紧密编制再次显示了真正的哲学家必然有能力做到内传知识的保留。

第三，应该仔细分析一下《政制》中贯穿始终的情节[2]。它就是一些 121
朋友希望“强迫”苏格拉底讲授自己对正义、对最好的国家、对善、对作为通向善之理念道路的辩证法的认识。衔接着这一情节的动机不断改变着整个对话并且一开始就出现在作品中：人们希望“留住”苏格拉底，无论如何不让他“脱身”，但他认为可以平和地说服朋友让自己离

① 参上文第28与89页。

② 参上文简短的处理，第28页，也参《柏拉图与哲学的书写性》的“政制”一章，第271—326页。

开(《政制》327a—c)。开场的情景就清晰地展现出，其他人需要苏格拉底的智慧，而苏格拉底则摆明自己可能逃避谈话。不过他首先让步，这样朋友们成功达到了让他介绍重要事物的目的：从第二卷开始，他就准备“来帮助”正义(同时也即在第一卷中有利于正义的逻各斯)。他不仅仅是准备着，而且于此完全成竹在胸——在讨论中他确实引入“更有价值之物”，这远远超越第一卷的概念域，并且不断更为根本地设置问题。然而当阐释步步逼近诸本原时，苏格拉底向他人传道的兴致却在下降，直到他最终成功地说服他们让自己“脱身”，不要过早陈述关于善、关于辩证法的内容与道路：他确信，在这个领域格劳孔已经不再能尾随其后(533a)，后者也对此欣然接受。

如是，《政制》的情节开始于一个象征化的较量。朋友们打趣般
122 地胁迫苏格拉底，让其违背意愿地参加谈话(327c)。而最终辩证家在较量中成为胜者。其他人必须承认，传授多少哲学知识的自由抉择在他手中。苏格拉底毫无疑义地表明，是否讲授自己的洞见依赖于谈话伙伴能否满足一定的条件。换句话说：他的方法乃是严格与接收者相系的，或者说，是以内传主义的方式与哲学认识打交道。谁理解了《政制》中的情节，谁也就理解了：关于善作为最高的本原，柏拉图可以说得比他这本成文的书籍更多。即便没有亚里士多德那些报告，我们也能从柏拉图的这部代表作中得知，柏拉图处存在着一个口头的本原理论。

2. 讲述对话的中断

柏拉图偶尔使用一种特殊的戏剧技法，即通过场景会话(Rahmendialog)打断正在讲述中的对话。从形式上看，《欧绪德谟》是苏格拉底向克里同报告关于前一天在吕克昂(Lykeion)与两个诡辩家的谈话。在这一报告的过程中我们获知，青年克莱尼亚谈到了辩证法

的技艺，正如政治学接过战术的战利品，即某个被占领的城市（290cd），辩证法从数学那里接过“战利品”[①]。在这个表述中暗含了数学与辩证法的一定关系，这一关系只有从《政制》（510c以下，531c以下）的科学理论中才可能得到理解。而在《欧绪德谟》内部，由于缺乏对此结论的必要准备，这一关系则形如绊脚石。

为了强调数学被置于辩证法之下这一认识的意义，柏拉图此刻中 123
断了讲述中的对话，而让克里同问：是否青年克莱尼亚真的说出这样聪慧的东西；如果真是如此，他简直不再进一步需要什么属人层次上的教育了（290e）。令我们吃惊的是，苏格拉底并不想担保的是克莱尼亚，还是克蒂希波（Ktesippos）表达了这一见地。然而当克里同对这一模棱两可并不买账时，苏格拉底又猜测说，这一认识还可能来自“某一更高的存在者”（einer von den Höheren；参见291a4）。我们不需要一直在此盲目猜测，未知的神到底利用了谁的声音。确定不疑的是，由此触及的是伴随着辩证法的“更高”领域，是“神圣的”哲学。柏拉图并不信任一个对其科学理论的简短影射，为了让读者明白在对话录的背后尚有一个未彰显的哲学财富——其与明确处理的东西之关系，正如神圣事物对人间事物的关系——他打断了讲述中的对话，以更为清晰的戏剧手法提示了这一点。

《斐多》讲述中的对话也被中断过，甚至是两次（正如我们在上文第78页以下所涉及的）。由此，读者们就被提示注意帮助逻各斯之含义，这种帮助哲学家一定有能力为之。与一般的意见不同，苏格拉底确实可以带来的帮助以典型的方式展现了，哲学家在此不能始终停留在辩护的逻各斯这一层次之上。这两次中断精确刻画了这一事实，并与从假设（Hypothesis）到假设的上升主题[②]相连，阐明了为何超越性的帮

① 参上文第108页。

② 参《斐多》107b以下。——译注

助必然是柏拉图对话录普遍的核心结构原则。

124 ## 3. 对话伙伴的变更

在不少对话录的交谈进程中，苏格拉底的第一个谈话伙伴离开对话，他的位置大多——尽管并不总是——为另一个志同道合的人所替代。人的转变常常标志着论证水平的转变，这通常与“对逻各斯的帮助”结合起来。

在《高尔吉亚》中，苏格拉底首先是向这个与对话录同名的伟大智者追问其技艺（τέχνη）的对象和鹄的。苏格拉底对他本人彬彬有礼，却以更困难的和更为根本性的问题逼促他的学生柏罗斯。当这一讨论显得难以推进之时，卡利克勒斯便作为政治修辞学的代表进入谈话。

谈话伙伴的顺序应该从书写批判的角度来阐述。辩证家有能力帮助其逻各斯，由此帮助逻各斯的持有者，并将这些传授给适宜的学生（《斐德若》276e—277a）。当高尔吉亚和他的两个追随者被询问，这意味着检验高尔吉亚是否为一个真的哲学教师。结果，这位大师和他的学生都没有能力从哲学上给他们的逻各斯带来帮助。对高尔吉亚立场的检验固然揭示出其较为深厚的学问根基，然而这并非有赖于“更有价值之物”。而卡利克勒斯最终带来的则是通过“强者的权力”对一切伦理的粗暴拒绝。就讨论始终引向更为根本的问题，并不断提升论辩戏
125 剧性的张力而言，《高尔吉亚》两次人物转换在此产生出一条上升之线。就相反立场的内容愈发黯淡并不断沉入深处而言，这一上升之线引人入胜地与另一相反方向的运动叠合在一起。

在《政制》的第一卷，就克法洛斯、波勒马克斯（Polemarchos）、特拉叙马霍斯这一顺序而言，柏拉图利用了同样的戏剧技艺，就像特拉叙马霍斯与卡利克勒斯这两个角色根本上显出是对同一内容进行戏剧化创造的两次尝试。在《政制》的情节中，谈话不是停留在对以负面形象

出现的对手的反驳上。当特拉叙马霍斯因将正义视为“强者之利益”而遭到驳斥，同时正义的本质（τί ἐστιν）尚未阐明之时，这里的交谈是可能终止的。而且事实上，就谈话伙伴特拉叙马霍斯而言，交谈确然结束了。

然而在第二卷的开端，两兄弟格劳孔与阿德曼托斯出来挑战。在他们的长篇辩护辞中（358b—362c, 362e—367e）更新了特拉叙马霍斯对正义的攻击。尽管如此，《政制》第二卷至第十卷中跟他们的谈话和跟特拉叙马霍斯的毫无共同之处。这一区别的根本在于谈话对象个性之差异：当特拉叙马霍斯从心底里攻击传统的正义概念时，格劳孔与阿德曼托斯为非正义做的论证仅仅希望激起一个彻底的反驳。二人从人格上确信正义的优先性，只是未掌握为正义辩护所必需的论证——他们更想从苏格拉底那里听到这些。

苏格拉底本来认为谈话已经完成了（357a），但为了格劳孔与阿德曼托斯两兄弟，便以完全不同的方式又进入交谈中。在谈话的困窘处（die Stelle des aporetischen Gesprächs）刻意搁置了研究对象之“所是” 126
（τί ἐστιν）（347e, 354b），仅仅明确拒绝了关于正义的错误观念。接着出现的建构型谈话出乎意料地丰富了立场与论证，并且最终在经过灵魂学说的曲径后完成了对正义的定义（443c—e）。这两个谈话——至关重要的是——同一天在同一个圈子内相继发生。对这一戏剧安排的清晰表述如下：柏拉图让我们认识到，在德性对话录的困境背后，在其所谓不能定义勇敢、虔敬、明智、正义这些德性的说法背后，事实上存在着《政制》中的灵魂学说、国家学说和德性学说的体系。他同时展示出对更高之物（τιμιώτερα）成功阐述的前提，即追求获知它们的谈话伙伴同时携有与传授相宜的个性条件。然而对不适宜伙伴的排斥和守密没有任何关系：特拉叙马霍斯可以旁听继续进行的谈话，仅仅在于他不是谈话的接受者罢了。与他的对话僵持在哲学困窘的前厅，而苏格拉底则已经准备好对格劳孔与阿德曼托斯给出正义之所是。不过，哲学知识传播严格地以接受者为导向，或者说内传式的哲学讲授方式对他们而言也同样是有效的，正如我们上文中已经看到的（参上文第120页以下）：对于善之所是他们尚未做好准备，也因此无缘获知。

对谈话伙伴转换这一戏剧技法的运用，在《会饮》中与上述两种情况明显不同。与《高尔吉亚》中柏罗斯和卡利克勒斯、《政制》中格劳
127 孔与阿德曼托斯从开始就在场相对，当苏格拉底的蒂欧提玛讲辞到达颂美爱若斯的高潮时，阿卡比亚德斯才闯入会饮圈（《会饮》，212c）。尽管喝醉的他通过描画苏格拉底的性格带来了对话录的第二次高潮，不过在这期间主题却由爱若斯的本质移至苏格拉底人格中哲学爱若斯的实现。

阿卡比亚德斯的描绘完全打上了个人体验的痕迹。这就展现出：他是一个有着走向哲学之禀赋的人，并且正是因此他一度为苏格拉底所“追求”。但他善变的个性使他不可能亲近苏格拉底的哲学引导，并最终彻底远离了苏格拉底的影响。阿卡比亚德斯给出了一个哲学自传的断片，其中他表现为一个走向哲学的受命者，然而这一召唤最终未能开花结果。阿卡比亚德斯是一中途“夭折”的本被寄予厚望的青年哲学家。

在《会饮》的情节构架中，他的角色正与这一状况相应。他来得太晚了。这个人，他一开始就没有在场，他没有听到至美与至高的东西，没有听到蒂欧提玛对爱之本质的“秘授”（Initiation）。在实际的生活中，此人也误解了苏格拉底的“爱欲之术”（Erotik），将其误识为对性的关切（《会饮》217c—219d，特别是218c）。

当柏拉图偏偏设置阿卡比亚德斯，这个曾经被苏格拉底考验过并被认为过于轻薄的人来刻画苏格拉底之本质时，这就是微妙的戏剧反讽的一个例证。关于苏格拉底，无疑他说了很多正确的和重要的东西——这些都来自他对亲身经历的细致回忆。但是当他试图描述苏格
128 拉底的言辞时，就表现出他与苏格拉底的差距了。阿卡比亚德斯认为

这些言辞，因其与铁匠、鞋匠和皮匠的类似，首先显得可笑极了。人们必须将它们“开启”，以认识到所有这些言辞中含有理性并蕴积着德性最神圣的图景（《会饮》221d—222a）。

阿卡比亚德斯所言的苏格拉底之逻各斯所指向的谈话类型显而易见：它引向早期对话录中所描绘的偶然交谈。这些谈话不断地以技艺—类比（Techne-Analogie）的方式运作，并意欲从“手艺人”的（des Techniten）“知识”回溯到伦理行为的知识。在《会饮》阿迦通的演讲之后，其与苏格拉底的简短交流（199c—201c）也属于这种辩难—困窘型谈话（das elenktisch-aporetische Gespräch）类型。阿卡比亚德斯显得并不知道其他东西。但在《会饮》中苏格拉底与阿迦通辩难式的交谈仅仅是一个走向另一对话之正文的序曲，即苏格拉底与“蒂欧提玛”之间不断重复的哲学教学交流，借此，苏格拉底得到了关于爱若斯的一个积极的，但并非加密了的教导。迟到的阿卡比亚德斯对这种方式的谈话一无所知。所以他就强调鞋匠与皮匠的类比，强调“开启”这些言辞的必要性。苏格拉底在“爱欲的”情境下私下传给阿卡比亚德斯之言明确包含着蒂欧提玛讲辞中对美的级序之思的回响（《会饮》218d—219a）。阿卡比亚德斯自己在关键时刻显然不想“开启”苏格拉底之言，否则他也就不会进一步期望肌肤之爱（219bc），也就不会后来离弃了这位独一无二的“德性”（ἀρετή）教师。

这样，如果我们正确地将阿卡比亚德斯的迟到理解为柏拉图有意 129
识的与有力的戏剧创作抉择，我们就将在对话录的“开启”（即对隐晦暗示的解密）中发觉一个正确的并且重要的释义学原则。但是我们不要忽视，柏拉图明确将这种“开启”视为如下一些人的释义学：他们对建构性的哲学讲辞，对进一步上升引向本原的道路一无所知。阿卡比亚德斯不仅仅是我们了解柏拉图式“开启”的信息源，也是柏拉图的一个例证，以此说明：没有对关键哲学内涵的明确教导，这种“开启”同样不可能成功。

二十一
反　讽

也许柏拉图最为著名的创作手法就是反讽。他的反讽声调温和而明快，雅致而微妙，这不仅在不乏反讽要素的世界文学中独一无二，而且对有教养的读者也是让人心醉神迷的不尽源泉。

反讽运用的可能性是多种多样的：整个情节的进程可以由反讽来决定（比如《欧绪德谟》），一个人物形象可以在反讽的视界下得到展示（比如欧叙弗伦或者希庇阿），或者一个人物的出场可以通过戏剧的情境反讽地被限定（正如我们在《会饮》中看到的阿卡比亚德斯），或者仅仅通过一个本身并不含有反讽色彩的人物的具体反应（我们略微想一下阿德曼托斯对诸种限制的遗忘，尽管当时的交谈正是立于这些限制之下《政制》504a—c[1]）。

130 哪怕可在诸多层面运用反讽[2]，对柏拉图而言，它始终是一个效用有限的表达方式。至为关键的是，我们不能将柏拉图式的反讽和贯穿

---

① 比较本书第98页以下（译按：原文为第97页，据作者手校本改）和《柏拉图与哲学的书写性》第307页以下及注释99。

② 显然对我而言，这里并不试图对柏拉图式的反讽做一个完整的状态描述（甚至一个终结性的估定）。

一切的浪漫派式的反讽混淆起来，后者是一个特殊的近代现象。浪漫派式的反讽并不是指向某一特定的反对者，而是反对一切、反对任何，甚至也贯穿着反讽自身的立场。它的本质是自我反讽，这是第一要义。它的重要功能就是让所有、让一切都无法逃脱反讽而保留下来。对浪漫派来说，不允许有任何绝对存在，没有任何事物可以免除反讽的相对化。而显然在柏拉图那里恰恰相反，反讽在其称为永恒存在者的“神圣”域面前止步，在“神圣的”哲学——它是智性上(noetisch)把握永恒存在领域的奋求——面前止步。人们常常注意到，柏拉图谈论理念领域的态度显然有某种宗教的特性[①]。反讽对柏拉图而言仅仅是为读者们朝向这一态度预备的手段，因为他通过这一方式揭示了对手态度的错乱和可笑。

这样一来，反讽的意义对柏拉图文本而言无疑是重要的。但在此处我们必须要谨防错误，即以为反讽对柏拉图而言是一中心的，而不仅仅是一个辅助的教导工具。持这样看法的阐释者一方面看到，窘境式的德性对话录(Tugenddialoge)并不包含柏拉图本人也游移不定无从 131
解答的窘境；另一方面却并不接受，柏拉图放弃了“谜语”，这种谜语如果不回溯其他的信息——无论是口头的哲学，还是《政制》中的德性学说——就是无可解决的。这样他们就推断，反讽的陈述自身已足以澄清柏拉图看法究竟何在。无论这一想法多么诱人，在贯彻解释的过程中则不断显出，回答早期作品的开放问题需要的东西并不止于修正反讽勾画出的错误态度和判断。一个例子就足以证明这一点。在《小希庇阿》中“证明”了自愿作恶的人比被迫作恶的人更好这一命题。苏格拉底的对话伙伴希庇阿——这个被尖刻讥讽的角色——虽然反对此

① 明确的“反形而上学”指向的解释者也承认这点。参G. Vlastos:《柏拉图的研究》(*Platonic Studies*), Princeton 1973，第397页:“人们可以说，柏拉图觉得没有任何东西比得上对理念的崇敬吗?”

论断，却不能反驳苏格拉底刻意为之的错误证明思路。只要人们没有掌握苏格拉底式的命题“无人自愿犯错”，那么，仅仅以相反的论述取代一切通过对于希庇阿的反讽所揭示的东西，并没有什么用处。如果人们接受这一命题，《小希庇阿》中的两难则迎刃而解。而在这一对话录的任何地方，都不可能通过反讽的简单消融来获得这一命题。这就意味着，如果读者希望在阅读中有所收获，必须已经带着这一命题来阅读，否则在这篇对话中他可能一无所得。与之相反，我们现今那些反讽式的解读者，他们一开始就通过自己的文化传统以必要的知识武装起来；也仅仅因为这样，他们才可能幻想，这些知识是“无前提地”取自对话录[①]。

132 人们不应该弄错，反讽对柏拉图是一意义和功能皆有限的手段。它在中期的重要作品中已经急剧减少，在其代表作《政制》中仅仅于边缘处偶现，而在像《蒂迈欧》、《礼法》这样的作品中，反讽则几乎就没有出现。单单这一事实似乎就应该警示对反讽概念浪漫派式的高估。

① 参《柏拉图与哲学的书写性》，第87页以下，相应我也指出仅仅以反讽的运作方式来解读其他早期著作的不适宜性。亦参Erler：《柏拉图对话录中的窘境之意义》（*Der Sinn der Aporien in den Dialogen Platons*），Berlin/New York 1987。

二十二
神　话

柏拉图对“神话”（Mythos）讲述方式的使用不止在一个方面可以与其对反讽的使用相提并论：他的神话与反讽齐名；它们对于敏感的读者而言同样是不断生发的文学享受之源泉；它们在形式上与功能上也是多样的；再者，它们同样常常被高估了。

一方面，柏拉图明确将神话置于逻各斯的对立面。另一方面，不该为人误解的是，他在个别情况下故意不顾神话与逻各斯语义上对立的清晰性而模糊了两者的界限。我们从一个异己来源的神话陈述中已经看到这点：普罗塔戈拉在同名对话录中让听众们选择，他将以神话的形式阐述自己的立场呢，还是以逻各斯的形式（《普罗塔戈拉》320c）。大家让他自己选择，他便以“更为优雅”的神话形式开始了陈述。在一番长篇大论之后，他解释道，他此时不再想提供神话，而是希望提供逻各斯（324d6）——
而此时，专心的读者已经注意到，神话在没有明显标记的情况下，显然早 133
就（即323a5，或者更好地说，322d5）过渡到了逻各斯。

这与柏拉图自己创作的神话并无不同。忒伍特发明书写的故事（《斐德若》274c—275b）拥有一个“神话”的所有特征：它发生在远古时代，参与者是诸神，它们以讲述的方式被引入；故事的对象是一个原始的神圣“发明”，这是说某一事物的本质特征被永恒地确定下来。然而，在苏格拉底几乎还没有结束故事的时候，斐德若就指责他编造了这个埃及的**逻各斯**（Logos），这样，斐德若就为自己去掉了故事的神话因素（das Mythenhafte），看到了其中清晰的消息，即在神话中把握到了逻各斯——随后，苏格拉底通过单方面强调一切仅仅取决于是否说中事实真相（275bc），暗中赞成了这一做法。

在同一对话中还包含着苏格拉底长篇的爱若斯讲辞，其核心——神圣与属人的灵魂马车驶向超越天际之地的故事（246a以下）——明显是一个充满神话色彩的讲述。这一讲辞自诩证明（ἀπόδειξις）了，为了爱者与被爱者的至福，诸神赠予他们爱若斯——不过，这一证明对自作聪明者而言是不可信的，而对于聪慧者则是可信的（245c1—2）。这一对随后不同的评价和接受的提示应该不难解释：柏拉图一方面考虑到那些仅仅看到讲述的神话层面从而也就拒绝相信的读者们，另一方面渴望另一些读
134 者，他们理解神话未被证明的方面不仅亟需证明，而且有能力——柏拉图确实自己也有所指示[①]——将目光转向逻各斯，由此在神话之中接受他的消息。此外，这一论题的“证明”以灵魂不朽的证明为开端（245c5—246a2），这根本不是神话式的讲述，而是以严格概念的方式进行。

由三部分组成的灵魂马车的神话形象，其合法性出自《政制》第四卷中的论证，这在前文已经提及了（参第95页）。从《斐德若》中的神话看，《政制》恐怕不得不标识为逻各斯，但我们却看到（参上文第10页），柏拉图正是在这部代表作中引用了这样的词句，“由此他（即哲学家）讲了关于公正的故事”（δικαιοσύνης πέρι μυθολογοῦντα，《斐德若》276e3）[②]。当然，《政制》作为乌托邦的筹划——尽管这一筹划也期待其实现——有着强烈的神话特性：许多东西都托付给创造者创造性的幻想，而这在当下的经验的基础上是无从检验的；最为重要的是，这部代表作的“神话”特性主要在

---

① 《斐德若》246a。关于这部分比较上文第94页以下。

② μυθολογοῦντα里面包含神话一词的词根（Mythos），为其动词的分词形式，意为讲述故事、讲述神话。——译注

于，其关键点尽管在原则上是可以论证的，却事实上没有被论证。[①]

在这个意义上，《蒂迈欧》中的整个自然哲学的筹划也被标识为“可能的神话”（29d，68d，69b），因为在这里，对象的存在论地位（der ontologische 135
Status）排除了其完全的可论证性或者排除了论证的完全确定性。

《蒂迈欧》中的自然哲学处理的是当时极为困难的新概念，而与此形成鲜明对照的是彼岸神话，它以传统宗教故事的形式描写了义人与不义之人的命运。柏拉图在《高尔吉亚》中让苏格拉底引入神话时说，尽管卡利克勒斯将其言视为神话，他自己却视为逻各斯，因为它是真的（《高尔吉亚》523a）。这里，甚至柏拉图也以神话与逻各斯的对立来游戏。当他坚持讲述的真理性之时，我们显然一定不能以为，这一真理是指在克洛诺斯[②]时代和宙斯统治的开端，对一个人生命的审判是在他此岸生活的最后一天，即由仍在此岸生活的人作为法官（523b—524a）来宣判。对柏拉图而言，无从动摇的始终是不朽信仰的真实，并坚信我们未来彼岸的命运与我们此生中的伦理行为紧密相关。既然卡利克勒斯对灵魂的内在结构一无所知（参第96页以下），那么顺理成章地，他就不知晓从灵魂结构中可推衍出哲学意义上的公正概念，正如苏格拉底在526e3—4中所称引。这样，他就不能把握神话中的逻各斯，于是他将它指责为一个“纯粹的”神话。苏格拉底将彼岸神话界定为逻各斯，卡

---

① 《政治家》304c10—d2中谈到一种讲辞技艺，其“以知识”（即采取合宜的技艺）通过故事讲述（διὰ μυθολογίας，译按：即神话讲述），而不是通过教导（ἀλλὰ μὴ διὰ διδαχῆς）使众人信服。人们可能从中推论，对柏拉图而言所有的语言影响，如果它不通过教导［即通过亲自的教导：书写始终“未有教导”（ἄνευ διδαχῆς），《斐德若》275a7］发挥效用，便落入神话学（mythologia）这一概念下。然而始终可以质疑，这是否可以运用于对话录之上：因为虽然对话录传至多人手中——没有作家能回避这点——但是并非通过多数（πλῆτος）的赞同来使众人信服。

② 克洛诺斯（Kronos），希腊神话中大父乌拉诺斯（Uranos）与地母该亚（Gaia）之子，经过父子相残夺得统治地位，开创了所谓的“黄金时代”，后为其子宙斯以同样的方式夺去了统治权。——译注

利克勒斯反之界定为神话，正如刚才所言（比较第13页）[①]，这一不同的评价与《斐德若》中的爱若斯讲辞中所期待的双重评定完全相应。

于是，柏拉图那里的神话是被置于逻各斯之下，还是神话传达了一
136 个逻各斯达不到的更好真理，这一已经被多次处理的问题，应该在上述背景下重新考察。

后一个假设，即神话包含一个更高的真理内涵，其源自对现代非理性哲学潮流的接受，而无从得到柏拉图沉思的支持。另一方面，如果人们将“神话低于逻各斯”理解为神话是一种可有可无的修饰，理解为神话是从另一角度对已得洞见的一种单纯形象性的转换，那么从这一重意义上理解神话低于逻各斯同样不能接受。如果这是柏拉图对于神话作用的看法，那么他恐怕就很难在自己的作品中给予神话那样广阔的空间。而哲学家最终的目标无疑是在论辩的逻各斯中达到对事实（Wirklichkeit）辩证式的通达（Durchdringung）。不过，他不能放弃神话在心智教育上的力量；此外，图像与故事有能力整体性地和直觉式地展现事态，这对概念分析而言是不可或缺的补充。因此显而易见的是，神话乃是通达事实的第二种方式，它虽然内容上不得不依赖于逻各斯，但
137 相对于逻各斯，作为一种补充，也是其他任何东西无从替代的。[②]

---

① 柏拉图心中有底，同一文本将被不同的听众和读者以不同的方式接受。这显然不是说，他生活在这样的信仰中，即通过掌握某种文学的技术，可以确然地引导这种不同的接受。关于这一问题域参看第九、十、十一和十九章。

② 关于神话与逻各斯的同样重要性，参Gaiser极为稳健的论述：《作为哲学作家的柏拉图》第125—152页，特别是第134—136页。关于其相对于逻各斯的低级序，参看这一观点的代表G. Müller：《柏拉图对话录的诸神话》（Die Mythen der platonischen Dialoge），载于*Nachrichten der Giessener Hochschulgesellschaft* 32，1963，第77—92页，也可参其《柏拉图研究》（*Platonische Studien*），Heidelberg 1986，第110—125页。G. Cerri就这一主题的新论文富含敏锐的见地：《柏拉图的交际社会学家们》（*Platone sociologo della communicazione*），Milano 1991，第17—74页“神话与诗”（Mito e Poesia）。

二十三
独白与虚构对象的对话

神话在延续的讲辞中被讲述。它们最为明晰地证明了，对话引导者可以离开谈话并且可以使用长篇讲辞(makros logos)。两个最长的，同时也是在哲学上极为重要的神话独白——蒂迈欧的报告和苏格拉底在《斐德若》中的长篇爱若斯讲辞——根本包含着传统上无从归于“神话”的内容。这样，对话引导者在神话的名义下放弃了对话性的交流，过渡到独白性的教导之中。

另一种离开对话的方式是对话中的对话。我此处想到的不是比如在《斐多》和《欧绪德谟》中使用的场景会话的文学技艺，而是由于谈话引导者引入假想的人物——无论其作为可能的想象，还是作为对某个所谓已经发生的对话的报告——从而暂时中断了正在进行的谈话。虽然这看起来是形式上的，似乎仅仅是引入了另一个谈话伙伴，正如这一情景在柏拉图的对话中不断重演。然而既然这个新“人”不同于谈话中在场的人们，即此人并没有自身的个体性，仅仅代表着一定的立场或者一定的心智(Mentalität)，那么很容易辨识出他来自对话引导者的创造。对话引导者利用这种手段保持了对话的形式，实际上暂停了本 138
来正在进行的对话，以此给出他自己所希望的方向。

尽管柏拉图多次使用这一文学技巧，尽管其对于理解对话形式的意义也相当重要，但它却还从没有被描述过。蒂欧提玛是最为著名的假想伙伴代表。当然在曼提尼亚曾有一个女预言者可能就叫这个名字（一些考古学家甚至将一个公元前四世纪的大理石头像标为蒂欧提玛的形象），然而苏格拉底与蒂欧提玛的对话显而易见是其本来与真实谈话伙伴阿迦通交谈的继续（参《会饮》201e）。这样，通过苏格拉底引入这个角色替代阿迦通当时的位置，谈话就可以向高处提升，而与阿迦通合作，这种升华就恐怕难以圆满实现。苏格拉底对爱若斯所做的赞辞从形式上说虽然是对话式的（当然仅仅到208b为止，从此之后蒂欧提玛开始独白），但事实上则是独白的，正如其他参与者同样依次所做的。

也可以通过一个匿名的第三者来指示重要的立场和结论：比如《礼法》的第十卷中，"雅典人"预言了未来无神论者们的回答和反应，以此在当下以哲学巩固渎神法（893a以下），或者在《普罗塔戈拉》中，一个匿名的代表接受了苏格拉底关于大众享乐主义之真正含义的启蒙（《普罗塔戈拉》353a以下）。而最为显著的是，《大希庇阿》构想了一个戴着辩证家面具的匿名第三者，他甚至住在苏格拉底家，在"回家的"途中（《大希庇阿》304d4），为苏格拉底处理问题指出了更为适宜的道路，胜过希庇阿可能给予的。在《斐多》中苏格拉底通过一个长篇的"引述"（66b3—67b2）最后告诉我们，真正从事哲学的人们相互之间
139 （πρὸς ἀλλήλους）关于真理的追求，以及对身体和灵魂的关系可能说出的东西。

对话录中虚构对话，这一文学技法的哲学意义看来是双重的。辩证家从自身洞见的宝藏中带来的东西，在没有真实对话伙伴参与的情况下，以对话的形式来表述，这样一个事实意味着，思想作为灵魂的自我交谈在根本的意义上是对话式的：如果思想希望要求交互主体上的有效性，必须能够经受得住对手的批评并且坚守自身；这里柏拉图也指示出，辩证家"于家中"的孤独沉思所得来的结论，同时也可作为共同检验的结论。第二，我们从中也能获悉，柏拉图式的辩证家，尽管他

也可以满足思想先验上就要求交互主体（对话）的可检验性这一要求，但事实上他从没有被局限在一定的对象和一定的场景之上，并以此来获得某一确然结论。毋宁说，他将已经完成的关键洞察带入谈话；如果他愿意，也可以通过将关键性的洞察作为从前和假想伙伴对话一致达成的成果而给出，这样它们也可能在没有真实伙伴的情况下被揭示。不过，他也可以在自认为正确的情况下，于此保持沉默（参《斐德若》276a6—7）。

二十四
对话录的诸特征：它们究竟意谓着什么？

我们现在已经汇集了充分的考察，以此可以回到我们对柏拉图对
140 话录本质特征的列举并追问这些特征原本的含义。《斐德若》中的书写批判预备了解释柏拉图对话形式的诸种引导性观点。只有这一**柏拉图式的**主导理念可以保证我们不要在柏拉图自己的意向面前屈从于现代思想的种种习惯和偏见。

那么我们现在就以相反的顺序考察上文第六章所罗列的特征。

（7）应该从这一根本性的洞察出发，即没有任何书写，由此也包括柏拉图的对话录，有能力在受到攻击之时为自己提供必要的帮助。与之相反，辩证家或者**哲学家**恰恰以口头帮助其书写的能力而出类拔萃，由此他将带来“更有价值的事物”并以之表明书写（相对）价值较低。如果柏拉图的对话录是一个**哲学家**的书写作品——这一前提恐怕不会受到怀疑——那么在它背后一定有哲学上**更有价值的事物**作为基础。尽管它原则上也是可能以书写方式传达的，但是作者刻意地将其排斥在书写之外。这样，对话录背后口传哲学的存在首先是书写批判指向柏拉图自身书写的必然**推论**。其次，空略段落也以醒目的方式直接证明了对话录背后口传哲学的存在。在书写批判的视域下，空略段落传达的信息极为清晰，柏拉图利用这一手法说的无非是：“这一书写是哲学家的**书写**。

他在这里展示，他还可以利用洞见和理论进行口头上更为精确的论证。与之相比，书写所展示的就显得相对不那么至关重要。”

（6）被陈述的基本场景总是帮助场景。它是一个测试某人是否是**哲学家**的方法。无论何处一个给出的命题受到攻击：其所有者都必须展示出，他能够凭借更深层次的论证而为之辩护。论证水平质的提升 141
是对话录结构的显著特征之一，而一直仅有一种角色有这种能力，即柏拉图式的辩证家始终如一的原型。通过“哲学家测试”，这不单单是一个智力的问题（否则普罗塔戈拉与高尔吉亚一定可以帮助其逻各斯），而是与理念知识及对柏拉图辩证法的亲熟相系。

（5）现在就可以理解为什么辩证家始终显得不可战胜，为什么他的重要地位没有由于微小的失败或者偶然的失误而下降到谈话伙伴的层次上。辩证家在**更有价值事物**的背景下考验他人；他是那达到了理念认识的“有识者”（der εἰδώς，《斐德若》276a，278c）。其他人则相反，由于缺乏理念哲学，他们根本上乃是“学习者”（μανθάνοντες，参《斐德若》，276a5）。对话录不断展示了同一境况：辩证家对适宜灵魂的寻找（参《斐德若》276e6）。

尽管辩证家的不可战胜性惹恼了许多对话录的读者，但这不仅可以在实际交谈的进程中看到，而且也被直接表达出来：阿卡比亚德斯说道，苏格拉底在谈话中战胜**所有人**，并且**永远**如此（《会饮》214e3—4）。苏格拉底在《政制》中说道，为了善的知识，辩证家一定会安然无恙地克服所有反驳的尝试（534c1—3）。我们在这里也看到，柏拉图关于哲学家的理论形象与对话录中辩证家的文学描绘完全吻合。

（4）辩证家原则上的卓越性也导致他始终仅仅与一个伙伴交谈[①]。

---

① 虽然也可能出现由两个角色代表某一立场的情况：格劳孔和阿德曼托斯在《政制》中共同要求苏格拉底为正义辩护，希米阿斯和克布在《斐多》中同样是灵魂不朽的怀疑者，克莱尼亚和梅格罗斯共同代表着多立克文化，其国家的井然秩序（εὐνομία）正是《礼法》中的“雅典人”希望模仿与超越的。不过这样的孪生形象没有构造两个彼此独立的立场，并且辩证家的论证多数在某一时间仅仅指向两人之一，很少同时指向两人。

142 谈话引导者掌握着控制权，以便和伙伴集中于一个主题。同时并以同等力度关注较多立场恐怕会仅仅导致偏离以下的根本差异，即已将“灵魂转向”（《政制》521c6，参518c8—d4）理念哲学之人和尚立门前而不得其入者之间的差异。对每一谈话伙伴而言，他与辩证家在哲学上的距离必须一步步不断被明晰，这不是为了摧毁他的信心，而是为他准备好可能的上升。其他与理念哲学相异立场之间的论辩不会带来什么助益，所以在任何谈话期间，辩证家都从没有撤身而出，将谈论半途丢给他人（在《普罗塔戈拉》347ab中希庇阿试图将自己的讲辞作为第三种立场插入到普罗塔戈拉与苏格拉底的讨论中，但是却被拒绝；这鲜明地展示出，柏拉图不是偶然地，而是有意地拒绝了这一可能性）。

如果辩证家出现在一个由他人起头的讨论中，比如苏格拉底在《克
143 拉底鲁》中，正是他（而不是他的对手们）试图将双方的见解相互联系起来，以便最终以自己的立场考量二者。这就不是用错误来衡量错误，而是“真正的哲学”作为其他所有偏差意见的准则。既然不是所有人都能隐约忆起灵魂在尚未进入身体前之所观，并且仅仅理念哲学家才占有一个清晰的回忆，那么所有人都会渴望，哪怕是无意地，追寻辩证家的知识。所以，最终是谈话伙伴需要与辩证家对话，而非相反。对话录的情节一再展示出这点，尽管是以不同的清晰度。我们应该稍微联想到《拉贺斯》和《卡尔米德》，其中正在寻找合适的教师；或者想到《会饮》，其中苏格拉底从追求着的爱者变成了被追求的被爱者；而首要的代表作《政制》中，情节一直围绕着其他人希望辩证家“不要离去”[①]，因为没有他的洞察，那些激动他们的问题也就无从继续前行。从辩证家这边来说，他从来也没有被指定与某个确定的伙伴谈话，他也明确表现出：他可以中断谈话并且在一个想象的“伙伴”帮助下引向他意欲之地。

---

① 参上文第121页。

（3）这样，对话录拥有一个行使主权的对话**引导者**。虽然柏拉图精湛的叙事技艺常常唤起这样的印象，仿佛苏格拉底面对谈话伙伴论及的各种观点，以翩翩君子之仪而甘拜下风。不过，这显然仅仅是出于人情练达而为对方保全颜面；更为细密的考察会不断显明，辩证家对谈话胸有成竹。在《普罗塔戈拉》中，他强迫著名的智者接受短问短答的方式（在方法论辩中，334c—338e）；在《政制》中，他自己确定了朋友们督 144
促和“强迫”自己的程度。最终对于谈话的“统治权”（Herrschaft）问题也被公示：当苏格拉底指责美诺的“统治”时，这一确然的反讽已经给予了清晰的指示，这一特权仅仅可能归于他自己[①]。

在柏拉图那里不存在一个势均力敌的对话。唯一一次他让智性水平旗鼓相当的人们相聚乃是《蒂迈欧》[②]，这时他避免使用对话：蒂迈欧在苏格拉底、克里底亚（Kritias）和赫默根尼（Hermogenes）面前做了一个长篇独白。对柏拉图这样的文学天才而言，描绘多个完美辩证家之间的对话原则上一定是最值得去完成的任务。但对于那些解读者而言，他们假设柏拉图希望将其思想完完全全托付给书写并且为此创造了作为独立的书写形式的对话录，如果事实如此，上述对话类型之缺乏就成了不解之谜。然而当我们将书写批判取出作为标准，这一谜题就迎刃而解：多个精神境界相当的辩证家的对话必然上升至本原的领域，而这一领域是哲学家刻意保留给**口头**帮助的。在某一意义上，如果蒂迈欧由于苏格拉底的一个批判来帮助其“神话”，那么他必须公开那些他本小心地排除出他话语的“更高本原”（53d），或者它必须甚至揭

---

① 《美诺》86de（参《柏拉图与哲学的书写性》，第185页以下），《欧绪德谟》287d6与之相似（两次使用ἄρχειν，即“统治”之意），也参《普罗塔戈拉》351e8—11，353b4（ἡγεμονεῖν，即“行使引导权”之意）。

② 在《巴门尼德》中，青年苏格拉底与年老的爱利亚哲学家相遇：对年龄引人注目的强调（《巴门尼德》，127bc）就必须使得人们看到这一对话乃是不平等之对话。

145 示创世者的本质，然而根据《蒂迈欧》28c，这“根本”是不可用书写的方式传达的。于是这样，《蒂迈欧》就是唯一一个没有对话引导者的对话：**这些**听众不需要任何“引导”。但这也是唯一一个没有讨论的对话：这些对话参与者的辩证交流恐怕不再是为“所有人”而设了。

（2）如果我们现在将对话录《蒂迈欧》作为例外和其他作品进行一下比较，引人注目的还包括，它缺乏对话录普遍具有的关于会面时间和参与者个体性格的生动描绘。这不可能是一个偶然：在《斐多》中苏格拉底明确说道，人们应该关注的不是人，而是真理（91c）。这种能力当然只能通过长期的练习才能获得，《斐多》的演进充分展示出在场的听众没有能力达到这点。而蒂迈欧演讲的听众则显然在另一层面上，柏拉图几乎没有表彰他们的个体性，并且他就此所传诉的东西也并不影响蒂迈欧的整个解释进程。

这样，漠视个体性是“学习者”的任务之一，而非辩证家的任务：后者寻找适宜的伙伴时，不可能不顾及那以各种方式有碍进入哲学活动的个体条件和特性。一个以哲学为根基的“修辞学”为每一灵魂提供适宜的“讲辞”（《斐德若》，277bc）。对话录形象地展现了辩证家的这一能力。

登台亮相的各种角色就是“各色”之灵魂（参《斐德若》277c2），即摇摆不定、哲学上尚未充分净化的灵魂。当辩证家分别为其寻找适宜
146 的言辞时，就意味着他本人并不在这个领域内运动。他的目标是纯粹概念知识的领域（参《政制》511bc），引向本原并从本原回返到理念的多元。

对话录中对一次性和个体性的强调不仅提醒我们：我们从个体上作为拥有这样或者那样缺陷与局限性的角色，应该听命于“真正的哲学”，而且真理探寻乃是非人格性的（entpersönlicht），并纯粹地引向ὄντα（事实），为此，哲学将帮助克服“纯粹个体性的东西”（Nur-Individuelle）；第三，在书写作品中，柏拉图所意欲之陈述止于**这一**阶段，

它位于严格的辩证知识探索**之前**，而后者必然始终保留在口头哲学活动中。

（1）柏拉图创造了**谈话**，这既不意味着只有在与他人的交流中才可赢得哲学的洞察——辩证家可以与假想的角色交谈，即与他自己交谈，这样常常可比与实际对手交流行得更远[①]——这也不意味着对话录是传授哲学结论与洞察的唯一合法方式——蒂迈欧同样可以使用一系列不断推进的论证。决定性的不是作为生活形式的"在—对话中—存在"（Im-Dialog-Sein）[②]，因为正是《书简七》说道，在对话录中不能记叙长时间维持的哲学共同体存在，不能记叙这一共同生活（συνουσία, συζῆν 341c6，7）。与仅仅强调对话过程如何如何的现代见解相反，柏拉图陈述的乃是对话中已经达成的**一致**（Homologie）。辩证家对对象的"真理"胸有成竹，这一过人角色的在场显出了共同努力达成一致的重要性。哪怕最后的论证尚付诸阙如，这仍然是人们在"苏格拉底"、在"爱利亚客人"或"雅典人"的引导下，而不是在面对真理毫无责任、朝三暮四者闲言的引导下，取得的一致。柏拉图所构造的乃是**可负责的**一致性。辩证家与其伙伴所达成的结论是理性的人们**恐怕应该**能够赞同的结论。柏拉图根本不是隐藏在他的角色们的看法与表述背后，并因此保持着"匿名"；毋宁说，他是对读者**应**遵循的**正确**一致性不知疲倦的叙述人。通过情节之发展与同感之引发（Sympathielenkung），这样的方法能够以最佳的清晰度显出正确事物之所是（das Richtigeals Richtige），就像在《斐多》与《高尔吉亚》中那样。在这里还谈什么"间接表达"，从形式上看也许尚有几分道理，但从内容上说则极大程度上是误导人 147

① 思想根本的对话性自然始终在于其作为灵魂与自身的对话（参上文第33页和第137页）。

② 这里"在—对话中—存在"（Im-Dialog-Sein）显然是影射海德格尔"在—世—存在"（In-der-Welt-Sein）。——译注

的。柏拉图利用戏剧这一文类的诸可能性并不是为最大可能的模糊性服务[1]，而是原则上引导读者通过模糊的个别步骤达到最终清晰的表述[2]并且达到同样清晰的确认：进一步的论证和回溯至“更高本原”尽
148 管付诸阙如，但确实是必要和可能的。

① 顺带值得注意的是，即使窘境对话录也绝不是纠缠在模糊不清之中，而是其在对歧途与错误的拒绝中可能异常清晰。

② 参黑格尔：《哲学史讲演录》(*Vorlesung über die Geschichte der Philosophie*)，理论版(Theorie-Werkausgabe)第19卷，Frankfurt a. M. 1971，第22页：“从他(即柏拉图)的对话录看，他的哲学完全是清晰的。[……]诸观点之间出现的差异被研究；其给出了作为真的结论。”

二十五
对话形式如何并且为何被误解

只要回顾一下柏拉图对话录的现代理论(参第42—48页,特别是第43页),它将柏拉图保留给口头哲学活动的任务归于成文的对话录,我们此刻就可以说:这一理论由于得不到柏拉图本人文本的支持(参第44页),不仅是非柏拉图式的,而且因为它违背了书写批判的精神与本文,并且面对柏拉图不断和明确地指示口头的本原理论之时,故意装聋作哑,也因此是反柏拉图式的。

现代的对话录理论与柏拉图自己的书写批判相对,致力于为书写平反昭雪,并最终在哲学家传授“更有价值事物”的关键问题上,将书写提到与口传相同的高度。由此,仅仅通过一系列的隐喻就为成文的对话录恢复了名誉。当柏拉图说到辩证家选择“适宜的灵魂”(λαβὼν ψυχὴν προσήκουσαν,《斐德若》276e6)进入哲学时,这和说对话录自己“寻找”它的读者绝非相同:因为前者意味着一个主动的选择,而相反对话录文本那里的“寻找”则意味着,某些读者对其漠然置之,某些则不。但是这并没有构成对话录的特殊性(这对交易所市场报告也适用)。或者当不适宜的人仍然阅读对话录时,它就凭借深层次的“隐藏”来“沉默”——这不过是一个浅显事实的单纯隐喻,即不是每个读者都能把握到所有意义关涉。与之相应,对话录的“回答”和其所谓能自身带来的“帮助”也仅仅是读者的理解力会随着时间增进的隐喻。但这在其他书写使用的形式那里并没有什么不同。

149 柏拉图以伙伴的选择、以可能的中止与沉默、以“帮助”意指的不是在接受中与哲学家之逻各斯被动相遇的那些东西，而是辩证家以之主动规定谈话的种种行为方式。因此这就排除了以隐喻的方式对成文对话录的转释。书写批判之目标指向本原之物，就此而言，试图为某种书写方式——比如独特的对话录——正名，对柏拉图来说都不是有意义的想法。他将映入眼帘的所有一般性的书写与口头哲学活动相对，而不是将其与所谓占有特殊地位的对话录作品相对。对柏拉图而言不存在这样一种特殊地位：既然文本已经一次性地确定下来并“始终仅仅说着同一样东西”（《斐德若》275d9），那么就**没有**书本能够以新的回答等待着新的问题。

归于对话录的特殊地位不仅缺乏**柏拉图**对哲学上使用文字之反思的支持，而且此外，**从实事出发来看**也颇成问题。偏偏是对话录——根据现代理论——应该排除在书写批判的评决之外。但是如果人们一旦允许隐喻般的理解，那么就很快地展现出还有许多的书写记述形式“自己选择它们的读者”，因为它们对不适合的人“保持沉默”，对提问给出“不总是同一的回答”。谁意欲否认荷尔德林的抒情诗、陀斯妥耶夫斯基和恩伯托·艾柯的小说、隆戈斯[①]的田园小说（Hirtenroman）、欧里庇德斯的戏剧或者希罗多德意蕴深刻的历史著作拥有这种（隐喻）
150 力呢？[②]这里还应该提及泰奥格尼斯和品达，正是他们明确表示，其诗

---

① 隆戈斯（Longos），希腊作家，约公元二至三世纪人，生平不详，甚至其名之可靠性也饱受怀疑。其田园爱情小说《达夫尼斯与夏洛艾》（*Daphnis und Chloe*），朴素纯美，是希腊化时期散文艺术的代表，影响深远。——译注

② 文学的解释者当然完全有权罗列一系列的作家，将他们归于那些近代以来本是用以解释柏拉图对话录的概念之下。一些证明我收集在《柏拉图与哲学的书写性》第359页，注40（本书的意大利文本尚有补充，参*Platone e la scrittura della filosofia*, Milano 1992第三版，第448页，注40）。

行中含有专为有资格之人预备的正确消息[①]。如果隐喻式的转义是合法的，那么所有这些创作了如此“主动的”书写作品的作者就都忽然成了哲学家。既然例外比规则还多，那么整个书写批判也就失去了意义。

毫无疑问，柏拉图也渴望“正确”的读者——但是其他并不值得享有哲学家之名的诗人和作家同样如此。而且同样无疑，柏拉图也利用“间接表达”并仅仅通过暗示给出某些信息——但是这些在非哲学作者的圈子内也能找到。不过书写批判明白无误地表示，**哲学家**恰恰是在对书写的态度这点上与其他作者区别开来。柏拉图作为**哲学家**，他刻意不将一切托付给书写，并且也不以加密的方式，而是将本原中的“更有价值之物”作为对其作品的帮助保留给口传；正是因此他远离了普通的实践。“间接表达”的技术对他而言始终仅仅是一哲学交流的辅助手段，由于其不能达到哲学家在辩证谈话中所达成的“清晰与确然”，151
从而原则上不能取代口头的内传。

回到路德维希·维特根斯坦在《评注汇编》中极富表现力的隐喻（参上文第42—43页）：柏拉图并不拒绝为他“屋子”的“各扇门”上“锁”，其仅仅应为个别读者所注意并且仅仅由他们才能打开。除了柏拉图之外，采用这种保险方式自泰奥格尼斯到维特根斯坦，曾经并且现在都十分普遍。不过仅此对柏拉图而言尚不充分：除了“锁”，还需要一个对所有人可见的指示牌，这里没有故弄玄虚也不含“隐意”，而是指出，除了对话录的“诸房间”还有其他空间；它们只有准备承担口头辩证法“更为漫长道路”之艰辛的人才可能到达。

---

① 泰奥格尼斯681—682，品达《奥林匹亚颂》（Ol.）2.83—86，参Gregory Nagy：《荷马史诗与品达的赞美歌：口传性与现实关联》（Homerische Epik und Pindars Preislieder. Mündlichkeit und Aktualitätsbezug），载于Wolfgang Raible编：《在节日与日常之间：口传性与书写性十论》（*Zwischen Festtag und Alltag. Zehn Beitr äge zum Thema Mündlichkeit und Schriftlichkeit*），Tübingen 1988，第51—64页，特别是第52—53页。

最后仍然应该发问，既然已经描述过的种种误解此时愈渐偏离了柏拉图的新形象，这些误解是如何产生的。

情有可原的、普遍的并且也最终是天真的秉好促使人们让过去的伟人与自己时代的观念相互吻合。既然自从近代启蒙以来，知识传播要求的无限公开性取得了胜利并在现今已被确定，并且由于内传主义不再是可能的选择，人们就希望在柏拉图那里也发现这个新态度。在这一背景下，十九世纪与二十世纪的柏拉图研究显得普遍来说既无力严肃对待书写批判，亦无力将其运用于对话录自身。

从细节上看，对对立观点长期以来的偏见也助长了种种误解：人们认为，柏拉图对本原的关注导向对话录的“贬值”，或者导向一个“独断的”（dogmatisch）柏拉图，或者导向某种“秘密学说”（Geheimlehre）。
152 正如我们看见的，这一“贬值”来自柏拉图自己并且可能终归无从为我们所领悟，既然我们确实不能在原本的形式中把握其口传哲学。为何柏拉图对本原的口头阐释就应该，例如比我们在对话录中得到的灵魂学说更为独断，这不可理喻。人们也毋庸在秘密学说面前恐惧：柏拉图并没有将其对本原的思索作为秘密的（ἀπόρρητα）[1]，而是作为“不可提前说的”（ἀπρόρρητα，参上文第87页）。因为这种广泛流传的偏见阻碍了对这一柏拉图式区分的理解，这里就将尝试略微详细地对其进行阐释。

① ἀπόρρητα本意为“不可说之物”，也常意译为geheim，即“秘密的”。——译注

二十六 内传主义与守密之别

只要人们不理解内传与守密之间的区别，就不能完整地理解柏拉图的哲学写作。通过比较以柏拉图之名流传的《书简七》和毕达哥拉斯传统对团体内部学说世俗化的态度，这一区别就清晰可见了。

亚里士多德和阿里斯托克塞诺证明，守密是早期毕达哥拉斯主义者的典型特征[①]。据后世传说，一个叫希帕索斯（Hippasos，或Hipparchos）的内部成员第一个打破了沉默，并对外公布了一个毕达哥拉斯的数学发现。团体的反应就是将希帕索斯驱逐并且为他建了墓葬：对其他毕达哥拉斯主义者而言，他从此时起就已经“死了”。而作 153
为对他的惩罚，某个神灵终将他溺死于大海之中[②]。

无论这一传说的核心是否真实，它至少展现出守密的内涵何在。神灵执行了正义的惩罚只可能意味着，毕达哥拉斯主义者通过一个誓言而有义务不使共同的知识世俗化（没有宗教性的束缚，诸神也就不会有效力）。只要共同体的政治权力未被动摇，通过宣告死亡来驱逐违规

---

① 亚里士多德，《残篇》192，Rose编；阿里斯托克塞诺，《残篇》43，Wehrli编。

② Hermann Diels/ Walther Kranz：《前苏格拉底哲人残篇》（*Die Fragmente der Vorsokratiker*），第一卷第六版，第108页=DK18.4。

者是一效力巨大的制裁。驱逐的动机几乎不是关注对应该保守的知识内容之合宜接受：这里事实上涉及数学理论，也就是说，涉及这样一种可尽量不必考虑接受者内在特性而被传达的内容。显然这里首要关注的是知识的特权。于是就不必惊讶，据补述的传闻，希帕索斯也是民主政体的同情者[1]：谁将特权化的知识普遍化，谁显然也就是共同体权力的破坏者。

让我们将此与在《书简七》中可见的态度做一比较。（这一信件之真假，就像希帕索斯传说中可能的历史因素，在此无关紧要：这里仅仅涉及的是常常被错误混淆的两种基本态度之区别。）

狄奥尼修斯（Dionysios）没有被指责违背了誓言。柏拉图这里也没有召唤诸神对其行使惩罚；是的，他压根儿就没有想过警告将此人
154 驱逐出学园或者驱逐出叙拉古的政治和哲学朋友圈。相反，他还提及了关于狄奥尼修斯积极的一面并且拒绝支持反对他的战争（338d6，340a，350cd）。但是一个异常严厉的指责并未改变：柏拉图在私人授课中论及自己哲学活动的最终目标，狄奥尼修斯居然将所闻以书本形式传播。他的动机只能是"可恶的虚荣心"（344e2）。与柏拉图本人相反（344d7），狄奥尼修斯对处理的对象没有感到什么"敬重"，也不畏惧散播那些仅有经过长时间哲学上准备才能理解的事物，这些事物极可能面临被非哲学的接受者，甚或心怀恶意的接受者误解与扭曲的危险。柏拉图在此关注的不是学园的特权和影响，相反对他而言，误识了其哲学旨趣及可能贬低他深信不疑之物的客观价值乃是令人伤神的。对狄奥尼修斯公开关于其口头哲学的只言片语，他的反应不是道德上的义愤，而是一种莫可名状的属于人之常情的失望。

于是，两种态度的对立就清晰可见：守密建立在强迫的基础上。谁违背、破坏了誓言，就得承受其当下所属团体的制裁。守密希望将特权

① 扬布里柯（Iamblichos）：《毕达哥拉斯生平》（*De Vita Pythagorica*）257 =DK18.5。

化的知识保守在团体的资产之内，并由此维持其权力：因此被秘密保留的知识是朝向目的的手段。

内传主义是一种理性的戒令，而非集体强迫的结果。谁违背了内传式的保守并不会受到制裁；他没有因此伤害到共同体，而是伤害到与之相关的实事：如果在缺乏适宜准备的前提下，需要前提颇多的本原之思被错误地接受，那么它就不能展开一个积极的影响。哲学知识不是 155
目的的手段，而是目的本身（Selbstzweck），并应该以必要的谨慎被恰当地传授，而不是被机械地散播。总而言之：内传主义涉及实事，守密则关涉权力。

尽管如此，从二十世纪的视野来看这一区别可能显得并不重要：人们也许坚持唯一确定的是，这两种基本态度都行使着对知识传播的限制性操控。对此只能回复，对柏拉图的评介并不受限于二十世纪单方面的视界。我们现代的信念，即所有的研究与知识不受限制地传播是可期望的，但从历史上说，这也是一个新现象：它首先在十七世纪与随后的启蒙和信仰进步的时代才最终得以贯彻。相反《书简七》认为将柏拉图的口传哲学不加区分地传播不利于目标之达成（341e1—2）。这与书写批判（《斐德若》275e1—3）的观点显然相合。强使柏拉图接受近代原则上的公开性恐怕完全是非历史的。如果这样的态度被排除，那么两种“限制性的”知识传播形式之别就愈发重要了。如果人们最终想到自由的、有理性确定的抉择在柏拉图思想中的重要性，那么人们就会毫不犹豫地将这一根本的重要性也归于内传主义与守密的区分。

二十七
柏拉图的哲学概念和对话录的目标设定

在柏拉图的哲学概念面前，不顾一切代价地将它与现代思想习惯相协调的倾向也站不住脚。不少解释者希望在他那里再次发现德国浪漫派的无限主义（Infinitissmus）。他们宣称，依据柏拉图，哲学是思想无终地在途中存在（Unterwegssein），是始终不断的追求和探索，并确然无法达到最终的目标；哲学家之所言，无一不会遭到他自己随即而至的质疑；哲学命题据此总是暂时的命题，哲学真理总是随时提取的真理。

我们今天知道，特别由于汉斯·克雷默与卡尔·阿尔伯特系统和历史的论证，这一观念与柏拉图的哲学概念全无相应之处[①]。

柏拉图在作品中从没有将辩证法视为另一种超越人类认识方式、乌托邦式的不实幻境，而是作为一个实在的可能性，作为一条朝向可以

---

① Krämer：《柏拉图与形而上学的本原》(*Platone e i fondamenti della metafisica*)，Milano 1982；氏著：《费希特、施莱格尔和柏拉图阐释的无限主义》(Fichte, Schlegel und der Infinitismus in der Platondeutung)，载于《德国文学学与精神史季刊》(*Deutsche Vierteljahrsschrift für Literaturwissenschaft und Geistgeschichte*) 62，1988，第583—621页；Karl Albert：《论柏拉图的哲学概念》(Über Platons Begriff der Philosophie)，载于《哲学丛刊》(*Beiträge zur Philosophie I*)，St. Augustin 1989。

抵达目标的通彻之路。当灵魂到达了目的地和“漫游的终点”，便从探寻的艰辛中得到了宁静（参《政制》532e）。这一目标即善之理念，它是人类的努斯（Nus）可能认识的，正如其在感官世界的相似物太阳对于人之双眼是可见的（《政制》516b，517bc）。本原的知识属于神并也从属于那些接近神的人，即那些哲学家（《蒂迈欧》53d）。这样在本原知 157
识和理念知识那里出现了“与神相匹”，这也同时是人类本体的和伦理的目标（参《政制》500c，613b，《泰阿泰德》176b，《斐德若》253b，《蒂迈欧》90d，《礼法》716c）。理念认识乃是经久可靠的知识，是ἐπιστήμη[①]；而ἐπιστήμη以论证与正确事物“牢牢”“相系”，由此使得理念认识持久（《美诺》98d）并在不断的质疑与翻新表述面前得以维持。“与神相匹”当然并没有扬弃掉人与神的存在论差异。这一差异不在于人无法达到至关重要的理念知识和本原知识——《会饮》210e，《斐德若》294c，《斐多》107b均言及目标的到达——而是在于人在构成了神之本质的知识那里只能暂时逗留，并要不断再次陷入与非本质之物的交往之中。于是爱若斯代表了哲学的本质：它虽然达到了它所追求之鹄的，但是所及之物在它面前又再次飘散（《会饮》203e）[②]。

哲学讲辞始终面临着被误解的危险，对话录不断给出了相关的例证。理念知识不是当时可以一蹴而就的。认知的对象非常不同：“最美的和最意味隽永的事物”不是有形的（unkörperlich），尽管其拥有更高的存在论级序，但很难被认知（《政治家》285d10—286b2）。同样，在这一领域之内仍存在级序之差异（《政制》485b6），根据洞喻的证明，认知的困难随着在本体意义上对极点的接近而递增（《政制》515c4—517b7）。思想越接近困难的本原知识，对某种畅通无碍的交流就越少 158

① ἐπιστήμη一般意义为知识，特别是有系统的知识或科学，在柏拉图传统那里专指其哲学，属于认知的最高形态，可对参《政制》中的线喻。——译注

② 关于此参Albert：《论柏拉图的哲学概念》，第20—30页，特别是第27页。

信任。书写最终没有达到知识“清晰和确然”的程度，而对辩证家而言，“清晰和确然”正是在本原的领域必不可少的。

柏拉图从中得出的结论就是，哲学家擅长不将其思想完全托付给书写。其保守的动机出自面对“神圣”哲学的责任。既然柏拉图呼吁书写者的理性（《斐德若》276bc，参《书简七》343a, 344cd），他就想到了一个自由的抉择：被保留的东西原则上是可传达的，即使在书写之中。从内容上看，它是“更有价值的东西”，即其论证来自“更高的原则”。

据此，对话录并不意欲成为整个柏拉图哲学完备无缺的引介，它们也没有展现出其思想各方面最新的状态。尽管如此，它们所揭示的仍是某种无价之宝：它们展现了哲学的道路，受到错误与局限束缚的个体，正如我们，找寻这样的道路并行走于其上。通过其栩栩如生的鲜活性，对话录展开了一种无可比拟的劝勉效力，即勉励读者转向哲学。而劝勉之术（Protreptik）尚未穷尽一切：我们不仅经验到对哲学的追求和如何踏上行程，而且经验到在朝向本原的哲学道路上关键的步骤。既然正是“更有价值事物”客观上的重要性拥有最为强烈的劝勉效果，那么劝勉术就不应该与重要事物的讨论相分离。这样，尽管不可忽视书写批判限制了哲学家的书写使用，但更有价值的事物还是以某种方式被展现出来。

于是，柏拉图对话录应该被视为柏拉图哲学带有指示特征的残篇。
159 形式对内容而言也应是根本性的。对话录由此应作为**戏剧**被阅读：这出剧不仅伴随着贯穿始终的情节，也精心地配备了角色。其情节不断展现出，哲学论证不是像商人供货那样可以随意使用，而是根据接受者智性和道德的成熟度才可分享。其次它也显示，只有一种类型的人，即理念哲学的代表者，有能力根据“帮助成效”（Hilfeleistungen）提升论证水准，并且以此通过哲学家的身份测试。无论面对那些极度愚蠢还是极度聪慧的人，辩证家都具有哲学上不可超越的卓越性；与之相比，前者无论如何都是尚未成熟的，尚未取得充分发展的。这是一个始终出现却并不单调乏味的角色配置。在这样实力失衡的情况下，辩证家一定要作为对话的引导者；他引领谈话伙伴达成与他们的认识水准相协调的一致（Übereinstimmungen）。角色配置的清晰性确保了所达成的一致不是随意和无关紧要的，而是典型性的——这就是说，在这些确定的前提下可达成的最佳结果。于是，在经过一些曲折之后最终一致所达成的东西，必须作为就作者层面而言有效的信息而被严肃对待。应该被严肃对待的还包括空略段落，它们不是从局部（a parte）着眼所做的注释，而是决定了对话录的结构并被嵌入到情节的进程之中，它们让人们注意，还有引向其他根基更深的一致的可能。

于是对话录通过始终贯彻的文学技艺指向柏拉图的口头哲学。同 160
样由此，对话录证明自己在书写批判的意义上乃是一位**哲学家**的作品。

原书文献目录

Albert, Karl:《论柏拉图的哲学概念》(*Über Platons Begriff der Philosophie*), 载于《哲学丛刊》(*Beiträge zur Philosophie I*), St. Augustin 1989

Baudy, Gerhard J.:《阿多尼斯花圃：古代种子象征学研究》(*Adonisgärten: Studien zur antiken Samensymbolik*), Frankfurt a. M. 1986, (Beiträge zur klassischen Philologie 176)

Cerri, Giovanni:《柏拉图的交际社会学家们》(*Platone sociologo della comunicazione*), prefazione di Bruno Gentili, Milano 1991

Cherniss, Harold:《亚里士多德的柏拉图批评与学园》(*Aristotle's Criticism of Plato and the Academy*), Baltimore 1944, 1946第二版

"Derveni-Papyrus":《德维尼的奥尔弗斯纸草》(Der orphische Papyrus von Derveni), 载于《纸草学与碑铭学期刊》(*Zeitschrift für Papyrologie und Epigraphik*)第47期, 1982, 第300页以下

Diels, Hermann/Kranz, Walther:《前苏格拉底哲人残篇》(*Die Fragmente der Vorsokratiker*), 德希对照三卷本, 卷I与卷II, Berlin 1951第六版, 1992重印, 卷III, 1952第六版, 1990重印

Edelstein, Ludwig:《柏拉图之匿名》(Platnic Anonymity), 载于《美国语文学学刊》(*American Journal of Philology*)第83期, 1962, 第1—22页

Euler, Michael:《帮助与隐意》(Hilfe und Hintersinn), 载于《理解斐德若》(*Understanding the Phaedrus*), 乃 “第二届柏拉图研讨会记录”(Proceedings of the II Sympoisum Platonicum), Livio Rossetti编辑, St. Augustin 1992

——《柏拉图对话录中的窘境之意义: 引导哲学之思的练习短文》(*Der Sinn der Aporien in den Dialogen Platons. Übungsstücke zur Anleitung im philosophischen Denken*)(Untersuchungen zur antiken Literatur und Geschichte 25), Berlin/New York 1987

Friedländer, Paul:《柏拉图》(*Platon*), 三卷, 卷I与卷II, Berlin 1964第三版, 卷III, 1975第三版

Gadamer, Hans-Georg:《柏拉图与亚里士多德之间的善之理念》(*Die Idee des Guten zwischen Plato und Aristoteles*)(Sitzungsberichte der Heidelberger Akademie der Wissenschaften, Philos. -histor. Klasse 1978, 3), Heidelberg 1978

——《柏拉图辩证的伦理学:〈菲勒布〉的现象学阐释》(*Platons dialektische Ethik. Phänomenologische Interpretationen zum Philebos*), Leipzig 1931

——《真理与方法: 哲学释义学的基本特征》(*Wahrheit und Methode. Grundzüge einer philosophischen Hermeneutik*), Tübingen 1960, 1965第二版

Gaiser, Konrad:《作为哲学作家的柏拉图: 柏拉图对话录释义学的尝试》(*Platone come scrittore filosofico. Saggi sull' ermeneutica dei dialoghi platonici, con una premessa di Marcello Gigante*)(Istituto Italiano per gli Studi Filosofici. Lezioni della Scuola di Studi Superiori in Napoli 2), Napoli 1984

——《柏拉图的未成文学说: 科学在柏拉图学派处系统与历史地奠基研究》(*Platons ungeschriebene Lehre. Studien zur systematischen und geschichtlichen Begründung der Wissenschaften in der Platonischen Schule*), Stuttgart 1963, 1968第二版

Griswold, Jr., Charles L.:《柏拉图〈斐德若〉中的自我认知》(*Self-Knowledge in Plato's Phaedrus*), New Haven-London 1986

Hegel, Georg Wilhelm Friedrich:《作品集》(*Werke*), 理论版(Theorie-Werkausgabe), 二十一卷, Frankfurt a. M. 1970年起陆续出版;《哲学史讲演录》(*Vorlesung über die Geschichte der Philosophie*), 卷二, Frankfurt a. M. 1971

Keulen, Hermann:《柏拉图〈欧绪德谟〉研究》(*Untersuchungen zu Platons „Euthydem"*), Klassisch-Philologische Studien 37, Wiesbaden 1971

Krämer, Hans Joachim:《柏拉图与亚里士多德论德性: 论柏拉图式的存在论之历史与本质》(*Arete bei Platon und Aristoteles. Zum Wesen und zur Geschichte der platonischen Ontologie*), Abhandlungen der Heidelberger Akademie der Wissenschaften, Philosophisch-Historische Klasse, 1959, 6, Heidelberg 1959, Amsteradem 1967第二版

——《费希特、施莱格尔和柏拉图阐释的无限主义》(Fichte, Schlegel und der Infinitismus in der Platondeutung), 载于《德国文学学与精神史季刊》(*Deutsche Vierteljahrsschrift für Literaturwissenschaft und Geistgeschichte*)第62期, 1988

——《柏拉图与形而上学的本源: 柏拉图的本源理论与未成文学说, 附双语版基本文献汇编及目录》(*Platone e i fondamenti della metafisica. Saggio sulla teoria dei principi e sulle dottrine non scritte di Platon e con una raccolta dei documenti fondamentali in edizione bilingue e bibliografia*), Giovvann Reale译并附导言(Pubblicazioni del Centro di Ricerche di Metafisica. Sezione di metafisica del platonismo nel suo sviluppo storico e nella filosofia patristica: Studi e testi 1),Milano 1982, 1989第三版

Lanata, Giuliana编辑、翻译并注释:《前柏拉图之诗: 证言与残篇》(*Poetica pre-Platonica. Testimonianze e frammenti*)(Biblioteca di Studi Superiori. Filosophia Antica 43),Firenze 1963

Luther, Wilhelm:《书写逻各斯的诸弱点: 一个人文解释的例证,〈斐德若〉(274B6以下) 所谓的书写神话试读》(Die Schwäche des geschriebenen Logos. Ein Beispiel humanistischer Interpretation, versucht am sogenannten Schriftmythos in Platons Phaidros (274B6ff)),载于《书院》(*Gymnasium*)第68期,1961,第526—548页

Merkelbach, Reinhold编辑、翻译并注疏:《柏拉图的〈美诺〉》(*Platons Menon*), Frankfurt a. M. 1988

Merlan, Philip:《从柏拉图主义到新柏拉图主义》(*From Platonism to Neoplatonism*),Den Haag 1953,1968第三版

Merton, Robert King:《科学的社会学: 理论的与经验的研究》(*The Sociology of Science. Theoretical and Empirical Investigations*), Norman W. Storer编辑并附引论,Chicago/London 1973

Müller, Gerhard:《柏拉图对话录的诸神话》(Die Mythen der platonischen Dialoge), 载于*Nachrichten der Gießener Hochschulgesellschaft* 第32期, 1963, 第7—92页; 也载于Gerhard Müller著:《柏拉图研究》(*Platonische Studien*), 由Andreas Graeser与Dieter Maue编辑, Bibliothek der klassischen Altertumswissenschaften 2, 第76册, Heidelberg 1986,第110—125页

Nagy, Gregory:《荷马史诗与品达的赞美歌: 口传性与现实关联》(Homerische Epik und Pindars Preislieder. Mündlichkeit und Aktualitäts-bezug), 载于Wolfgang Raible编:《在节日与日常之间: 口传性与书写性十论》(*Zwischen Festtag und Alltag. Zehn Beiträge zum Thema „Mündlichkeit und Schriftlichkeit“*)(Script Oralia 6),

Tübingen 1988

Reale, Giovanni:《柏拉图的一个新阐释：未成文学说视域下的经典对话录的形而上学解读》(*Per una nuova interpretazione di Platone. Rilettura della metafisica dei grandi dialoghi alla luce delle "Dottrine non scritte"*)(Pubblicazioni del Centro di Ricerche di Metafisica. Sezione di metefisica del Platonismo ...Studi e testi 3), Milano 1991第十版

Robin, Léon:《从亚里士多德看柏拉图的理念论与数论》(*La théorie platonicienne des idées et des nombres d'après Aristotle. Étude historique et critique*), Paris 1908, Hildesheim 1963重印

Rose, Valentin:《文献所载亚里士多德残篇》(*Aristotelis qui ferebantur librorum fragmenta*), collegit, V.R., Stuttgart 1886, 1967重印

Ross, William David:《亚里士多德残篇选》(*Aristotelis Fragmenta selecta*), recognovit brevique adnotatione instruxit W. D. R, Oxford 1955, 1970重印

——《亚里士多德的形而上学》(*Aristotle's Metaphysics*), a revised text with introduction and commentary by W. D. Ross, 两卷, Oxford 1924

——《柏拉图的理念论》(*Plato's Theory of Ideas*) Oxford 1951, 1976重印

Schaerer, René:《柏拉图式的问题：对话录中思想的与表述的报告研究》(*La question platonicienne. Étude sur les rapports de la pensée et de l'expression dans les Dialogues*), Mémoires d'Université de Neuchâtel 10, Paris/Neuchatel 1938, 1969第二版

Schleiermacher, Friedrich:《柏拉图著作集》(*Platons Werke*), Berlin 1804年起陆续出版, 1817年起陆续出版第二版, 卷I. i 1804, 1817第二版

Stein, Heinrich von:《柏拉图主义史七书：柏拉图体系及其与晚期神学与哲学之关系研究》(*Sieben Bücher zur Geschichte des Platonismus. Untersuchungen über das System des Plato und sein Verhältnis zur späteren Theologie und Philosophie*）三部，Göttingen 1862/1864/1875，1965 Frankfurt a. M. 重印

Szlezák, Thomas Alexander：《学园本原理论的不完备性：以亚里士多德〈形而上学〉卷M和N中之记述为据》（Die Lückenhaftigkeit der akademischen Prizipientheorien nach Aristoteles' Darstellung in Metaphysik M und N），载于Graeser主编：《亚里士多德的数学与形而上学》（*Mathematik und Metaphysik bei Aristoteles*），乃《第十届亚里士多德研讨会档案》（Akten des X. Symposium Aristotelicum），6—12. September 1984（Berner Reihe philosophischer Studien 6），Bern/Stuttgart，1987，第45—67页。

——《柏拉图与哲学的书写性》（*Platon und die Schriftlichkeit der Philosophie. Interpretationen zu den frühen und mittleren Dialogen*），Berlin-New York 1985（修订本：*Platone e la scrittura della filosofia*，Milano 1992第三版）

——《苏格拉底对保密的嘲讽：论〈欧绪德谟〉中的爱智者形象》（Sokrates' Spott über Geheimhaltung. Zum Bild des φιλόσοφος in Platons Euthydemos），载于《古代与西方》（*Antike und Abendland*）第26期，1980，第75—89页

——《〈政制〉卷十中的不朽与灵魂三分》（Unsterblichkeit und Trichotomie der Seele im zehenten Buch der Politeia），载于*Phronesis*第21期，1976，第31—58页

Tennemann, Wilhelm Gottlieb：《柏拉图的哲学系统》（*System der Platonischen Philosophie*），四卷，Leipzig 1792—1795

Vlastos, Gregory：《评克雷默〈柏拉图与亚里士多德论德性〉》（Rez. zu Krämer, Arete bei Platon und Aristoteles［1959］），载于*Gnomon* 35，1963，第641—655页

Wehrli, Fritz：《亚里士多德学派：文本与注疏》（*Die Schule des Aristoteles.*

Text und Kommentar)，十册，Basel 1944年起陆续出版，Basel/Stuttgart 1967/1968重印，1974及1978出版增刊，册二：Aristoxenos，1945，1967第二版

Wilpert, Paul：《亚里士多德关于理念学说的两部早期作品》(*Zwei aristotelische Frühschriften über die Ideenlehre*)，Regensburg 1949

Wittgenstein, Ludwig：《评注汇编：遗稿选》(*Vermischte Bemerkungen. Eine Auswahl aus dem Nachl aß*)，Georg Henrik v. Wright与Heikki Nyman编，Bibliothek Suhrkamp 535，Frankfurt a. M. 1977

日文版补充文献

Gill, Ch./McCave, M. M.编:《晚期柏拉图的形式与论证》(*Form and Argument in Late Plato*),Oxford 1996

Gonzalez, F.编:《第三条道路:柏拉图研究的新方向》(*The Third Way. A New Direction in Platonic Studies*),Lanham,Maryland 1995

Griswold, Jr., Ch. L编:《柏拉图的对话录:对话之途》(*Plato's Dialogues. The Dialogical Approach, Lewiston*),New York 1997

Kahn, Ch.:《柏拉图与苏格拉底式的对话录:文学形式的哲学使用》(*Plato and the Socratic Dialogue. The Philosophical Use of a Literary Form*),Cambridge/New York 1996

Kobusch, Th./Mojsisch, B.编:《柏拉图:新研究视域下的对话录》(*Platon. Seine Dialoge in der Sicht neuer Forschungen*), Darmstadt 1996

Press, G. A.编:《柏拉图的对话录:新的研究与解读》(*Plato's Dialogues. New Studies and Interpretation*), Lanham, Maryland 1993

——《谁为柏拉图言?柏拉图匿名之研究》(*Who Speaks for Plato? Studies in Platonic Anonymity*), Lanham, Maryland 2000

Russon, J./Sallis, J.编:《重构柏拉图式的文本》(*Retracing the Platonic*

Text), Illinois 2000

Rutherford, R. B.:《柏拉图之艺：柏拉图阐释十论》(*The Art of Plato. Ten Essay in Platonic Interpretation*), London 1995

Sayre, K. M.:《柏拉图的文学花园：如何阅读柏拉图对话录》(*Plato's Literary Garden. How to Read a Platonic Dialogue*), Notre Dame, Indiana, 1995

Seekin, K.:《对话与发现：苏格拉底方法研究》(*Dialogue and Discovery. A study in Socratic Method*), Albany 1987

中译本补充文献

Ackeren, Marcel van编:《理解柏拉图: 诸主题与诸视角》(*Platon verstehen: Themen und Perspektiven*),Damstadt 2004

Alber, Karl:《柏拉图与古代哲学》(*Platon und die Philosophie des Altertums*),Dettelbach 1998

Blondell, Ruby:《柏拉图对话录中角色的游戏》(*The Play of Character in Plato's Dialogues*),Cambridge 2002

Büttner, Stefan:《柏拉图的文学理论和其人类学的奠基》(*Die Literaturtheorie bei Platon und ihre anthropologische Begründung*), Tübingen/Basel 2000

Corrigan, Kevin and Glazov, Elena:《柏拉图游戏中的辩证法:〈会饮〉的论证、结构与神话》(*Plato's Dialectic at Play: Argument, Structure, and Myth in the Symposium*),Corrigan 2004

Erler, Michael:《柏拉图》(*Platon*), München 2006

Figa, Günter编:《国际释义学年鉴卷四: 柏拉图与释义学》(*Internationales Jahrbuch für Hermeneutik: Platon und die Hermeneutik*),Tübingen 2005

Gaiser, Konrad:《论文集》(*Gesammelte Schriften*), Thomas Alexander Szlezák编,St. Augustin 2004

Hösle, Vittorio：《解释柏拉图》(*Platon interpretieren*), Paderborn (u.a.) 2004

Jannas, Julia 编：《新视角下的柏拉图：古代与现代》(*New Perspectives on Plato, Modern and Ancient*), Cambridge 2002

Kim, Jin：《作为逻各斯的诗：一个柏拉图对话形式历史的和释义学的研究》(*Poiesis als Logos: eine historische und hermeneutische Untersuchung zur Form der platonischen Dialoge*), Aachen 2005

Knab, Rainer：《柏拉图的〈书简七〉：文本、翻译、注疏》(*Platons siebter Brief: Einleitung, Text, Übersetzung, Kommentar*), Hildesheim/Zürich/New York 2006

Michelin, Ann N. 编：《作为写作者的柏拉图》(*Plato as Author: The Rhetoric of Philosophy*), 2003

Moes, Mark：《柏拉图的对话形式与对灵魂之关照》(*Plato's Dialogue Form and the Care of the Soul*), New York 2000

Radke, Gyburg：《巴门尼德的微笑：普罗克洛对柏拉图对话形式的解释》(*Das Lächeln des Parmenides: Proklos' Interpretationen zur Platonischen Dialogform*), Berlin/NewYork 2006

Reale, Giovanni 编：《柏拉图的新形象：关于善之理念的对话》(*New images of Plato: dialogues on the idea of the good*), St. Augustin 2002

Rolf, Geiger：《辩证的德性：柏拉图对话的交谈形式研究》(*Dialektische Tugenden: Untersuchungen zur Gesprächsform in den Platonischen Dialogen*), Paderborn 2006

Schefer, Christina：《柏拉图不可说之体验：通往柏拉图之别途》(*Platons unsagbare Erfahrung: ein anderer Zugang zu Platon*), Basel 2001

Szlezák, Thomas A.：《柏拉图〈政制〉中的善之理念》(*Die Idee des Guten in Platons Politeia*), St. Augustin 2003

——《柏拉图晚期对话录中的辩证家形象：柏拉图与哲学的书写性续》

(*Das Bild des Dialektikers in Platons späten Dialogen: Platon und die Schriftlichkeit II*), Berlin/New York 2004

——编:《柏拉图式的哲学活动》(*Platonisches Philosophieren: zehn Vorträge zu Ehren von Hans Joachim Krämer*), Hildesheim/Zürich 2001

Villers, Jürgen:《字母表之范式: 柏拉图与哲学的书写有限性》(*Das Paradigma des Alphabets: Platon und die Schriftbedingtheit der Philosophie*), Würzburg 2005

Westermann, Harmut:《诗人意图与解释者的目的: 柏拉图对话录中诗歌阐释的理论与实践》(*Die Intension des Dichters und die Zwecke der Interpreteten. Zu Theorie und Praxis der Dichterauslegung in den platonischen Dialogen*), Berlin/New York 2002

征引文献索引

按：条目后数字为原书页码，见本书边码，斜体表示文中脚注

人名对照

A

阿德曼托斯 Adeimantos
阿多尼斯 Adonis
阿迦通 Agathon
阿卡比亚德斯 Alkibiades
阿里斯托克塞诺 Aristoxenos
艾希克拉底 Echekrates
艾柯,恩伯托 Umberto Eco
奥西里德 Osiride

B

巴门尼德 Parmenides
庇达柯 Pittakos
毕达哥拉斯 Pythagoras
柏拉图 Platon
柏罗斯 Polos
波吕丢科斯 Polydeukes
波勒马克斯 Polemarchos
鲍狄 Gerhard J. Baudy

D

狄奥尼索多斯 Dionysodoros
狄奥尼修斯 Dionysios
蒂迈欧 Timaios
蒂欧提玛 Diotima
第欧根尼 Theognis

E

俄尔甫斯 Orpheus

F

斐德若 Phaidros
斐多 Phaidon
菲勒布 Philebos

G

高尔吉亚 Gorgias
盖瑟尔 Konrad Gaiser
格劳孔 Glaukon

H

荷尔德林 Hölderlin
荷马 Homer
赫拉克利特 Herakleitos
赫默根尼 Hermogenes

J

伽达默尔 Gadamer

K

卡斯托 Castor
卡尔米德 Charmides
卡利克勒斯 Kallikles
克布 Kebes
克雷默 Hans Krämer
克里同 Kriton
克拉底鲁 Kratylos
克里底亚 Kritias
克莱尼亚 Kleinias
克蒂希波 Ktesippos
克法洛斯 Kephalos
克洛诺斯 Kronos

L

雷亚利,吉奥瓦尼 Giovanni Reale
吕克昂 Lykeion
吕西斯 Lysis
罗班 Léon Robin
隆戈斯 Longos

M

梅格罗斯 Megillos
美诺 Menon
弥尔顿,罗伯特 Robert K. Merton

O

欧叙弗伦 Euthyphron
欧绪德谟 Euthydemos
欧里庇德斯 Euripides

P

品达 Pindar
彭透斯 Pentheus
普罗塔戈拉 Protagoras
普罗狄科 Prodikos
普鲁塔克 Plutarch

S

色诺芬尼 Xenophenes
梭伦 Solon
苏格拉底 Sokrates
施莱尔马赫 Schleiermacher

T

塔穆斯 Thamus
忒伍特 Theuth
腾尼曼 W. G. Tennemann
泰阿泰德 Theaitetos
泰奥格尼斯 Theognis
坦塔洛斯 Tantalos
特奥多罗 Theodoros
特里西亚 Teiresias
特欧弗拉斯托 Theophrastos
特拉叙马霍斯 Thrasymachos
瑞吉恩的特阿格尼 Theagenes von Rhegion
陀斯妥耶夫斯基 Dostojewski

W

维特根斯坦 Wittgenstein
维尔佩特 Paul Wilpert

X

希默尼德 Simonides
希米阿斯 Simmias
希庇阿 Hippias
希罗多德 Herodot
希帕索斯 Hippasos，或 Hipparchos

Y

亚里士多德 Aristoteles
伊翁 Ion
伊西德 Iside
伊索克拉底 Isokrates

附录1：走向柏拉图的未成文学说[①]

先刚

前　叙

通常，要理解一个哲学家的思想，一个基本的前提就是阅读、研究他的**著作**。要理解康德，得阅读《纯粹理性批判》；要理解黑格尔，得阅读《逻辑学》……并且，如果可能或者必要的话，阅读哲学家的全集（包括书信、笔记、手稿以及一切记录在纸片上的东西）。人们相信，著作是哲学家生命和灵魂的延伸，是哲学家的思想忠实的守护之地。在这个意义上，叔本华强调："对于所有那些真正的哲学家，人们只有从他们本人的著作中才能领略到他们的学说……因此，谁要是感受到了哲学的驱动，都必须到哲学家的著作的寂静的圣殿那里寻找不朽的导师。"[②]同

---

① 本文撰写于2003年春，最初以《柏拉图未成文学说的几个基本问题》为题发表于《哲学门》第五卷第一册，第16—38页，湖北教育出版社，2004。应《读柏拉图》译者程炜之邀，现将拙文作为该书附录之一重新刊行。因时间、精力不逮，此次仅在可能的范围内对原文做了少许修改，另增补了一节关于康德和谢林的论述，希望以此表明柏拉图未成文的口传学说在德国古典哲学中的一些反映。

② Schopenhauer：《全集》（*Sämtliche Werke*），第一卷，第22—23页。冯·伦奈森男爵（Wolfgang Frhr. von Löhneysen）编辑，Stuttgart/Frankfurt a. M. 1960。

样，叔本华坚持认为："如果谁希望从根本上理解我的哲学，则必须阅读我的著作的每一行字。"[①] 无疑，这是绝大多数哲学家的心声。

叔本华的言辞实际上代表了近代以来对于书写著作的一种普遍的态度，这种态度不仅决定了著作在读者心目中的地位，同时也支配着哲学家表述自己思想的方式。我们归纳出这种态度的两个最重要的特征：第一，对著作的**根本性**的尊崇，相信著作表达了哲学家终极的哲学思想；第二，对著作的**绝对性**的尊崇，相信著作是哲学家的思想的完整的、唯一的载体，舍此之外别无其他。

但这是否意味着，人们可以把这种态度或者说方法照搬到古代思想文化的研究中去呢？著作是否代表着古代哲学家的哲学活动（Philosophieren）的全部？著作在他们的哲学活动中究竟占据着怎样的地位呢？当人们把近代以来的思维模式（对著作的根本性和绝对性的尊崇）应用到古代哲学家——比如**柏拉图**——身上的时候，这样做是合理的吗？

1. 柏拉图对书写著作的批判

柏拉图在《斐德若》(274以下)里讲述了一个传说：埃及的古神忒伍特发明了"数"、"算术"、"几何学"、"天文学"、"棋"、"**书写**"等，并带着这些东西去见埃及国王塔穆斯，让他转送给他的所有臣民们。塔穆斯问这些东西究竟有什么用处，于是忒伍特便一件一件地解释，直到最后谈到"书写"。忒伍特宣称，这样东西将会使埃及人更有智慧，更能记忆事物，因为"它是作为记忆和智慧的工具而被发明出来的"（274e）。然而塔穆斯国王毫不领情，当头予以驳斥：

① Schopenhauer：《全集》，第五卷，第827页。

> 那些学会了书写的人就会忽视记忆，这样一来，书写反而在他们的灵魂里带来遗忘。因为人们一旦信任书写作品，就会习惯于通过陌生的符号从外面来提醒自己，而不是从自身内部通过独立思考得出那些东西。所以说，你不是为了增强记忆力，而是为了颠覆它才发明出这个工具（275a）[①]。

忒伍特在希腊神话里有时也等同于赫尔墨斯（Hermes），后者在传说中也是书写文字的发明人。柏拉图在讨论之前一开始先追溯到书写在神那里的起源，表明了他对于书写著作的批判的**根本性**。书写是一个工具。各种工具为人们的活动带来了轻松方便，这毋庸置疑。同样真实的是，工具也为人们带来了惰性和依赖性，使得人们离本真的事物越来越远。当人们对工具——包括书写著作这个工具——的态度发展到一种根本性和绝对性的崇拜时，人也就走上了工具化和物化的不归之路。然而哲学活动绝不是轻松方便的事情，哲学思考的对象既不是工具本身，也不应该受到工具的遮蔽。柏拉图并不否认书写著作的工具功能，但仿佛为了预先警示未来那些将“宝书”、“经典”乃至书写著作本身捧上天的后人们，他对这个工具的功能做出了清楚的限定：

> 因此，……书写下来的文字的功能仅仅在于，**提醒有识者回忆起著作所讨论的那些事物**。［除此之外，］谁要是赋予书写下来的文字更多的意义，那么他就处于莫大的天真幼稚之中，而且真的没有领悟阿蒙［Ammon，忒伍特的另一个名称］的神谕（275d）。

---

① 本文引用的柏拉图依据德文版《柏拉图全集》（译者：Otto Apelt, Constantin Ritter, Kurt Hildebrandt, Gustav Schneider. Leipzig 1922—1923；Hamburg 1988），必要时参照原希腊文。

可见，在柏拉图看来，书写著作唯一的功能就在于**提醒、备忘**，“这些书写下来的文字在最好的情况下也仅仅是作为有识者的备忘工具”（278a）：一方面为了著作者本人，将回忆“储存”起来，以备将来年老健忘时之用，另一方面也是为了那些能够探索哲学活动的“痕迹”——而不是哲学活动本身或其对象——的人（参阅276d）。

这只是就“最好的情况下”而言。然而在现实中，书写著作更多是处于糟糕得多的状况中，这才是柏拉图所强调的。在这里，柏拉图将书写著作和绘画作品做了一个比较，它们看起来都栩栩如生，甚至似乎具有理性和灵魂，但是无论你向它们提出任何疑问，它们都只能沉默不答，展示一成不变的唯一一个面貌。因此，书写著作的困境在于：

> 一旦被书写下来，每个词语就只能无助地四处游荡，以同样的方式面对那些理解它或者不理解它的人。它根本不知道，应该走向谁，不应该走向谁。倘若它遭到恶劣的处置或者不公正的责难，那么它总是需要它的父亲，因为只有他才能够帮助它，而它本身既不能保护自己，也不能帮助自己（275d—e）。

柏拉图所说的情形于我们并不陌生。除了书写著作的“父亲”之外，我们当然可以说，另外一些书写下来的文字（比如各种“释疑”、“注释”、“答辩”等等）在更高的层次上也可以提供“帮助”——但是我们不能忽略，那些行使“帮助”的书写著作自身同样也会遭到恶劣处置或者不公正的责难，也需要更高的帮助，如此追溯到最高的根本学说，仍然需要书写著作的“父亲”的口头讲述和解答：只有活生生的口传学说才能提供无穷丰富的、根本的帮助——这是柏拉图的一个基本立场。[①]

① 斯勒扎克认为“如何帮助遭到责难的逻各斯”是柏拉图的对话录的“中心结构原则”（第77页），并列举了对话录中一些相关的场景（比如《斐德若》88d—e，95e—（转下页）

书写著作的另一个巨大缺陷就是，它甚至连选择自己的对象的能力都没有，也就更不能指引正确的道路、传达真知灼见。在《斐德若》的前面部分中(271d—272a)，柏拉图已经指出，胜任“灵魂引导”工作的辩证家必须知道灵魂有多少种类、有多少种状态，因为一种言谈也许能够轻松说服某一个人，但在另一个人那里却可能是对牛弹琴、毫无作用。因此辩证家(哲学家)必须知道言谈的每一种具体形式，知道在什么情况下是合适的使用、在什么情况下是不合适的使用，对于每一个灵魂随机应变、因材施教，“对于复杂的灵魂施以复杂而广泛的言谈，对于单纯的灵魂施以单纯的言谈”(277b)，而且“懂得根据场合不同，是选择言谈还是沉默”(276a)，这才是真正的成功之道。而很显然，书写下来的著作却是**唯一不变的**，固定的内容，固定的论证，固定的程序，它不能选择自己的对象，要恰好遇上与自己相配的对象更是几乎渺无希望。[1]因此柏拉图才说，书写著作“既没有能力在言谈中帮助自己，也没有能力合乎秩序地教导真理”(276d)。

既然书写著作不能传达真理、教导真理，那么它除了如前面所说当作“备忘”的工具之外，就仅仅是一种**游戏**(paidia)。“游戏”一词在《斐德若》这部分的短短3页里(276—278)频繁出现6次之多，而且其每次出现都与书写著作的界定联系在一起，这是值得我们注意的。与之相

(接上页)105b;《政制》II, 362d, 368b;《法律篇》X, 891a等)。根据斯勒扎克的见解，柏拉图行使“帮助”的办法通常都是暂时离开陷于困境的论点，转向探讨对本原的认识，然后在这个更高的层面上自然地揭示出前面遭到责难的逻各斯的真理。参阅斯勒扎克:《读柏拉图》，第77—85页。

① 过去在与靳希平先生讨论《智者》中通过划分法对“智者”作定义的时候，我就对这种定义方法的诡辩本质提出了抗议；如今想来，之所以有这些感觉，恰好是因为这一部书写下来的对话录并不适合我的灵魂，假若我们真的面对苏格拉底(柏拉图)就同样的问题进行活生生的交谈，也许苏格拉底(柏拉图)就不一定用划分法，而是以另外一套合适的辩证论证来说服我们。

对应的则是“**严肃**”（spoude）这个词也出现了6次，作为那些著作家的对立面。柏拉图将书写著作称为“一种非常美好的游戏”（276e），但是对于那些认识到了“正义”、“善”、“美”的人而言（276c，278a），还有一种“更加美好得多”（276e）的活动，严肃的活动：首先寻找合适的灵魂，然后“依照辩证法的艺术规则”（276e）将活生生的话语种植到灵魂里（这些话语既能够帮助自己，也能够帮助承受了它们的灵魂），直到它们慢慢地发芽、成长。严肃的人必须“宣称书写下来的文本是**低价值的东西**”（278d）。如果他做到了这一点，那么他就有资格被称为“**智慧的朋友**”（278d）——哲学家。与之相对立的是另外一类人，他们将写作和著作看得至高无上，翻来覆去地折腾文本、字句等。这后一类人，正是柏拉图一向瞧不起的“诗人”、“作家”、“法律文书家”（278e）。依据对待书写著作的不同态度，柏拉图区分开了真正的哲学家和那些只懂得“模仿艺术”的人。

柏拉图对于书写著作的否定，一方面是因为书写著作本身的缺陷（使人依赖外物、懒于思考，注定被曲解滥用，一成不变而不符合活生生的“灵魂引导”等等），另一方面是因为柏拉图的哲学活动自身的要求，使得他不可能信任书写著作，不愿意把自己最重要的学说“托付”（343a）给它们。在这个意义上，柏拉图在给叙拉古国王狄奥尼修斯二世的一封信里郑重宣称：“**所以，关于这些事物，我还从来没有写下任何东西；柏拉图的著作并不存在，将来也不会存在。**”（《书简二》314c）但是因为柏拉图的确又写下了一系列对话录，却又将这些著作称为“精雕细琢，返老还童后的苏格拉底的著作”（同上），这种显明的矛盾引来了学者许多争论。实际上，如果我们仔细审视这两句话的前后文对于书写著作的批判态度（柏拉图紧接着甚至要求狄奥尼修斯在多次阅读这封信之后烧掉它，因为书信也属于“书写著作”的范畴），那么只有两个清晰的结论：首先，柏拉图尽管出于“游戏”的动机有所著作，但另一方面，作为高傲而**严肃的**哲学家，他不愿把自己的名字“**柏拉图**”与“**著作**”这个东西联系在一起，这是一种坚定而毅然的“划清界限”的态度。其次，我们不要忽视柏拉图那句话里的“**这些事物**”[①]——柏拉图整个哲学活动的最根本的、最困难的对象。在这封信的前面部分，柏拉图已经指出，他仅仅是在学园内部多次口头讲授这些内容，他的学生们（其中一些追随他已经超过三十多年）必须“不断重复而且持续多年”（314a）听取他的教导，才能理解这些东西。柏拉图写下了一堆对话录，但是却将这些最重要的学说放置于书写著作之外，在这个意义上，柏拉图的那句断言就绝不是一个矛盾，只要人们理解了它真正的意思：**蕴含着柏拉图的最高学说的“柏拉图的著作”并不存在，将来也不会存在**。

这个理解得到了柏拉图本人在《书简七》里的证实：“**至少，我自己没有任何关于那些事物的著作，将来也不会有。**”（341c）原因很清楚：

> 因为它［柏拉图的哲学的努力目标］并不像其他的教学对象：人们不可能通过词语来把握它，而只能是通过长期持续地投身于那些对象的科学交流，通过相应的长期的共同生活，然后，灵魂中突然出现仿佛是由一粒跳跃的火花所点燃的光亮，它靠着自身继续闪亮下去（341d）。

关于这个艰难的对象，柏拉图随后声称，最好还是由他自己来口头

---

① 单是在《书简七》里，柏拉图所提到的这些至为重要的、仅仅保留给口头传授的内容就至少有9项之多：1. “大全”（to holon, 341a）；2. “最伟大的事物”（ta megista, 341b）；3. “本质”（physis, 341d）；4. “善”（agathon, 342d）；5. “善、美和正义”（peri te agathou kai kalou kai dikaiou, 342d）；6. “德性与痛苦的真理”（aletheia aretes eis to dynaton kai kakias, 344a）；7. “整个存在的真理和谬误”（to pseudos hama kai alethes tes holes ousias, 344b）；8. “最严肃的事物”（ta spoudaiotata, 344c）；9. “现实之最初和最高的本原”（ta peri physeos akra kai prota, 344d）。

讲授；对于那些自不量力著书立说、传播那些内容的人，柏拉图感到发自内心的恼火和担忧。因为，按照柏拉图的说法，假若真能够把“那些事物”以令人满意的方式书写下来，他早就去从事这项伟大的工作去了，“通过这样一部著作赐予人类巨大的幸福”(341e)。遗憾的是，这样一部著作并不存在，将来也不会存在，不可能存在。如果谁勉为其难炮制出这样一部著作，那么它在柏拉图看来只有两种可能：一方面它的拙劣导致人们对哲学的蔑视，另一方面它又给予某些人夸大过分的自我意识，自以为掌握了什么鬼头鬼脑的“智慧”。总之，书写著作不能予人智慧，不过是使大多数人更愚昧而已。

因此，柏拉图再次坚定地强调：

> 因此，没有任何理性的人敢于把他那些殚精竭虑获得的认识托付给这些不可靠的语言工具[书写著作]，更不敢让那些认识遭到书写下来的文字所遭受的命运(343a)。

与之相联系，“严肃”这个词再度频频出现(344c—d)。柏拉图不但又提到“**极为严肃的事物**”(344c)，并且宣称：“所以，任何一个严肃的人都坚决不会发表关于极为严肃的事物的书写著作，以免那些事物成为人们争吵和怀疑的牺牲品。”(同上)如果一个人居然“出于最高的严肃”(前面我们已指出，柏拉图并不反对出于“游戏”的动机而书写、发表著作)而发表类似著作，那么只有一个可能：他已经丧失了全部的理智(参阅344d)。

至此我们已经表述了柏拉图对于书写著作的批判，以及他的最高学说与书写著作之间的排斥关系。贯穿其中的是**严肃vs游戏**两种动机——相应的是**“哲学家”vs“诗人”**(以及“作家”、“法律文书家”等)之间的对峙。我们认为柏拉图是一位严肃的哲学家。所以我们必须以这个态度为依据，作为我们研究柏拉图哲学的一个基本问题和出发点，而不是像大多数人通常那样——出于施莱尔马赫以来的“对话录神圣不可侵犯”的思维模式——忽视、掩饰、贬低或者曲解柏拉图这里高度严肃的动机和认识。[①]

2. “未成文学说”的两个先例：毕达哥拉斯与苏格拉底

众所周知，在古代东方，人类文明的导师孔子和佛陀都是有意识地“述而不作”，不着文字。我们现今所了解的他们的思想，都是通过他们的学生的记述（比如“子曰”、“如是我闻”之类），都是不折不扣的“未成文学说”。

同样，古希腊文明也有着悠久的“口头创作”的传统。[②]柏拉图之重视口头讲授更甚于书写著作，本已是长久以来许多学者承认的事

① 典型的一个例子就是德文版柏拉图全集的主要翻译者阿佩特（Otto Apelt），囿于旧的认识和思维模式，他把柏拉图所有对于书写著作的严厉批判都解释为“一种戏谑”，尽管这些“戏谑”下面也包含有“**一点点**严肃”（《柏拉图书信集》，Hamburg 1922，第116，135页）。这就将柏拉图那里的真实意义上的“严肃—游戏”做了一个根本的倒转：柏拉图本来以“极为严肃”的态度所强调的东西反而成了一种“戏谑”、“游戏”，只剩下“一点点严肃”，自然也谈不上动摇对话录的权威地位……事实上，**当今仍然留守旧模式的柏拉图研究者仍然有意无意地执行着这个根本的意义倒转**。

② 近代学者的研究揭示出，诸如《荷马史诗》这样的巨著都是在长久的口头创作的基础上逐渐集结成文的。口头创作并不一定代表着根本上的随意性和不规范性，而是有着固定的“程式系统”（formulaic system），诗人在程式的基础和史实的框架内自由发挥细节叙述。这种结合方式恰好避免了书写著作的单一和僵化。参阅约翰·迈尔斯·弗里（John Miles Foley）的《口头诗学：帕里—洛德理论》（*The Theory of Oral Composition. History and Methodology*），朝戈金译，北京，社会科学文献出版社，2000。

实[①]，尽管他们不敢（或者说压根没有想到）因此挑战对话录的绝对地位。毕竟，聆听柏拉图的教导在当时就不是轻易的事情，如今就只剩一堆厚厚的、硬硬的对话录摆在我们面前，看得见摸得着。常言道：云中的仙鹤，不如手中的山雀……

但实际上，我们并非绝对不可能了解柏拉图口头讲授的那些学说的内容。不过，在转向这些内容之前，我们希望通过讨论柏拉图的两个"榜样"来说明，除了对于书写著作的本质认识之外，为什么柏拉图要在群众面前保留他最重要的学说，为什么柏拉图只是将它们口头传授给特定范围的精英圈子，而不是书写在人人可得的书写著作中。

毕达哥拉斯（约公元前570—前480年）及其学生是西方历史上第一个带有浓厚宗教性质的学术和生活共同体。其他人对他们的称呼，比如"异端"（Häresie，来源于希腊文haireomai，本意为"精选"）和"邪教"（Sekte，来源于拉丁文sequi，本意为"追随者"）在当时并不是一个完全贬义的称谓。不过，现代通常认可的"异端邪教"的几大特征，比如严格的成员限制、绝对的领袖崇拜、严密的等级制度和组织结构、共同的精神信念、不合常规的生活方式、超强的优越感和精英意识、对违规者的严厉惩罚等，却无一不适合于毕达哥拉斯的那个教团。[②]

---

① 仍是阿佩特，他指出的柏拉图的那"一点点严肃"恰好在于："真正透彻的、有效果的哲学教导只有通过基于直接的私人交往的口头思想交流才能实现，就像柏拉图在学园中所做的努力那样。"（《柏拉图书信集》，第116页）此外，"书写著作并不标志着柏拉图的哲学使命的顶峰，而只是具有第二位的意义：毋宁说，他的活动的重点在于口头讲授，在于精神的直接交互作用之中……"（同上，第135页）我们感到诧异的是，达到了此等明确认识的阿佩特怎么会把柏拉图对于书写著作的根本性批判归结为"戏谑"、"游戏"。这也说明，当人们被一种非本真的思维模式支配着的时候，对于事物的本质是如何地视而不见！

② 详见Christoph Riedweg：*Pythagoras. Leben, Lehre, Nachwirkung*，München 2002，第三章"毕达哥拉斯的秘密团体"（第129—149页）。

不过我们在这里最感兴趣的还是毕达哥拉斯对于传授其学说的态度。从事实来看，毕达哥拉斯自己没有撰写任何著作，而只是在团体内部口头讲授其学说。此外，有人（亚历山大的克莱门斯）传说毕达哥拉斯也有书写著作，但内容却是俄尔甫斯教派的学说，而且署名不是他的真实名字，而是“俄尔甫斯”[①]——即使这个传说为真，我们也可以确认，这些书写著作里包含的并不是毕达哥拉斯最根本最重要的学说，而很有可能是一些他赞成或者认可的、值得更宽的受众范围接触的内容（我们可以在此联想到柏拉图的那些从来不以自己的名字发言的对话录，也许具有同样的功能）。另一方面，据扬布里柯的《毕达哥拉斯生平》记载，毕达哥拉斯对那些希望成为他学生的人提出的考察要求之一乃是“五年的沉默”，因为“控制自己的舌头是所有的自我克服中最为困难的事情。”[②]在流传下来的记载着毕达哥拉斯言论的残篇里，也有不少关于“沉默”的教导，比如：“在所有别的人面前管紧你的舌头，跟随诸神！”以及：“你们年轻人，在虔敬的尊重里对所有这一切保持沉默！”[③]很显然，对于沉默的严厉要求并不是出于苦行主义的目的，而是出于对待毕达哥拉斯的根本学说的神圣态度：口传、保密。某位门人因为泄密而遭到被扔进大海喂鱼的惩罚，这是古来已久的著名传说。我们当然难以想象，一个对于秘传和沉默如此极为强调的人，会把他的根本学说托付给书写下来的文字著作。迄今为止，所有毕达哥拉斯教

---

① DK 36B2 = KRS 262. 参阅G.S. Kirk/ J.E. Raven/ M. Schofield编辑的《前苏格拉底哲学家》(*Die vorsokratischen Philosophen. Einführung, Texte und Kommentare*，标准缩写为KRS)，Stuttgart/Weimar 1994，2001，第244—245页（英文：*The Presocratic Philosophers*. Cambridge 1957, 1983）。

② Iambrichos：《毕达哥拉斯生平》72。多年的沉默乃是毕达哥拉斯教团的主要标志之一，并且在公元前五世纪左右就已经得到人们（比如苏格拉底的同时代人伊索克拉底）的证实。

③ 转引自上述Riedweg之著作，第133页。

团成员及其后人记载的大宗师本人的学说都是**"声闻学说"**（akusmata, Gehörte Dinge）[1]，声闻家（akousmatikoi）的地位也在数学家之上，只有他们才被看作真正的毕达哥拉斯学派的门人（扬布里柯，KRS280）。这些都证明毕达哥拉斯的学说只存在于口头讲授，而不存在于书写著作当中。

除此之外的另一个重要历史事实是，毕达哥拉斯的教团是一个人员众多，而且具有等级结构的组织，单是其内部的核心人员，据不同的记载（阿波罗尼奥、扬布里柯、第欧根尼·拉尔修等），就在300—600人之间，至于外围群众更是多不胜数。鉴于门生们的不同资质以及问题本身的艰深，我们很难想象，毕达哥拉斯会以同样的耐心和精力向所有这些人传授他的根本学说。因此最有可能的就是，**毕达哥拉斯在不同的场合，以不同的层次和不同的主题范围，向不同的学生口头传授他的学说**。这是任何口传学说——考虑到受众的数量和不同资质时——必须采用的办法，相反，固定下来的书写著作就不具备这样的灵活性。

柏拉图长久与毕达哥拉斯学派的阿基塔斯（Archytas）交往，而且靠着他的周旋才被狄奥尼修斯二世释放（见《书简七》350a），但是他的全部书写著作里却只有两处地方（《政制》530d, 600b）分别提到"毕达哥拉斯"和"毕达哥拉斯主义者"，而且持嘲讽的态度。这绝不是一种正常的现象，正如柏拉图一次都没有提到德谟克利特。这种敌意的沉默揭示出柏拉图心目中真正的、最大的竞争对手乃是毕达哥拉斯和德谟克利特，而不是他公开批驳的那些智者。当然，这种竞争对立并不排除柏拉图在相当程度上学习借鉴对方的学说以及哲学活动的态度和方法。事实上，像《斐多》、《蒂迈欧》（这是除《政制》之外柏拉图最具影

---

① 根据亚里士多德、扬布里柯、品达的记载（KRS 275—284），这些学说包括"大师在人和神之间的地位"、"各种禁忌"、"数的学说"、"灵魂的命运"等。参阅《前苏格拉底哲学家》，第253—261页。

响力的著作）等对话录就在光天化日之下讲述着毕达哥拉斯学派的学说，以至于甚至有人指责《蒂迈欧》是柏拉图花钱买来毕达哥拉斯派学者的著作之后改写而成的。[①]不管怎样，毕达哥拉斯这个榜样以及他和柏拉图的秘密关系说明，如果柏拉图把他最重要最根本的学说仅仅口头传授给少数学生，这并不是什么出人意料的事，更何况柏拉图对书写著作持深刻的批判态度，更何况所有学者都承认，在柏拉图那里口头讲授相对于书写著作具有根本的优先性！

然而促使柏拉图决定性地采取口传学说和“秘学内传”还有更重要的一个原因，这就是**苏格拉底**的思想和实践对他的影响。

苏格拉底没有书写任何著作。[②]他一生中的时间除了吃饭睡觉以外都是在唾沫横飞中消耗掉的。他从不放弃任何与人交谈的机会，聆听别人，教导别人。苏格拉底不但放弃了对于宇宙世界的思辨，而且在生活方式上完全不是那种“思辨哲学家”的模式（孤独的沉思加上勤奋的写作）。不难理解，是这样一位热衷于交谈的人将“说话的艺术”——**辩证法**——而不是书写的艺术发展到一个新的层次。

“辩证法”（dialektike episteme或dialektike techne）这个词来源于“谈话”（dialektos），本意为“说话的艺术”，可见辩证法天然地就起源于口头交谈。据亚里士多德说（DK 29A10=KRS 328），埃利亚的芝诺是

---

① 杜立（Heinrich Dörrie）编辑的《古代的柏拉图主义》第二卷（*Der Platonismus in der Antike*. Band 2, Stuttgart 1990）搜集了希腊化时期许多对柏拉图的“剽窃行为”的指责，值得注意的是，其中提到的大部分“剽窃”对象都是毕达哥拉斯学派的学说。参阅该书第12—20页（史料），第236—245页（评论）。

② 出于这个缘故，叔本华在他的《哲学史手稿》里批评苏格拉底：“面向整个人类说话的唯一工具乃是书写著作，而口头言谈却只能面向一定数目的个体；所以，言谈的内容对于整个人类来说就只是一些私人的事情。”（《全集》第四卷，第56—57页）从某些角度来看，叔本华的这个看法不无道理，但他显然没有认识到，古人对于哲学活动和书写著作的认识是不同于我们的。

“辩证法”（techne legein）的发明人，目的主要是用于雄辩和驳难，比如对于同样一个事物，既能把它说成好的，也能够把它说成坏的，既能够把它说成美的，也能够把它说成丑的（也参阅柏拉图《斐德若》对此的批判）。著名的智者比如普罗塔戈拉、希庇阿、高尔吉亚皆精通此类“辩证法”，并收费传授这项技术，使之广泛地运用在社会生活的各个方面，以至于“辩证法”成了“诡辩术”（Eristik）的代名词。

而苏格拉底的贡献在于净化了辩证法的功能。根据柏拉图在《申辩篇》里的记述，苏格拉底为了验证德尔斐神庙的神谕“没有人比苏格拉底更智慧”，走访了诸种人等（官员、诗人、技术专家），和他们交谈，号称是希望证明他们比他更聪明，实际上却是为了揭露他们的无知。值得注意的正是苏格拉底的这个**验证检讨**（zetein）的方法：验证检讨他人，验证检讨自己，验证检讨事物自身。这三个元素只能存在于对话交谈之中，因为苏格拉底的主要目的既不是要宣传“一种学说”，也不是为了驳斥某项具体的观点，而是随机地从各种偶然现象出发，通过不停地提问、回答、验证检讨——无论你说什么我都可以把你导入困境——来证明人们的无知。这是苏格拉底的哲学活动（辩证法）的当下的、直接的目标，因为他重视的并不是向后人传达他对于什么问题有些什么样的具体观点，所以书写著作对于他来说是完全没有必要的东西。

当然，真正困难的不是揭露人们的无知，而是带给他们正确的认识，至少指明这种认识的方向。苏格拉底的具体做法是求事物的定义，即通过“归纳的交谈”（epaktikous logous）和“一般的规定”（to horizesthai katholou）。[①]也就是说，通过许多具体的、特定的例子（比如各种“美”的事物）上升到普遍一般的认识（“美”是什么）。苏格拉底自己运用这种“归纳的交谈”到了何种程度，可以从柏拉图的早期对话录（比如《普罗塔戈拉》、《欧叙弗伦》、《美诺》）中略知端倪。很明显，

① 亚里士多德：《形而上学》M，1078b。

这个求知的过程同样符合前面所说的“验证检讨”的程序，因此也只能存在于对话交谈而不是任何固定书写下来的文字当中。

柏拉图不但在形式上继承了苏格拉底的这种方法，并且在“归纳的交谈”之外又发明了“划分法”（diairesis）[①]，将辩证法深化发展为一种广泛意义上的认识论，同时也继承了其口头交谈的本质。然而柏拉图与苏格拉底在实践上的巨大差别在于，苏格拉底整日在大街小巷中逡巡，随便拉上一个人就可以进行辩证交谈，[②]而柏拉图却明确地宣布：“我和群众从不进行辩证法的交谈。”（《高尔吉亚》474a—b）诚然，这种贵族主义和精英主义的作风招来了许多嫉恨，但我们仍然不得不赞同，哲学本来就不关群众的事，只有智者才去献媚群众（通常他们都迫不及待地告诉群众，哲学“没有用处”、“没有能力探求真理”、“不好玩”等等，以此换得群众的喝彩以及由群众颁发的“原创性哲学家”头衔）。

事实上，根本的原因是苏格拉底走“大众哲学”路线的悲惨遭遇所给予柏拉图的**反面教训**。根据柏拉图的记载（《申辩篇》19b，24b—c；《斐多》96a以下），苏格拉底被指控“研究天上和地下的事物”、“把坏的事物说成好的”、“毒害青年”、“颠覆城邦的宗教信仰”，并因此而被判处死刑。如果我们仔细留意一下，就可以看到，这些指控恰好分别牵涉到苏格拉底的哲学研究的**对象、方法、听众、立论**，尽管指控者颠倒黑白，但苏格拉底毕竟落下了把柄和口实。这里面最重要的原因，自然是苏格拉底来者不拒的态度，也不管对方之老少、贫富、贵贱、智愚、善恶，一律可以叽叽歪歪（《申辩篇》33a—b）。尽管苏格拉底声称自己不是他们的老师，声称自己不对听众的人品和言行负责，但公众社会并不这样看。事实

---

① 参阅《智者》中对“钓鱼者”（219a—221c）和对“智者”（221c—231e，235b—237b，264c以下）的定义。此外，参阅《政治家》中对“政治家”的定义（258b—267c，279c以下）。

② Diogenes Laertius: *Leben und Meinungen berühmter Philosophen*，II，28.

上，苏格拉底也承认，他的这些公开活动已经为自己树立了很多仇人（尤其是那些被他揭露出无知本质的官僚、技术专家、诗人），这些人最懂得如何借群众之手，以莫须有的罪名除掉那些侮辱了他们的人。苏格拉底坦言，真正杀死他的凶手并不是美雷托斯和阿吕托斯这两位原告，“而是**群众**的罪恶流言和**群众**的嫉恨。这些东西已经消灭了很多杰出的人，将来也还会如此。很明显，这种事也不会在我身上结束”（《申辩篇》28a）。明眼看到这一切的柏拉图，借苏格拉底之口说出了一个**真理**（aletheia）：

> 无论是谁，只要他坦白诚实地对待你们或者其他的人民群众，努力阻止国家里的各种不公和违法犯罪，那么他的生命就是没有保障的。事实上，谁要是真的希望做正义的战士，而为此还要保障自己这短暂的一生，他就必须彻底地将自己限定在私人交往中，放弃参与公众事务（《申辩篇》31e—32a）。

这个真理所告诫的对象无疑是**哲学家**。同样，《政制》（517a）也指出，当那见过理念世界的哲学家想要解救那些永恒束缚在黑暗洞穴中的群众的时候，群众反而想把他灭之而后快。因此，柏拉图在《书简七》（326a）里谈道，苏格拉底事件是他的生命中的一大转折点，从此他“退回到对真正的哲学的研究中”，走上与苏格拉底的大众哲学根本不同的道路。柏拉图看到，苏格拉底“有教无类”的后果是，相当多的听众（尤其是年轻人）在他身上学习的根本不是“善”、“美德”，而是他的辩证法的诡辩的外在形式（比如“把坏的事物说成好的”），然后到处去不事正途，所以苏格拉底才会不无责任地落得一个“毒害青年”的罪名（《申辩篇》23c—e）。试想，柏拉图的辩证法的技巧更远胜于苏格拉底（纯粹从技术上说，柏拉图的诡辩才能绝不逊色于任何一位顶尖的智者），柏拉图的思想远比苏格拉底深奥晦涩，如果不对自己的学生和听众做严格的遴选和限制，如果再出现一些滥用柏拉图哲学的害群之马，他又将如何担当这随时可能降临的“颠倒是非”、“毒害青年”的罪名？因此，柏拉图的哲学拒绝群众参与，自然也不会把他最重要的学说书写下来拿给群众亵渎（更何况在一个连言论都要获罪的时代与社会，书写著作这样的“铁证”自然更为危险），而是只有少数学生才能够聆听它们。

另一方面，哲学研究（正如世界上一切阳春白雪的事物）在客观上就排斥群众。考虑到哲学的难度，考虑到“群众的愚昧”（《智者》216e），柏拉图“从不与群众进行辩证交谈”的做法完全是无可厚非的，因为他必须“极为严肃”地处理这类问题，严格挑选合适的听众和对话伙伴。而且，即使是在这些入选者里面，针对他们的资质和性情的不同，柏拉图还得采用不同的传授方法，因为这是对作为灵魂引导师的辩证家（哲学家）的基本要求。①柏拉图哲学的艰深程度，可以从前面柏拉图的一些言论看出，比如甚至那些追随他30年以上的学生都必须反复聆听他的讲授，才能理解那些学说。而后人居然以为“得对话录即得柏拉图”，这就是纯粹的天真了。且不说对于对话录这种公开散播、群众伸手可得的书写著作，对于这种既不能选择自己的对象和交流方法，也不能保护自己的不可靠的媒介，柏拉图在最重要和最根本的问题上必然已经有所保留（前面已经详述理由），更何况，所谓的**对话录**记载的并不是真实发生的辩证交谈，而只是“**游戏**”意义上的虚构。更何况，即使是真实的、辩证的交谈，如果它一旦被书写成文，那么它也就是一个**一次性**的言谈，而不再能够表现交谈本身的活生生的无穷多的可能性，辩证家所重视的随机应变的、合适的“灵魂引导”也随之僵化了。在这

---

① 比如，柏拉图在《智者》（217c—218a）中指出，如果谈话对象已具有一定的理论基础和理解能力，比较冷静且易于引导，那么就采取较为缓慢的问答式交谈，反之则采取宣说式的独白讲授。除此之外，如果涉及极为关键或者重要的问题，那么柏拉图同样会放弃问答交谈而采取独白讲授的方法（《蒂迈欧》就是最好的例子）。这无疑是德国大学里划分讨论课（Seminar）与讲授课（Vorlesung）的精神实质。

个意义上，书写下来的言谈不过是一种“**模仿**”(《斐德若》276a)，而不具备许多充满天真烂漫情怀的柏拉图研究者所顶礼膜拜的“活生生的对话性”。试问，柏拉图的学生们(斯波斯普、色诺克拉底、亚里士多德)在和柏拉图进行真正的辩证交谈的时候，会笨到像对话录中的那些傀儡一样，被一路牵着鼻子走，不住地说“完全正确”、“正是这样”、“我完全同意”之类？！[①]我毫不怀疑，假如柏拉图真的打算在书写著作中传达他的根本学说，那么只需记录下他和学生(比如亚里士多德)的**真实的交谈**的内容，其价值都要超过现存全部对话录的总和。

综上所述，**作为书写著作的、普及流行的柏拉图对话录既没有包含柏拉图的全部学说，更没有包含他最重要和最根本的学说**。因此，我们的目光投向了柏拉图的**未成文学说**(agrapha dogmata)——这个界定并不是我们的发明，而是出自亚里士多德(《物理学》IV 2, 209 b=TP 54A)。实际上，当对话录的“根本性”和“绝对性”的神化光环消去之后，我们并没有损失什么；相反，我们获得了新的认识，新的视野，新的思路。对于所有走向柏拉图的人来说，是否接受这新的思维方式，取决于他的认识，更取决于他的勇气。在这条道路上，克雷默、盖瑟尔、雷亚利、斯勒扎克等学者的决定性的著作是迄今为止最重要的成果，也是我们继续前进的基础。

3. 柏拉图的“未成文学说”或“本原学说”

柏拉图的哲学是一个“哥伦布的鸡蛋”，要把这个鸡蛋立起来，必须把它的外壳(作为书写著作的对话录)敲破。**克雷默**就做了这样一个

① 斯勒扎克在《不平等者之间的对话——柏拉图对话录的结构与目标设定》(Gespräche unter Ungleichen. Zur Struktur und Zielsetzung der platonischen Dialoge, 载于G. Gabriel und Chr. Schildknecht编：*Literarische Formen der Philosophie*, Stuttgart 1990) 及《读柏拉图》(第20页以下)中揭示了苏格拉底之“不可战胜”的真正意义。

哥伦布。[1]自1959年以来，他和**盖瑟尔**共同开创的**图宾根学派**所引发的学术界围绕着柏拉图的"未成文学说"而展开的暴风骤雨般的争论，从根本上改变了人们对柏拉图哲学的认识。[2]

图宾根学派的"革命爆破力量"（克劳斯·奥勒尔）彻底动摇了近代自施莱尔马赫以来以对话录为绝对权威的柏拉图诠释模式，因此也遭到了旧模式阵营内保守势力的猛烈反扑甚至人身攻击。然而时至今日，"图宾根学派"从当初绝对的孤立地位发展到如今在国际上拥有广泛的支持者和捍卫者，这个概念不单是指图宾根大学的柏拉图主义者（克雷默、盖瑟尔、斯勒扎克）的立场，而是代表着国际柏拉图研究领域中的一个"范式革新"（库恩）[3]，一场广泛的思想运动。对于当代任何

---

① 诚然，克雷默并非"横空出世"。在此之前，罗班、耶格尔（Werner Jaeger）、施坦泽尔（Julius Stenzel）、贡佩茨（Heinrich Gomperz）等学者已经在一些具体问题上做出了重要的铺垫。参阅Jürgen Wippern编辑的《柏拉图的"未成文学说"问题》(*Das Problem der ungeschriebenen Lehre Platons. Beiträge zum Verständnis der platonischen Prinzipienlehre*)，"导论"，及贡佩茨写于1931年的论文《柏拉图的哲学体系》(*Platons philosophisches System*)，Darmstadt 1972，第159—166页。此外，**图宾根大学**的柏拉图研究遵循的批判的—历史文本主义传统渊源深厚，这个传统在十九世纪初由黑格尔和谢林规定，历经大卫·斯特劳斯（David Strauss）、鲍尔（Ferdinand Ch. Baur）、策勒（Eduard Zeller）、施魏格勒（Albert Schwegler）、李特尔（Constantin Ritter）、沙德瓦尔特（Wolfgang Schadewaldt）及其两位学生克雷默和盖瑟尔传承至今。

② 1959年，图宾根大学哲学系的青年教师克雷默出版了《柏拉图与亚里士多德论德性》，把亚里士多德的思想起源回溯到柏拉图在学园内部讲授的未成文学说，并将未成文学说树立为柏拉图哲学的真正内核。1963年，盖瑟尔的《柏拉图的未成文学说》在克雷默的基础上更进一步，结合柏拉图的未成文学说和对话录，通过广泛而深入的重构工作，全面地表述并阐释了柏拉图的哲学体系。这两部二十世纪柏拉图研究的里程碑著作奠定了图宾根学派的基石。

③ 雷亚利首次提出了迄今理解柏拉图的四个"范式"：1）柏拉图的嫡系学生，几乎完全偏重柏拉图在学园内部的口传学说，不重视其对话录；2）新柏拉图主义模（转下页）

柏拉图研究而言，图宾根学派的新范式都是一个基础问题、基本常识，正如伽达默尔（1983）所言："从此以后，柏拉图的未成文学说已经成为理解柏拉图哲学的显要问题和中心问题"。[①]

3.1. 柏拉图"未成文学说"的文献依据

通过迄今的论述，可以有两点确凿的结论：第一，**存在着**柏拉图的未成文学说，它们是柏拉图哲学最根本最困难的内容；第二，柏拉图既没有把它们托付给书写著作（对话录），也没有公开向群众讲授，而只是**口传给少数学生**。

可见，我们首要的线索就是柏拉图的直系学生——尤其是亚里士多德以及学园的第二、三代掌门人（斯波斯普、色诺克拉底）——所记述的柏拉图学说。其次是学园和逍遥学派两大学统的相关记述。按照这两个层次，盖瑟尔以非凡的毅力和细致，从浩瀚的古典文献中整理搜罗出大量重要的资料，辑为《柏拉图学说记述》（*Testimonia Platonica*，标准缩写为TP），成为我们目前了解柏拉图的未成文学说的主要文献依据。此外，更为完整全面的、由图宾根大学的柏拉图档案馆编辑的九卷本《柏

（接上页）式，以柏拉图的内传学说为理论基础，与对话录糅合在一起；3）近代自施莱尔马赫以来对于对话录本身的绝对崇拜，完全排斥对话录之外的任何"柏拉图的学说"；4）图宾根学派从"未成文学说"出发重构柏拉图的整个哲学体系。借助于托马斯·库恩关于"科学革命"与"范式革新"的理论，雷亚利揭示了图宾根学派的历史地位并解释了新旧范式更替中的各种必然的现象。参阅雷亚利：《柏拉图的一个新阐释》，该书的意大利文原作首版于1984年，截止到1997年已经印行20版（学术著作里面一个惊人的数字），并被译为多国文字，成为图宾根学派近年来影响最大的著作。

① Gadamer：《走向书写的途中？》（Unterwegs zur Schrift?）（1983），收录于《全集》（*Gesammelte Werke*），Tübingen 1991，第七卷，第263页。

拉图文献补遗汇评》(*Supplementum Platonicum*)[1]正在进行之中,其第一卷《斐罗德姆的学园》(*Philodems Academica*, Stuttgart 1987)已出版。

这里首先面对的问题是,将柏拉图的“未成文学说”书写下来是可能的吗?某些号称继承图宾根学派路线的人[2]在批判书写著作的时候,进而主张柏拉图的根本学说是一种神秘的内在经验,是不能书写下来、甚至不可言说的。这就将图宾根学派的理性主义精神误导向了神秘主义。实际上柏拉图强调的是书写与口传,而不是认识与语言本身之间的对立。柏拉图从未否定语言的力量,正如他从未对理性的威力产生半点怀疑,因为语言和理性本就是一对孪生姐妹——logos这个概念已经揭示出它们的同一性。语言能够表述一切(理性)认识及根本事物,反之,正如黑格尔所说的:“**不可言说的东西**……不是最杰出的、真实的东西,而是最不重要、最不真实的东西。”[3]实则好比黑与白之间有着无穷的灰阶过渡,言说和书写之间也没有客观的、绝对的界限,这个尺度掌握在哲学家对于事实及情景的认识中。大家只要仔细思考前面的论述,就可以认识到,关于那些“最严肃的事物”(参阅本文注7)的学说之所以未成文,并不是因为这些学说本身就是**不能**被书写下来的,而是因为柏拉图**不愿**把它们书写下来。对**柏拉图本人**来说,他这样做的理由

---

① 这套文献补遗汇评共包括九大卷:1.《斐罗德姆的学园》;2.《东方传统中的柏拉图生平和言论》;3.《冠名柏拉图的言论记述》;4.《柏拉图的诗作、喜剧和书信》;5.《柏拉图的生平(历史记载、杜撰和传说)》;6.《柏拉图及其学生的政治活动》;7.《亚里士多德的“外学”(exoterisch)划分法》;8.《关于柏拉图的未成文学说的报道》;9.《柏拉图学派的数学》。

② 比如瑞士学者舍菲尔(Christina Schefer),代表著作《柏拉图之不可说的体验——通往柏拉图之别径》(*Platons unsagbare Erfahrung: ein anderer Zugang zu Platon*), Basel 2001。

③ G. W. F. Hegel: *Enzyklopädie der philosophischen Wissenschaften*, I. Theorie Werkausgabe, Band 8, Frankfurt a. M. 1970,第74页。

是出于对书写著作的批判、对辩证法口传的强调、对群众的拒斥；但是对那些**记述者**而言，也许这些理由就或多或少并不存在，至少没有被强调到柏拉图的那种程度，成为阻碍书写表达的因素。也就是说，其他人将柏拉图的未成文学说书写记述下来，这并不是一个矛盾。

那么，同样是书写著作，关于柏拉图的哲学思想，对话录和学说记述孰更具优先性呢？绝大多数人不假思索地选择前者。我们选择后者。因为，第一，柏拉图本人明确表示他没有将自己最根本的学说书写在对话录中（我们前面已经足够清楚地论述了这一点）；第二，“学说记述”恰好以那些未成文的学说为内容；第三，柏拉图对待写作的态度是“游戏”，他的对话录从形式到内容都充满了各种夸张和矛盾的戏剧成分，“诗”的因素常常遮蔽“哲学”，而那些“学说记述”的作者却是心无旁骛，以直接报道柏拉图的学说为目的。综合以上因素，要理解**柏拉图**这位特定的哲学家，我们认为他的学生们的学说记述（Testimonium的原意就是“证词”）具有更优先的地位，当然同时也绝不摒弃对话录。

人们最后可能的质问是，“柏拉图学说记述”所传达的真的是柏拉图的学说吗？诚然，原则上看，任何学说在被转述的时候都是有可能被歪曲的。但这更多的是一个实质问题，因为人们不可能先行（a priori）断言一个记述是否已经被“歪曲”，倘若判断的尺度——真正的学说——自身还没有呈现出来。在这里，既然我们并不承认对话录的绝对性和根本性，那么，我们拒绝那种以对话录作为唯一尺度，将凡是不存在于对话录中，或者与对话录不符或矛盾的柏拉图学说记述一律宣布为“歪曲”，并进而否定柏拉图“未成文学说”的存在的做法。[①]不管怎样，一个基

---

① 这种做法的极端代表是美国学者切尔尼斯（Harold Cherniss），其代表著作为《早期学园：一个历史之谜及其解答》（*Die ältere Akademie. Ein historisches Rätsel und seine Lösung*, Heidelberg 1966。英文：*The Riddle of the early Academy*, Berkeley 1945, 1962）。总的说来他的意思是，柏拉图之后的两位学园掌门人一个（斯波斯普）“不懂”柏（转下页）

本的事实是，柏拉图自己明确指出他的某些学生理解了他的学说（《书简二》314a），并把他们引为他的真正学说的证人（《书简七》345b）。不难断定，亚里士多德、斯波斯普、色诺克拉底肯定属于这个圈子。也就是说，他们**有这个能力**，也比任何别的人更有资格来记载、评述柏拉图的学说。这些人，尤其是亚里士多德的报道①是值得我们信赖的。

3.2. 柏拉图“未成文学说”的基本内容

在这里，我们不可能详述柏拉图的“未成文学说”（这通常都需要一部厚重的著作），也不可能介入许多具体问题的繁复论战，因此只是介绍柏拉图的“未成文学说”的最基本的一些观点。

（1）柏拉图哲学的最高本原。

亚里士多德在《形而上学》中简要地评述柏拉图的理念学说之

（接上页）拉图，另一个（色诺克拉底）“误解”了柏拉图，至于亚里士多德，更是“有意识地歪曲”，张冠李戴把色诺克拉底的学说算到了柏拉图头上……这个目空一切的结论把我们推向一个两难选择：要么是柏拉图的那三位学生，要么是这位美国人的悟性大有问题。比较起来，无疑，我们更信任那三位古代哲学家的智商和悟性。切尔尼斯的观点一度颇为流行，但是在来自柏拉图学界和亚里士多德学界的严厉批评之下，很快失势，甚至被其从前的许多追随者抛弃。相反，图宾根学派对于早期学园的诠释却成为被普遍接受的标准，并被当代最重要的哲学史丛书“宇泊威格”（Ueberweg）所接纳。参阅克雷默为“宇泊威格哲学史”撰写的《早期学园》，载于《古代哲学史第三卷：早期学园—亚里士多德—逍遥学派》（*Die Philosophie der Antike, Bd.3: Ältere Akademie-Aristoteles-Peripatos*），Basel/Stuttgart 1983，第1—174页。

① 亚里士多德的报道是整个“柏拉图学说记述”中最重要的组成部分，它们分散在《形而上学》、《物理学》、《论灵魂》、《论宇宙》、《尼各马可伦理学》、《欧伊德谟伦理学》等著作中。此外极为重要的是亚里士多德的柏拉图授课笔记《原善》（Peri tagathou）残篇，收录于罗斯（William David Ross）编辑的《亚里士多德残篇选》（*Aristotelis. Fragmenta Selecta*），第111—119页，Oxford 1955。

后，指出："因为理念是其他事物的原因（aitia），所以他相信，理念的元素（stoicheia）也是所有存在物的元素。在此，'大和小'作为质料是本原（archas），而'一'是本质（ousia）。"（《形而上学》A, 987b=TP22A）在这段话里，如果我们知道柏拉图和亚里士多德一向将aition, stoicheion, arche等当作同义词来使用，那么相应的理解就很清楚。亚里士多德的线索告诉我们，理念并不是终极的本原，反之，"大和小"和"一"不但是所有存在物的本原，而且是理念的本原。

随后亚里士多德说道："……很明显，他仅仅使用了两个原因，即'何是'（ti esti）的原因和质料的原因。理念是其他事物之'何是'的原因，而'一'（Hen）却是理念之'何是'的原因。同样柏拉图认为，根本上的质料乃是'二'（Dyas），即'大和小'，靠着它，理念在其他事物身上体现出来，而'一'在理念身上体现出来。"（《形而上学》A, 988a=TP22A）联系上一段文字，可见柏拉图的哲学设定了**两个**最高本原："一"（auto to hen）和"二"（aoristos dyas或mega kai mikron），前者规定了理念和万物之"何所是"（即本质），而后者却是它们的质料。因为这部分学说是柏拉图未成文学说最根本的内容，所以未成文学说通常也被称为**本原学说**。

因此，至少从形式上看，柏拉图的哲学是一种**二元论**。①

亚里士多德对柏拉图的本原学说的报道得到了学园以及逍遥学派

---

① 由此引发的关于柏拉图的哲学究竟是一元论（主要代表Gaiser, J. Findlay, C. Vogel, C. Weizsäcker）还是二元论（主要代表P. Wilpert, H. Krämer, G. Reale）的争论持续至今。一般说来，持"一元论"立场者并不否认有两个本原，但同时试图将"一"的某种存在的优先性置于"二"之上。参阅该问题的最新表述：Jens Halfwassen的《柏拉图的本原学说中的一元论和二元论》（Monismus und Dualismus in Platons Prinzipienlehre），收录于Th. A. Szlezák编辑的《柏拉图式的哲学活动》（*Platonisches Philosophieren*），Hildelsheim/ Zürich/New York 2001，第67—85页。

两大传统的广泛证实。限于篇幅，我们不再引用更多证词。但需要特别强调的一点是，“一”和“二”绝不能被理解为数学意义上的东西（数目、数字）。实际上，根据内学传统的柏拉图学说记述，**“一”和“二”分别代表着绝对的规定性和绝对的无规定性**，因此这两个本原也被后人（比如亚历山大）表述为“同一”和“差异”（参阅TP 22B），后者是**多样性**的起源，因为它可大可小，可多可少，具备无穷的延展和收缩的可能性。此外，辛普里丘（Simplicius）在他的报道里援引了柏拉图的学生和朋友赫尔谟多（Hermodor）的亲口证词，指出柏拉图把“大和小”看作**物质**（参阅TP 31）。

（2）柏拉图哲学的存在等级结构（Hypostasen）。

亚里士多德报道的柏拉图：“但是除了感性事物和理念之外，他认为还有一类数学对象（ta mathematatika）存在于二者之间：它们和前者的区别在于，它们是永恒的和不动的，而它们和后者的区别在于，存在着多个的同样一个数学对象，而每个理念却只有唯一的一个。”（《形而上学》A, 987b=TP22A）除此之外，亚里士多德还谈道：“当‘大和小’分有‘一’，就产生出数，产生出理念。”（同上）据此，在柏拉图那里就存在着这样一个自上而下的存在等级结构：**“本原”—“数”—“理念”—“数学对象”—“感性事物”**。从形式上看，我们对于这种存在的等级结构并不陌生，因为柏罗丁的哲学体系已经给予了我们类似的模式（“太一”—“精神”—“理念”—“灵魂”+“物质”—“可感知事物”）。而对那些固守对话录的人来说，柏拉图的这个存在的等级结构简直就是陌生的、不可理喻的。但事实上，这个结构得到了柏拉图的其他学生的证实。[①]

按照这个结构，不但最高的本原，而且数也凌驾于理念之上，因为数是两个本原结合最初的产物。此外，因为存在着多个理念，所以理念

① 参阅Reale：《柏拉图的一个新阐释》，第53—59页。

本身还处于“多”（数目）的规定之下：一个理念对应于“1”，两个理念对应于“2”，三个理念对应于“3”，如此以至无穷……也就是说，理念的秩序遵从数的秩序，每一个数规定一个理念，正因为如此，理念的地位和秩序才获得了理性可以把握的清晰和确定性。[①]

至于居于理念和感性事物之间的“数学对象”，正是算术和几何学的研究对象。比如“三角形”，不同于三角形状的感性事物，它的各种性质是“永恒的”，“不动的”，但“三角形”本身不是理念，因为对于任何一个三角形而言，都存在着无穷多的与它全等的三角形，而每一类理念却只能有唯一的一个。

（3）柏拉图哲学的回溯之路。

这条道路是柏拉图的“探寻本原”之路。也就是说，柏拉图如何从感性事物出发，最终达到对最高本原的认识。在这里，他采用的是分析的方法，通过对感性事物的分析，认识到感性事物的本原在于超感性的事物中。不同于原子论者，柏拉图在精神的领域内寻找感性事物的本原，并因此建立了理念学说。——人们在对话录里面很容易找到这些内容，旧模式的柏拉图研究者通常也止步于此。

然而现存的柏拉图授课笔记《论善》及学生们的报道表明，理念学说仅仅是本原学说的初级阶段。柏拉图在学园内部的口传学说中在更高层次上探寻理念的本原。最初浮现的问题是“理念之间的关系”（koinonia ton genon），如果说在此之前需要解释感性事物的多样性，那么现在要解释的是**理念的多样性**及其起源。在前面一小节中我们已经指出，柏拉图通过理念的“数的规定性”达到这样的认识：数是比理念更高的本原。

柏拉图在此所用的方法是他独创的“共存法”（synanaireisthai）。

---

① 柏拉图在书写著作中对“数”的地位仅仅给出了一个隐喻：介于万物的理念和太阳（至高的善）之间的“群星”。参阅《政制》516a以下，以及532a。

它的含义是，如果B只有通过A才能存在（即如果A不存在则B也不可能存在），而A没有B也能够存在，那么可以说A“先于”（protera）B，而B“后于”（hystera）A，A就是B在更高层次上的本原（参阅亚里士多德《形而上学》D, 1018b=TP 33A）。对此著名的例子是“原点—直线—平面—立体”，前者分别作为后者的本原。同样，“种—属—类”之间的关系也是如此。

按照这个方法，柏拉图并没有停留在数上面，而是从数出发回溯到“一”和“二”这两个最高本原。特欧弗拉斯托，柏拉图和亚里士多德的学生，逍遥学派的第二代掌门人，在他自己的《形而上学》里尤其清楚地写道：“柏拉图……把其他事物追溯到理念，把理念追溯到数，又从数出发追溯到本原。”（《形而上学》6b=TP30）至于柏拉图为什么设立了两个最高本原而不是索性回溯到一个绝对的“一”，从后面的论述可以看出，乃是因为绝对的“一”自身不能给出“多”的起源。

（4）柏拉图哲学的派生之路。

这条道路的方向正好与前面的回溯之路相反，从最高本原出发，逐级往下推导出数、理念、数学对象、感性事物。据亚里士多德报道：“……柏拉图正确地提出并研究了这样的问题，即从本原出发或走向本原的道路……”（《尼各马可伦理学》I, 1095a—b=TP10）“从本原出发的道路”实际上就是柏拉图的宇宙生成学说，在这个意义上，贡佩茨认为“柏拉图的哲学体系”本质上是一个“**演绎系统**”（Ableitungsystem）。

本原首先派生出数。我们看到，这里的关键是“二”。如前所述，这个“二”并不是数学上的“2”，而是一种绝对的无规定性，游移于无穷的“大—小”之间，可以任意分割，为“多”、“量”的产生提供了最初的可能性。相反，“一”则是绝对不可分的单元，纯粹的规定性。根据亚历山大（TP 22B）、辛普里丘（TP 23B）和塞克斯都·恩培里克（TP32）的柏拉图学说记述，通过“一”和“二”的结合（或者说通过“一”对“二”的规定），产生的第一个数是“2”，并且，“通过同样的方式，即‘一’不断地做出限定而‘二’不断地产生出两个数，所有其他的数都从这两个本原那里产生出来，直至无穷多。”（恩培里柯《反数学家》X277 =TP 32）在此我们提请注意，“1”并不是第一个数，甚至不是数；另一方面，每一个数都是唯一的一个，都是“1”，体现着“一”的规定性。

正如亚里士多德所言，柏拉图始终使用两个本原，“一”作为本质因（或形式因），“二”作为质料因。可以说，“通过同样的方式”，也产生出多个的理念和“数学对象”。比如在几何学里，直线的产生是出于“点”和“长—短”的结合，平面的产生是“点”和“宽—窄”的结合，立体的产生是“点”和“高—低”的结合。随着数—理念—数学对象（尤其是几何空间）的等级结构的确立，本原的派生活动不断地更加物质化、物体化，直到整个物理世界、感性世界、现象世界的产生。

出于相关报道的残缺，我们不可能毫无空白地了解这个“演绎系统”的许多细节。可以说，柏拉图未成文学说的这部分内容的重构工作乃是最为艰辛的任务。另一方面，《蒂迈欧》对我们来说具有特别重要的地位，一来因为它显著的“传授”而非“对话”的形式，二来因为它的主题内容正好是柏拉图的宇宙生成学说。但是我们应该看到，柏拉图在那里仍然对更高层次的本原学说保持了沉默：“**此刻**，我们不去谈论**真正的本原**或万物的本原（不管人们此外如何称呼它们），唯一的原因是，如果采用现在的表述方式来演绎我的学说，将会产生巨大的困难。”（48c）柏拉图明确宣称，他在这里保留了“最终的话语”（48d）。事实上，我们看到，尽管《蒂迈欧》从两个原则（“宇宙理性”和“地风水火”）出发讨论了宇宙的生成（29d—47d），但这两个原则——如柏拉图所言——都不是“真正的本原”，而只不过是在文本中扮演了“本原”的角色，以作为当下的讨论的出发点。因此，只有从真正的最高本原“一”和“二”出发，并通过数的谱系和结构，才能揭示出《蒂迈欧》的宇宙生成学说的背景和基础。迄今为止，盖瑟尔的巨著《柏拉图的未成文学说》在这个领域内得出的成果对于我们仍然具有决定性的指导作用

（参阅该书第41—201页）。

（5）柏拉图的哲学体系。

作为“演绎系统”的柏拉图的哲学体系不仅是一种本体论，而且是一个将认识论和伦理学（政治学）整合起来的有机总体。因此，柏拉图在学园内讲授其哲学体系的时候，使用的题目既不是《论“本原”》也不是《论“一”》，而是《**论“善”**》。

阿里斯托克塞诺报道：“如亚里士多德所一再叙述的，……柏拉图的讲授课《论“善”》讲授的是数学、数、几何学和天文学，最后的结论则是：‘善’是‘一’……”（《和谐的本原》II39—40=TP7）而亚里士多德亲自的证词是：“他进而将这两个本原［‘一’和‘二’］规定为善和恶的起源。”（《形而上学》A, 988a=TP 22A）更确切地说：“那些设定了不动的本质存在［即理念］的人说，自在之一（auto to hen）是自在之善（auto to agathon），因此他们认为，最确切地说来，善的本质就是一。”（《形而上学》N, 1091b=TP51）

同样，尽管《政制》也谈到了至高的“善”，但是并没有将它界定为至高的“一”。相反，柏拉图故意中断了对这个问题的讨论：“**此刻**，我们不去谈论善的**真正的本质**。因为我觉得，对于我们目前的进程来说，即使要理解我前面对问题的看法，都已经要求了太多的东西。”（《政制》506d—e）

从柏拉图的本原学说出发，“演绎系统”之认识论的意义在于，通过“一”对“无规定的二”的规定、界定、排序和同一，在不同的层次上产生出不同的存在者，而伴着这些存在者产生的“统一性”、“界限”、“秩序”等正是认识的基础。事物的可认识性和真理依赖于两个本原的共同作用，从本原的认识过渡到产生物的认识，如扬布里柯所报道的：“在更高的层次上，人们总是先认识先行的东西，然后认识后继的东西，先认识本性更好的东西，然后认识本性更坏的东西。”（《劝导书》=TP34）同样，人们总是先认识点（数），然后认识直线，然后认识平面，然后认识立体……

此外，伴着“秩序”和“稳定”，“一”也产生出**价值**（Aretas），因为凡是合乎秩序的、和谐的、恒定的东西，都是善的和美的（参阅亚里士多德在《欧伊德谟伦理学》I, 1218a中的论述）。同理，秩序、和谐、恒定的反面，任何“无规定的二”占主导地位的地方，也就是恶，比如“过度—不及”。而“一”的本质，善，恰好在于“**持中**”。克雷默在其开山之作《柏拉图与亚里士多德论德性》（1959）中，立足于本原学说，从本体论、认识论、伦理学（政治学）三个方面深刻地阐释了柏拉图的哲学体系。

3.3. 柏拉图的“未成文学说”的意义

柏拉图的未成文学说的意义，或者说图宾根学派的基本纲领，被克雷默大致归结为以下四点：

1. 重新揭示并更好地理解柏拉图的书写著作；
2. 将柏拉图哲学的视野范围扩大到书写著作之外；
3. 更高程度上的柏拉图哲学的统一性；
4. 以一种新的、更合乎事实的方式将柏拉图哲学整合进古希腊哲学史中。①

在此，我们只给出几个简要的解释。

自施莱尔马赫以来，绝大多数学者的柏拉图研究的出发点和归宿（terminus a quo et terminus ad quem）都是对话录，对话录是他们的绝对权威。相反，柏拉图的未成文学说揭示出了柏拉图更深层次的哲学活

① Krämer：《柏拉图的间接文献的根本问题》（Die grundsätzlichen Fragen der indirekten Platonüberlieferung），第150页。载于Gadamer和Schadewaldt编辑的《理念和数》（*Idee und Zahl. Studien zur platonischen Philosophie,* von H.-G. Gadamer, K. Gaiser, H. Gundert, H. J. Krämer, H. Kuhn），Heidelberg 1968，第106—150页。

动(学园里的内传口授),也揭示出了对话录的真正本质:作为辩证交谈的“模仿”,发挥导论、训练、铺垫、指引的作用。它们面向的是相对较为广泛、对哲学有一定兴趣但哲学基础还较为薄弱的受众圈子,使他们逐步接近学园里的内传学说。对话录并不包含柏拉图最根本、最重要的学说,而是通过各种不同的方式(沉默、中断、暗示)指向它们。①要真正理解对话录,必须得到柏拉图(或柏拉图的未成文学说)的“帮助”。斯勒扎克在其经典著作《柏拉图与哲学的书写性》中通过对柏拉图对话录的形式和内容的深入分析,认识到:“柏拉图从一开始就把他的哲学著作看作非独立的著作,作为在被完全理解后必须被扬弃的著作。哲学家的著作必须在论证之外拥有对这些论证的最终捍卫。”(第328页)因此,“对话录自身迫使我们严肃地接纳柏拉图的间接文献”(第330页)。在他的另一部广为流传的著作《读柏拉图》②里,斯勒扎克细致地引导读者如何以新的目光来阅读和理解柏拉图的对话录。

因为柏拉图并没有撰写一部类似“哲学纲要”的东西,所以旧模式的柏拉图研究者最经常的做法就是各自割据一些对话录,从中提炼出支离破碎的,要么互不相关、要么互相矛盾的学说。而如今,通过柏拉图的未成文学说与对话录的结合,柏拉图的哲学首次呈现出一种更高的统一性。未成文学说不但给出了最高本原,而且给出了这个演绎系统的存在等级结构和谱系。因此,对于这个整体来说,未成文学说并不是在通常意义上对对话录的“补充”、“充实”,而是对话录的内核和本

---

① Krämer:《柏拉图的学园和系统诠释柏拉图哲学的问题》(Die Platonische Akademie und das Problem einer systematischen Interpretation der Philosophie Platons)第74页列举了对话录里的多处例子,比如《普罗塔戈拉》357b;《政制》566d以下,509c;《斐德若》246a,274a;《智者》254c;《政治家》262c,263b,284d;《蒂迈欧》28c,48c,53d。载于《康德研究》(*Kant Studien*),Bd. 55,1964,第69—101页。

② 见本书第169页注释1。

原，如盖瑟尔所言："只有当我们清楚地意识到，柏拉图的对话录在细节上和整体上都指向一个更深的根基，一个在书写著作中从未公开展示出来、但却始终被设定的根基，我们才能理解对话录的整个意义。"[①]也只有按着这个方向，我们才能理解柏拉图哲学的整个哲学体系。

另一方面，自十九世纪中叶以来，反形而上学、反体系思潮和不可知论在西方思想界占据了统治地位，加上甚嚣一时的生命哲学和存在主义，使得学者们对于"**体系**"以及类似的字眼噤若寒蝉、讳莫如深。人们不但否认了柏拉图（及其他古代哲学家）的哲学体系的存在或价值，更宣称柏拉图有意识地放弃了体系，甚至扬言柏拉图对"形而上学"、"真理"等根本就没有兴趣，而只是为了在不断的"问题"和"矛盾"中揭露人的"生存处境"。在这里，对话录中的戏谑、缺陷和矛盾被他们肆意发挥，人们看到的是存在主义、荒诞派的诗人和剧作家，唯独不见真正的"严肃的哲学家"的影子！出于自己的世界观和哲学榜样，我们坚定地拒绝经验主义、反体系思维、不可知论、非理性主义、存在主义，也拒绝那些立足于该类论调的"柏拉图诠释"。因为在这里呈现的是道路的分野而不是具体问题的分歧，所以我们对那些论调不再多加评论。

最后，柏拉图的未成文学说不但使我们认识到一个完整的柏拉图，而且给予我们新的眼光和角度，来认识整个古希腊哲学的发展史。未成文学说揭示出，苏格拉底的"人文转向"对柏拉图的影响并不像迄今人们所设想的那样深重，相反，自然哲学（本原学说）传统毫无欠缺地在柏拉图那里得到了继承和发展，柏拉图在首要意义上显现为一位"本原哲学家"。[②]然而更重要的还是柏拉图的未成文学说（本原学说）

---

① Gaiser：《作为哲学作家的柏拉图》，第13页。该手稿现收藏于图宾根大学哲学系图书馆。

② 这是沙德瓦尔特一再强调的观点，柏拉图从其最初的哲学思考开始（转下页）

对亚里士多德以及整个柏拉图主义的影响。克雷默在《柏拉图与亚里士多德论德性》中已经证明，亚里士多德的伦理学核心概念“中庸”（mesotes）正是来源于柏拉图的本原学说，即“一”对“二”（两个不确定的极端）的规定。（第244—289页）克雷默也揭示出，甚至亚里士多德的“第一哲学”结构也可以归结到柏拉图的本原学说的存在等级结构。[①]这些成果几乎得到了整个亚里士多德学界的承认，并被应用在亚里士多德的哲学体系的各个方面。除此之外，克雷默在其另一部奠基性著作《精神形而上学的起源》[②]里梳理了古代柏拉图主义的传统，证明，在柏拉图和柏罗丁之间，并不存在一个断层（通常这是人们以柏拉图的对话录为准绳得出的结论），后者既非柏拉图哲学的“歪曲”也非“突破”，而是直接扎根于学园内部的柏拉图的未成文学说，是它的自然延续和发展（比如“太一”、“流溢”、“物质”、“存在的等级结构”、“向上向下的两条道路”等关键问题）。所有这些，都改写了人们迄今对于古希腊哲学史的通常认识。假如人们更进一步，按着本原学说的线索来梳理新柏拉图主义对中世纪哲学（奥古斯丁、库萨的尼古拉）、文艺复兴（费西诺、布鲁诺）、近代理性主义（斯宾诺莎、莱布尼茨）直至德国古典哲学的顶峰（谢林、黑格尔、叔本华）的影响，那么可以毫不夸张地说，我

（接上页）就置身于苏格拉底之前的本原学说传统之中：“柏拉图并非直到后期才重新引入宇宙论，而是自始至终处于该传统之中……当柏拉图在《蒂迈欧》里讨论宇宙论的时候，这并不是一种后续的增补，而是属于柏拉图从一开始就置身其中的线索。” Schadewaldt：“图宾根讲授录第一卷”《哲学于希腊开端》（*Die Anfänge der Philosophie bei den Griechen. Die Vorsokratiker und ihre Voraussetzungen*），Frankfurt a. M. 1978，第17页。

① Krämer：《亚里士多德的形而上学的历史地位》（Zur geschichtlichen Stelung der aristotelischen Metaphysik），载于《康德研究》（*Kant Studien*），Bd. 57，1966，第313—354页。

② Krämer：《精神形而上学的起源》（*Der Ursprung der Geistmetaphysik. Untersuchungen zur Geschichte des Platonismus zwischen Platon und Plotin*），Amsterdam 1964。

们对于整个西方哲学史都将获得一种新颖的、深入的认识。

4. 一个例证：柏拉图的未成文学说与康德和谢林

走向本原的道路和从本原出发的道路构成了西方哲学的基本思维模式，在它身上最好地体现出了"一"与"多"、本质与现象之间互动的辩证法。即使是在那些并不以建立"本原学说"为主要任务的哲学体系里，也深深地打上了这种思维模式的烙印。即以康德为例，他已经清楚地看到了理性具有这样一条原理："如果有条件者被给予了，那么条件的整个总和以及那个彻底的无条件者也就被给予了，因为有条件者只有通过无条件者才是可能的。"（《纯粹理性批判》，A409）因此无条件者——本原——就是宇宙论理念必然指向的对象。在宇宙论里，康德认为只有走向无条件者的道路即所谓的"回溯"（regresiv, in antecedentia）才是理性的专职工作，而方向反过来的"导进"（progresiv, in consequentia）却是一个"随意的"、对纯粹理性来说非本质的问题。（A411）这表明"纯粹理性"在这里还受着相当的限制。但是到了《纯粹理性批判》的"先验辩证论的附录"（整部著作从这里开始逐渐肯定理性的正面意义），康德不但指出所有哲学家的基本原理中都隐含着一个"先验前提"（A651），尽管有些哲学家自己还没有意识到或者不愿意承认它——就是说，具体事物的杂多本身就导向更高的统一性，从较低的种到属再到更高的类，等等，而且是尽可能地回溯到唯一的（或极少数的）本原，就像奥康的威廉所说的归同法则：除了必要的之外不要增加本质（entia praeter necesitatem non esse multiplicanda）。而且另一方面，康德如今承认，存在着一条与上述原则相反方向的原则，它从最高的统一性出发，"下降到杂多"（A655），目的在于尽量避免对于现象的简单化把握，从而尽可能地揭示出各个层次的统一性，"不停地分割自然，直到这样杂多的地步，以至于人们几乎要放弃按照一般原则来判断现象的希望。"(同上)这就是分异法则:不要盲目地减少存在的多样性(entium varietates non temere esse minuendas)。按照康德的表述:"归同法则把我引到这个最高点[即本原],而分异法则则把我引到所有较低的事物以及它们的最大的多样性。"(A659)

可见,康德虽然从来没有提到柏拉图的"走向本原的道路和从本原出发的道路",或者他可能还根本不熟悉这个渊源,但他的思维模式明显是柏拉图式的。也正因为看到了这一点,所以叔本华在其博士论文《充足理由律的四重根》(1814)的一开头就宣称:"神一般的柏拉图和令人惊叹的康德以一致的强调声音向所有的哲学思考(或者说所有的知识)推荐了一个方法规则。他们说,应该同等地使用**归同法则**和**分异法则**,而不是偏重一方而忽视另一方。"[①]需要指出的是,康德不仅提到了归同法则和分异法则,而且还提出了必然与之相关的第三个法则即**延续法则**,亦称为"所有概念的**亲和**法则",它"保障了任何一个种属通过不同层次的差异性增长持续地过渡到任何一个别的种属。"(A657—658)在一定意义上,甚至可以说这个法则是更为重要的,因为它才使得归同和分异成为可能。康德超出柏拉图的地方在于,后者尚且没有意识到理性的这个先验的延续法则,对他来说辩证法自身就能够让哲学家向两个方向前进,不管是向着归同(synagoge)—综合(synthesis)还是向着分异(diairesis)—分析(analysis)。[②]而对康德来说,只有以那个先验的延续法则为基础,判断力才可以在一般和特殊之间建立确定的关系。此外我们还可以看到,尽管康德没有接受柏拉图的那种辩证法,但他的判断力却起着柏拉图的辩证法所起的作用。《判断力批判》最清楚地证明了这一点。因为在《纯粹理性批判》里,判断力还只是被赋予

---

① Schopenhauer:《全集》,第三卷,第11页。

② Gaiser:《柏拉图的辩证法:过去与今天》(Platons Dialektik. Damals und heute),载于*Gesammelte Schriften*, Berlin: Akademie Verlag, 2004,第196页。

单方面的功能（从一般到特殊，从本原出发）："判断力就是把事物**归摄**到规则之下的能力。"（A132）反过来如何能够从特殊上升到一般呢？《纯粹理性批判》没有做出清楚的回答。但到了《判断力批判》，这就发生了巨大的变化。尽管康德还是认为："判断力是这样一种能力，把特殊的东西思考为归摄在一般的东西下面。"[①]但是如今康德赋予了判断力更多的功能，即反过来从特殊具体的事物出发，达到一个一般的东西（规则、法则、原则等）。这样康德区分了两种判断力，从一般到特殊（从本原出发）的"规定的判断力"（bestimmende Urteilskraft）和从特殊到一般（走向本原）的"反思的判断力"（reflektierende Urteilskraft）[②]，后者才是《判断力批判》所关注的主题，它让我们在"合目的性"（Zweckmäßigkeit）的形式下观察现象，而"目的"就是本原。当我们在主体中考察这个合目的性时，反思的判断力表现为"审美判断力"，而当我们在自然（作为现象的总体）中考察合目的性时，它就表现为"目的论判断力"——这是《判断力批判》的两大板块。这种思维方式对于费希特、谢林和黑格尔有着直接的影响。很多人对康德的"反思的判断力"的合法性提出质疑，因为在他们看来这样从特殊得出一般的做法是不允许的。诚然，如果把康德的"反思的判断力"理解为一种普通的"归纳"活动，那么我们会同意那种反对意见。问题在于并不是这样。反思的判断力不是凭空**产生出**一般，而是去**发现**已经存在的一般（原则），当然能运用反思判断力的还只是少数人（所谓的"天才"），正如柏拉图的辩证法也只是被少数真正的哲学家所掌握。结合前面的内容，我们可以说规定的判断力在于运用分异法则，而反思的判断力在于运用归同法则——当然后者只有通过《判断力批判》才得到真正的说明。

与康德不同的是，谢林一生都在研究柏拉图，从他大学时期的《〈蒂

① *Kants Werke*. Akademietextausgabe, Band V, Berlin: de Gruyter, 1968，第179页。

② 同上。

迈欧〉读书笔记》到晚年临终前的各种手稿都证明了这一事实。谢林在1847—1852年间写下的《神话哲学之哲学导论》可以看作是一部《柏拉图—亚里士多德哲学导论》，在里面几乎没有提到任何“神话”，而是对柏拉图和亚里士多德的哲学进行了深入的探讨。其中谢林说道：“对于奉献给哲学的一生来说，最美好的历程是，和柏拉图一起开始，和亚里士多德一起结束。”（XI, 380）可以说，谢林的整个哲学生涯都在不断地受到柏拉图的启发，尽管并不总是同样的启发。一个值得注意的现象是，费希特和谢林在不断发展自己的思想的时候，因为对书写表达方式的不满而竟至于放弃了发表著作，而只是在课堂里口授自己的哲学，以期在活生生的口头交流中把握思想的真谛。[①]谢林为了让学生专注于自己的口述甚至禁止学生记笔记。这些都让我们想起柏拉图将自己的最高哲学胜义保留在学园内部进行口头传授的做法。

如果我们通观一下谢林的著作和手稿，会发现两个值得注意的事实：第一，柏拉图的名字在谢林的前期哲学里只是偶尔出现，而在其后期哲学中则是频频露面，是谢林最经常提到的哲学家之一（此外还有康德和斯宾诺莎）；第二，如果说谢林在早期对于柏拉图的理解与通常的柏拉图研究并无大的区别，那么他后来对于柏拉图的诠释，包括他本人的后期哲学，都带着鲜明的、公开的“**二元本原论**”和“**走向本原和从本原出发的二重道路**”的特点——也就是说，谢林的后期哲学不但早于二十世纪中期崛起的图宾根柏拉图学派一百多年就触及了柏拉图的口传的未成文学说的内容，而且其本身就给出了这种学说的一个高度进化的范例。

简言之，如果我们暂时撇开《蒂迈欧》对谢林的自然哲学的影响不论，那么柏拉图的哲学对于谢林的前期哲学来说只具有一种正常的、普

① 比如费希特在《现时代的根本特点》（1804）中说道：“口头传授相对于通过僵死的字母书写下来的东西有着无穷的优点。古人之所以发明书写著作，只是作为替代品以方便那些不能亲自接受口头传授的人。”（《费希特全集》第七卷，第89—90页）

通的意义，即一般地指向一个最高的本原。这时谢林对于柏拉图的理解和其他哲学家并没有什么不同。在《政制》的第六卷结尾处（510b—511e），柏拉图指出哲学和数学都是从某种“前提”（hypothesis）出发的，只不过数学把这些前提当作确凿稳固的基础（所谓的“公理”），然后展开自己的演绎，而对哲学来说，前提就只是一个权宜的出发点而已，它和数学反其道而行之，要去寻找那个使得前提成立的东西。如此哲学不断找到“更高的”前提，直到一个本身不再需要任何前提的东西，一个“无前提者”（to anypotheton, 511b）——这个概念与德国古典哲学所说的“无条件者”（das Unbedingte）无论从字面意思还是哲学意义来说都是同一个东西。众所周知，柏拉图在《政制》里所说的这个“无前提者”就是“善的理念”。这个概念与巴门尼德的“存在”、赫拉克利特的“逻各斯”、阿那克萨戈拉的“理性”以及亚里士多德的“神（上帝）”结合起来，对于西方后来的哲学和神学具有一般的支配性意义——不管后来的哲学家如何赋予自己的第一原则以不同的名称，不管神学家（经院哲学家）如何界定他们所理解的“上帝”，他们所指的都是这样一个最高本原。准此而言，在笛卡尔、斯宾诺莎、莱布尼茨重新从理性的高度确立了“上帝”的本原地位之后，康德的纯粹理性批判和对于“上帝存在”的证明的驳斥就是对于柏拉图—亚里士多德传统的本原学说的一大冲击。但我们需要在此把握的关键是（只有这样才能不至于堕入肤浅的经验论和不可知论），康德完全承认“上帝”、“无条件者”等在概念意义上的存在（Sein），但是认为它们的实在（Existenz）不能被我们经验、被我们感知罢了（这暴露出康德哲学的某种肤浅的经验主义倾向），所以他别出心裁地把它们称作“理念”，在概念和实在之间划出一道森然鸿沟，这样一来，“上帝”或“无条件者”对他来说就失去了传统哲学的那种“本原”的意义。尽管康德后来又从后门引进了“实践理性”、“上帝”、“自由”、“灵魂不朽”这些名目（他本来就完完全全需要这些东西，一个都不能少），把从前貌似已经驳倒的东西又重新一一扶立起来，但他的整个哲学还是不可避免地打上了“缺乏本原”的烙印，说得不好听点，就是“无根基”的哲学。对此青年谢林在1795年给黑格尔的一封信里说得很清楚：“康德给出了结果，但缺乏的是**前提**。但是没有前提谁又能够理解结果呢？”（Materialien, 19）

关于费希特发现的，并被谢林刚开始所接受的那个前提或本原——自我，这里不去讨论。只需提出的是，他们坚持的是唯一的**一个**本原，正如“一元论”这个概念所表述的。在后来费希特和谢林的争论中，有时他们也会指责对方为“二元论”，但他们的意思并不是认为对方设定了**两个**本原，而是都认为对方没有将一个本原的思想贯彻到底，所以留下了一些没有解释清楚的分裂。就谢林而言，不管他是使用“绝对自我”、“自然”、“绝对精神”、“绝对同一”、“大全”还是“上帝”等等概念，他所思想的都是那一个本原，这是没有疑问的。作为本原，最高原则，它是一切问题的根本答案。

现在我们再回忆一下，恰好柏拉图的本原学说并不是一元论，而是主张两个平行的本原：“一”和“二”（“大—和—小”），当我们带着这种新的认识去阅读柏拉图对话录的时候，还是能发现许多意味深长的启发和暗示的。即以《巴门尼德》这篇对话录来说，该文的后半部分（137c—116c）关于“一”和“多”的界说直到如今对于许多学者来说都还是谜一般的天书，而在图宾根学派新范式看来，这部分内容其实表现了柏拉图对于巴门尼德的绝对一元论以及留基波—德谟克利特的绝对多元论的拒斥。因为柏拉图首先表明，“如果绝对地（也即孤立地）”看待“一”或者“多”或者只承认其中一方，那么对于它们自身都不可能得出任何正面的陈述，而只能是一系列的否定（137c—142a, 159b—160b），因此在“一”之外必然存在着某种“他者”，即“多”，反之亦然；其次柏拉图也表明了，一方面，单纯的“一”不能解释这个世界的多样性，另一方面，主张绝对杂多的原子论又不能解释世界的统一性，甚至不能解释每一个原子之作为“一个”（157d—e）。而在绝对一元论和绝对多元论之间保持一个中道，就是二元论。二元论承认世界有两个不同的、彼此独立的本原，并用这两个本原来解释整个世界和现实，指出在任何地方都存在着一个“对立统一”的结构（一与多、存在与非存在、规定与被规定、形式与质料等）。在柏拉图的后期对话录里，这种“对立统一”的结构在不同的范畴下是如此频繁地出现，以至于人们几乎忘掉了理念学说的存在。和后来的很多哲学家一样，柏拉图也不总是坚持用一种名称来称呼其最高本原，“一”和“二”只是一种称呼而已（当然也是最主要的称呼）；可以肯定的是，当柏拉图讨论“存在—非存在”、“自同—差别”、“相等—不相等”、“界限—无界限”、“秩序—无秩序”等范畴的时候，他所思考的正是那两个本原的不同表现。我们就以“非存在”这个概念为例。柏拉图在《巴门尼德》里面已经——违背真实的巴门尼德的观点——指出，“非存在”（me on）并不是虚无，而不过是一种“不同于存在”的东西，是存在的“他者”（heteron, 160c）。就其自身而言，“me on”同样真实地存在。到了《智者》，这些思想就得到了更清楚的表述，因为柏拉图在这里（237b—268d）驳斥了自己的精神父亲巴门尼德，所谓的“弑父”（241d，其实《巴门尼德》就已经实施了此事），证明了“非存在存在”（me on einai, 237a, 240c）。关键在于，清楚区分“非存在”中的那个否定词“非”的含义，它可以意味着矛盾，也可以意味着一种差异。第一种意义下的（也是巴门尼德所理解的）“非存在”就是虚无，但柏拉图令人信服地指出，这种“非存在”不仅是不能认识的，而且根本就是“不能思想”（adianoeton）、“不能描述”（arreton）、“不能言说”（aphthenkton）、“不能理解”（alogon）的东西（238c），甚至于我们既不能用单数（me on）也不能用复数（me onta）的形式来称呼“非存在”——这和前面说到的《巴门尼德》里的无限否定是一样的。因此柏拉图主张第二种理解：非存在不是虚无，而是一种有着特定属性的存在，它的本质在于“他者”或“不同”，它使得任何与“存在自身”不同的东西都是“非存在”（ouk on, 256e）；另一方面，甚至是“存在自身”，就它**不同**于其他事物而言，也是“非存在”(ouk estin, 241d, 257a)！简言之，柏拉图把“非存在”从虚无的理解中解救出来，把它看作一种有着积极属性的存在者，而当他把那个作为本原的“一”与“存在”等同起来的时候，“非存在”自然而然地就担当了那个第二本原的角色。

谢林在1806年的《自然哲学导论箴言》结尾处提到了柏拉图的《智者》，并以着重号的方式标记出了“非存在”(tou me ontos)与“存在”(tou ontos)的区分(VII, 197)。这段时间是整个谢林哲学的微妙的转型期，此前的本原学说已经不能令他完全满意。虽然还是在“同一哲学”的形式之下，对于现象的把握还是坚定地追溯到“上帝”或“绝对同一”这个最高本原，但另一方面，“从本原出发的道路”对谢林来说越来越成为一个问题。用谢林自己的话来说，解释“有限事物从绝对那里的起源以及它们与绝对的关系”(VI, 17, 28)是哲学和宗教共同面对的总问题，差别只是在于哲学还保持着“在纯净中”的真理，而宗教因为混进了很多异质的东西而变得不纯(VI, 16)。对谢林来说，这同样不是新问题，尤其是在同一哲学时期，他基本上和斯宾诺莎的看法一致，即认为有限事物之所以“有限”是因为它们身上有着限制(Einschränkung)，但本质上仍然是和上帝同一的。至于“限制”又是从何而来，斯宾诺莎没有做出说明(这表明他那里也是只有“走向本原的道路”而缺乏“从本原出发的道路”)，而谢林前进了一步，他希望表明有限事物不是因为静态的不问始终的“限制”，而是因为它们自身的行为，因为它们的“自由”而造成了现在的局面：它们摆脱了和谐的关系和自己应有的地位，因此从“无限”的层面过渡到了“有限”的层面，这就是所谓的“堕落”(Abfall)。这是1804年的《哲学与宗教》的主题。然而问题并未完全解决，因为有限事物最初如何能够拥有那种自由呢？赋予它们自由的是上帝还是另外的什么本原？这个问题不仅导致了《论人类自由的本质》(1809)的产生，而且为谢林的后期哲学给出了一个鲜明的标志，那就是从一元论过渡到现在的二元本原论。当然，谢林并不承认自己是"二元论"，德国古典哲学的思辨高度不允许他再退回到柏拉图的层次，把两个本原简单当作"被给予的"接受下来。实际上谢林从来没有把"二元"当作彼此绝对独立的东西，而是竭尽全力要把握住它们的"对立统一"的关系。

在前期哲学的《哲学与宗教》(1804)里，谢林还在拒斥这样一种看法，即认为柏拉图主张"在神性下面设置一种无规则和无秩序的物质"(VI, 36)，认为这种说法玷污了柏拉图的名字，与此同时他还在表扬新柏拉图主义者，因为他们把"物质"(Materie)解释为"虚无，不存在的东西，ouk on"(VI, 37)。但是，事实上，柏拉图确实是把他的第二本原看作"物质"的。辛普里丘在《亚里士多德〈物理学〉注释》中告诉我们："正如亚里士多德在许多地方都提到的，柏拉图把物质(hyle)称作'大—和—小'，那么人们还必须知道，根据波菲里奥的报道，德尔基里德斯在他的《柏拉图的哲学》第十一卷里讨论物质的时候，引用了柏拉图的学生赫尔谟多关于柏拉图的著述中的一句原话，以便表明，柏拉图所理解的物质就是'无规范'或'不确定'(apeiron)，因此，在那些具备多和少的属性的事物那里(大和小也属于此类)，都包含着物质。"(TP31)亚里士多德本人在《物理学》(D2, 209b)里也指出柏拉图在其"未成文学说"里把"空间"(chora)、"物质"、"大和小"当作一回事(TP54A)。这些都证明柏拉图的第二本原就是物质。[①]至于柏拉图和新柏拉图主义者把物质称作"me on"或者"ouk on"，正如我们在前面已经指出的，不是把它看作不存在的虚无，而是一种有着确定属性的存在。因此，可以说这个时候的谢林还没有正确理解柏拉图和新柏拉图主义者的本原学说。

然而，当谢林逐渐转向二元论之后，他就完全纠正了自己过去对于

① 关于柏拉图和亚里士多德的物质学说及其之间的关系参阅图宾根哲学家海因茨·哈普(Heinz Happ)的巨著《物质——亚里士多德"物质"概念研究》(*Hyle. Studien zum aristotelischen Materie-Begriff*)，Berlin 1973。

"物质"、"非存在"等概念的看法。在《论人类自由的本质》(1809)里，谢林提出了一个著名的区分："存在着的本质，以及单纯作为存在的根据的本质"(VII, 357)，简称为"存在"与"存在的根据"的区分。这里的关键在于那个"根据"，那个"在上帝之内，虽然与他不可分割，但却毕竟不同的本质"(VII, 358)，那个"在上帝之内但不是**他自身**"的东西(VII, 359)。在谢林后来的著述和表达里，这些规定变得越来越明确。当谢林1810年在斯图加特为一个很小的朋友圈子口授其哲学思想的时候，他明确地把这个"他者"称为物质："这个从属的本质，这个黑暗的、无意识的东西，上帝持续地尝试着从自己真正的内核驱逐、排斥出去的这个本质，就是**物质**……物质无非就是上帝的无意识的部分。"(VII, 434—435)当然上帝并不是单纯把这个无意识的部分驱逐出去就了事，他真正的任务是在这个过程中把无意识(也把自身)提升到意识。强调从无意识到意识的道路本来就是谢林的前期哲学的特色，只不过以前他把无意识看作意识的一个阶段，如今他把无意识看作一个真实的、不同的本原。谢林甚至把它称为"上帝的纯粹的存在"(VII, 435)，不过为了不至于引起读者的思维混乱，这里只是提示一下，谢林把此前"存在者—根据"的对立转化成了"存在者(das Seyende)—存在(das Seyn)"或"存在者(das Seyende)—非存在者(das Nichtseyende)"的对立，这些对子里面破折号之后的那个东西都是标示着那个第二本原，也就是柏拉图所说的"非存在"(me on, ouk on)。按照谢林现今的理解："希腊人[无疑包括柏拉图在内]的'非存在'(ouk on)和《新约》的'无形象者'(me phainomena)都不是**虚无**，而只不过是**非主体，非存在者**，但也正因此就是**存在自身**。"(VII, 436)我们看到，谢林已经纠正了自己过去的看法，回到了柏拉图对于"非存在"或"物质"的正确理解。

从1810年开始的《世界时代》也是以两个本原为基础展开的，只不过它们在这里的特别名字分别是"无所欲望的意志"(Wille, der nichts will)和"实存意志"(Wille zur Existenz)，两种意志的较量(从最初的亲密相处到斗争到分别再到最后的和解统一）构成了绝对的整个发展过程。谢林在后来还赋予了两个本原很多不同的名称，我们暂时用不着管。这里的关键是，随着二元本原论的确立，柏拉图的未成文学说里的“走向本原的道路和从本原出发的道路”比以往任何时候都更清楚地出现在谢林的意识里，尽管这时的谢林并没有也把自己的哲学明确划分为相应的两个部分，但他开始提出“辩证法”和“历史”的对立，如果说辩证法就是对于本原的探索，那么历史则是讲述从本原出发的发展历程——所谓的“世界时代”（die Weltalter）正是这个过程的不同阶段。现在谢林认识到，“神一般的柏拉图”尽管在他的所有书写下来的著作里面都是以辩证法为工具，但在“最高峰和最终的澄清关键处”却变成“历史的”，即以一种口头讲述（Erzählung）的方式来描述宇宙的生成过程。（WAI, 14）谢林并且提请我们注意，科学（Wisenschaft）——哲学的最高形态——在希腊文的最初对应词是historia，尽管现在一般都把这个词翻译为“历史”，但historia或“历史”的本意并不是对于已经发生的事情的记载（就像人们通常理解的那样），而是“根本的知识”（das Wissen überhaupt），确切地说是**对于绝对精神从本原出发的道路的知识**，而这些知识不是通过普通的概念工具（它们只适合走向本原的道路），而是通过口头讲述的方式表达出来的。当然，我们可以说谢林的《世界时代》并没有成功地用口头讲述或叙述的方式来表达出这些知识，而是同样重新陷入到辩证法的思辨里，但认清谢林这里的思想倾向和追求是很重要的，只有这样才能理解谢林更晚些的哲学以及他对于黑格尔的“泛逻辑主义”和“非历史主义”的批评——在谢林看来，黑格尔的哲学完全缺乏“历史”（从本原出发的道路）这一部分。在通常的读者看来，指责黑格尔缺乏“历史意识”或者其哲学中缺失了“历史”，这几乎是不可思议的，但如果我们理解了谢林对于“历史”的看法以及这种历史观的基础（即从本原出发的道路），则不难理解谢林和黑格尔的分歧究竟在哪里。

为了不至于在这里陷入过多的复杂问题的讨论，我们在下面仅列举一些谢林的后期哲学与柏拉图的本原学说的接触点。在谢林大致写于1814年的一份《世界时代》手稿中，他把那两个本原分别称为凌驾于所有的数之上的"一"(Monas)和"二"(Dyas)，把它们分别称作所有的数的"父亲"和"母亲"，并且认为是由于"二"禁锢了"一"才产生具体的存在(Fragmente, 188—189)。在很多年之后的《世界时代体系》(1827)里，谢林又提出了同样的说法："'一'和'二'一起生出了万物，'二'是万物的母亲，'一'是万物的父亲。"(SWA, 98)尽管谢林把这些学说归诸于毕达哥拉斯学派，但是正如普鲁塔克在其《柏拉图〈蒂迈欧〉注释》(1012E)中指出的，这也是柏拉图在学园内部主张的观点，而且亚里士多德在《形而上学》(A987b=TP 22A)里也把这些主张看作柏拉图未成文学说与毕达哥拉斯学派的共同点。同样的证据也见于亚历山大、辛普里丘和塞克斯都·恩培里克的记载。也就是说，虽然谢林自己并没有清楚意识到他现在的哲学已经与柏拉图的未成文学说接通，但他在事实上却是走上了后者的路线，这些尤其体现在他对"逻辑"、"辩证法"以及书写著作的怀疑和对柏拉图本原学说的兴趣里，即使在他征引柏拉图的《智者》、《菲勒布》、《蒂迈欧》等著作的时候，所关注的都是与柏拉图的本原学说密切相关的问题：非存在、物质、无定形等等(SWA, 95, 100, 113, 119, 199)。

在一处地方，谢林甚至提出了这样的疑问：

> "柏拉图的终极思想是什么？他有没有把他还没有把握坚定说出的二元对立确定下来，还是在一种更高的观点上来解释它们？他是不是把那个无规定的存在当作上帝的同伴，当作从属于上帝，但在某种意义上又是自为和独立的东西？"(SWA, 110)

谢林的答复是，柏拉图"在这里对他的终极思想保持沉默"(同上)。实际上，如果"保持沉默"是指对话录著作而言，这是正确的，但另一方面柏拉图在学园内部可没有沉默，他清清楚楚地向学生们口头讲授了这些学说，正如亚里士多德等人的记载所证明的。总的说来，在二元本原的问题上谢林和柏拉图是英雄所见略同的，如果说谢林认为柏拉图“还没有把握坚定地说出二元论”（SWA, 111）思想，这也只是因为他还没有明确地意识到柏拉图的本原学说的传承，再者柏拉图意义上的二元论在思辨的深度上确实已经落在了谢林的后面，不能令谢林满意。

谢林的这些思想保持到了他的晚年。在《神话哲学之哲学导论》（1847—1852）里，谢林认为自己追寻本原的道路与柏拉图“完全契合”（XI, 322）。与后来的图宾根柏拉图学派一致的是，谢林从来都没有把理念当作柏拉图哲学的最高本原，因为理念还只是产生出来的、次级的原则，虽然相对于杂多的事物它们是统一性的原则，但它们本身还处于一种“多”的规定。谢林明确地说：

> “有些人以为柏拉图心目中的本原是**各种理念**。但是，根据勃兰迪斯的发现[①]和亚里士多德的佚失了的著作中的记载，**大和小**（即亚里士多德自己所说的物质）也参与到了理念的塑造形成中，所以以为理念是本原的想法是站不住脚的，毋宁说，柏拉图的本原必然意指的是绝对单纯的元素。”（XI, 324）

至于那种坚持理念是单纯真理（即最后的本原）的人，可以说是“完全不懂理念”（XI, 423）。在别的地方，谢林也明确地把柏拉图

---

① 勃兰迪斯（Ch. A. Brandis）是德国当时著名的哲学史家，他在1823年出版的《亚里士多德论理念及善的佚失著作》（*De perditis Aristotelis libris de ideis et de bono*）一书里已经搜集并评论了亚里士多德所记载的柏拉图学说，指出它们与柏拉图的对话录中的内容存在着很大的差异。但是那个时期的思想界（比如以爱德华·策勒为代表）整个说来都是以对柏拉图的对话录的绝对崇拜为主流的，所以柏拉图的未成文学说一直没有受到应有的重视。这个局面直到二十世纪五十年代以来才有了重大的改变。

的"大和小"与以无定形或物质为代表的第二本原等同起来(XI, 393, 423)。同时谢林也指出,柏拉图的哲学会导向一种"二元本原的体系","它从最远古的时代深深地渗透进了中世纪,即使在基督教的影响下仍然能够立足,甚至可以说在任何时代都不缺乏众多的拥护者"(XI, 332)。值得特别提出的是,谢林同样注意到了我们在前面引用的亚里士多德在《尼各马可伦理学》(I, 1095a—b=TP 10)里的那句非常重要的话:"……柏拉图正确地设定并研究了这样的问题,即从本原出发或走向本原的道路……"只不过谢林理解成了"柏拉图作出尝试并**感到怀疑**,是采取走向本原的道路呢还是从本原出发"(XI, 337)。从文本来说,这里的问题是,谢林把亚里士多德所说的"eporei(aporein)"理解为"感到怀疑",而绝大多数亚里士多德学者(比如Eugen Rolfes)认为应该把这个词理解为"研究",这样才与前面的那个"ezetei(设定、建立)"不至于矛盾。不管怎样,抛开文本的具体翻译不论,其实谢林和我们的意思是一致的,因为他要反驳的是那种"怀疑说":"柏拉图对此是压根就没有感到怀疑的。"(XI, 337)而且在谢林看来,这两条二向的道路恰好是柏拉图的特色(尽管其表述远远没有达到谢林的要求),而亚里士多德对于"**第一哲学**"(he prote philosophia,其最高目标是在思想中把握作为存在的存在者暨本体)的强调表明,他还缺乏一种"第二哲学":"他不知道那门从本原(上帝)出发的科学。"(XI, 367)

最后我们简述一下谢林后期哲学对"否定哲学"(negative Philosophie)与"肯定哲学"(positive Philosophie)的划分及其与柏拉图的本原学说的关系。谢林认为,传统哲学(以亚里士多德的"第一哲学"为代表)的任务是在思想中把握存在者的存在或者说存在的本质,并在最终达到了它的目标——本原,认识到本原(谢林后期哲学大多数时候称之为"上帝")是自在的、自为的、自由的、自己认识自己的存在……一句话,第一哲学认识到了上帝的本质,认识到了上帝是**什么**(Was)。但是这样把握到的上帝的"什么"作为本质就其本身而言还只是一种可能性，第一哲学的最后结果的意思是：如果上帝存在，那么他必然就是他之所是（Wenn Gott ist, ist er, was er ist）；但是，上帝毕竟已经这样存在（daβ Gott ist），这个**事实**（daβ），却不是第一哲学所能解释的。就第一哲学"只能建立本原，而不能实现本原而言，它被称为**否定**哲学"，尽管它是如此地重要，如此地不可缺少，但它的关键缺陷是"**不知道**从本原出发推导出来的东西"（XI, 562）。再引用谢林的一句话来说："它之所以为否定哲学，是因为它处理的只是可能性（'什么'），因为它认识到一切事物（不管是否实际存在）在纯粹的思想里是怎样；尽管在它之内演绎出了实际存在的事物，但却不能演绎出这样一个事实：事物实际存在着。"（XI, 563）一切——包括所谓的"现实"——其实都还只是在**概念**中。反之，谢林认为"肯定哲学"是从解释这个纯粹的事实（reines Daβ, hen ti）出发，以证明上帝之作为一个真实的上帝（XI, 564）。对谢林来说，答案已经不是在"理性"、"概念"、"逻辑"、"辩证法"等范畴内，而是在于"意志"（Wille）或"意愿"（Wollen）。上帝从本质过渡到现实是因为他的意愿："肯定哲学可以纯粹在自身内开端，通过一个简单的宣言：'我意愿那超越存在的东西'，我们将会看到，现实的过渡在肯定哲学里实际上是如何通过这样一个意愿而发生。"（XI, 564）当然，我们在后面真正将会看到的是，一切绝对没有这么简单。只就这里而言，我们可以说，谢林划分的否定哲学与肯定哲学是与柏拉图的本原学说中所说的走向本原的道路和从本原出发的道路相对应的，与柏拉图的基本精神相契合。当然反过来我们不能说，柏拉图在走向本原的时候是"否定哲学"，在从本原出发的时候是"肯定哲学"，因为柏拉图哲学缺乏谢林的"肯定哲学"的一个关键：意志、意愿。从谢林的立场来看，柏拉图之演绎世界仍然是在"理性科学"的框架内运作，仍然遵循的是概念之间的逻辑关系，所以它在根本上没有摆脱否定哲学的那个不容易被人察觉的缺陷："尽管在它之内演绎出了实际存在的事物，但却不能演绎出这样一个事实：事物实际存在着（daβ die Dinge existieren）。"（XI, 563）

附录2：书写批判视域下的柏拉图——从斯勒扎克《读柏拉图》出发

1. 重回理性传统的柏拉图

摆在大家面前的这本《读柏拉图》，并不像一般的导论性书籍提供柏拉图哲学各个方面的概观，能使未曾读过柏拉图本文的读者可以从中知悉其关于形而上学、政治哲学或者其他任何领域的某些看法。毋宁说，这本书根本上乃是希望熟悉柏拉图或者至少对于柏拉图作品有一定了解的读者们重新面对柏拉图其人其学。正如恩斯特·布洛赫(Ernst Bloch)的《图宾根哲学导论》并不试图提供哲学诸问题的概观，而是尝试引导读者跟随并进入黑格尔与谢林之思①，本书——按照作者自己的说法——也就是"邀请、吸引、引领和指导[读者]进入本文"(本书，第7页)。于是全书的论述既没有从柏拉图的生平，甚至也没有从柏拉图的作品开始，而是以阅读柏拉图作品的"**乐趣**"为始点，这也是其以"读柏拉图"为名的意味之所在。

---

① Ernst Bloch:《图宾根哲学导论》(*Tübinger Einleitung in die Philosophie*), Frankfurt a. M. 1977。

这本小书的另一特殊之处就在于它提供了图宾根学派[①]关于对话录释义的综述性看法，其源自图宾根大学人文科学的理性主义和批判主义的传统之中[②]，而有别于施莱尔马赫开创的，并且迄今在柏拉图学界流行的“现代对话形式理论”（die moderne Theorie der Dialogform）[③]的浪漫派范式。于是对读者而言，它便也是了解图宾根学派对话录释义合适的入门和经典性著作[④]。作者一方面重新评估了柏拉图研究圈

---

① 这一学派间或也称为“图宾根柏拉图学派”，而近年由于意大利学者在这一方向上的共同努力，近来也有“图宾根—米兰学派”或“米兰—图宾根学派”之名，参Giovanni Reale与Samuel Scolnicov主编：《柏拉图的新形象：善之理念的对话》（*New Images of Plato. Dialogues on the Idea of the Good*），St. Augustin 2002，第27—82页。

② 参Hans Krämer：《沙德瓦尔特与人文主义问题》（Wolfgang Schadewaldt und das Problem des Humanismus），载于Szlezák编：《沙德瓦尔特与二十世纪的希腊学》（*Wolfgang Schadewaldt und die Gräzistik des 20. Jahrhunderts*），2005，第77—91页；Kraus Oehler：《柏拉图研究的新境况》（Die neue Situation der Platonforschung），载于Szlezák编：《柏拉图式的爱智》（*Platonishes Philosophieren*），Hildesheim 2001，第31—32页。

③ 这一用语袭自Szlezák的长篇论文《现代对话形式理论》（Die moderne Theorie der Dialogform，之后简称TD），载于氏著：《柏拉图与哲学的书写性》（*Platon und die Schriftlichkeit der Philosophie*），Berlin 1985，以下简称《书写性》，第331页，特别是注释2。也可简称为“现代对话理论”（die moderne Dialogtheorie），其在一定意义上也是现代对话哲学的对应物之一，参本书（Platon Lesen，之后简称PL）第九、十章。由于这一理论的支持者在柏拉图解读中多不区分“交谈”（Gespräch）与“对话”（Dialog）这两个范畴，因此笔者顺势不译为“对话录理论”，而以“对话理论”代之，以标明其本来具有的双关意义。相关讨论详后。

④ Detlef Thiel在新近出版的专著《老学园视域内的色诺克拉底哲学》（*Die Philosophie des Xenokrates im Kontext der Alten Akademie*，München/Leipzig 2006，第16页）中列举了图宾根学派迄今最具代表性的著作，其中包含Krämer：《柏拉图与亚里士多德论德性》，以下简称《德性》；Gaiser：《柏拉图的未成文学说》，以下简称PUL，引据1968第一版；Szlezák的PSP及PL；Reale的《柏拉图的一个新阐释》，以下简称《新阐释》，引据2000年德文版；Jens Halfwassen：《朝一上升》（*Der Aufstieg zum Einen: Untersuchungen zu Platon und Plotin*），München/Leipzig 1993，2006。

内一些耳熟能详的热门论题，诸如神话、反讽、匿名、暗示等概念，另一方面也集中展示了图宾根学派，特别是作者本人的特殊理论贡献，即以“书写批判”、“对逻各斯的帮助”、“空略段落”等新理念重新把握柏拉图的对话录书写。由于其中每一概念都包含了作者数年研究柏拉图之心力，同时背后又缠绕着相当繁复与激烈的讨论与论战，在这个意义上，无论是否追随作者之论，了解其中的问题性都是把握战后德国古典学与古代哲学研究进展（当然仅仅指柏拉图、亚里士多德、学园及柏拉图主义相关研究）的必要前提。尽管距克雷默发表学派的开山之作《柏拉图与亚里士多德论德性》已经四十余年过去，围绕其上的论争与辩驳不仅没有结束，而且仍然是不能回避的核心问题[①]。

① 关于这一主题的讨论从未中断，专业杂志上的文章无从详列，笔者这里仅想举出近年非图宾根学派作者发表的几部相关专著，比如Gyburg Radke：《巴门尼德的微笑：普罗克洛对柏拉图对话形式的解释》（*Das Lächeln des Parmenides: Proklos' Interpretationen zur Platonischen Dialogform*），Berlin/New York 2006，特别第1—62页，第127—144页，第438页以下；氏著：《柏拉图主义的数理论：一个系统的教程》（*Die Theorie der Zahl im Platonismus: Ein systematisches Lehrbuch*），Tübingen/Basel 2003，特别是第33—128页；Christina Schefer：《柏拉图不可说之体验：通往柏拉图之别途》（*Platons unsagbare Erfahrung: Ein anderer Zugang zu Platon*），Basel 2001，特别是第5—119页；Jürgen Villers：《字母表之范式：柏拉图与哲学的书写有限性》（*Das Paradigma des Alphabets: Platon und die Schriftbedingtheit der Philosophie*），Würzburg 2005，特别是第77—250页。意大利学界的相关论述与争议也较多，不能详述。相对而言，英美学界对这一主题的态度相对较为冷淡：Vittorio Hösle近年写了部分英文文章，仅仅是介绍相关讨论的常识与概况。Vlastos弟子Richard Kraut主编的*The Cambridge Companion to Plato*（Cambridge 1992）书目中，“口传学说”一节所收文献极少，不仅不收本占大部分比重的非英语著作，而且，收录了Vlastos对Krämer《德性》一书的书评，却不收Krämer的原书以及他对Vlastos的回应。R. B. Rutherford的*The Art of Plato*（London 1995）一书中，虽然表面上引用了图宾根学派几部代表作品，但从他的讨论水平，以及误以为Krämer的《柏拉图与形而上学的本原》（*Plato and the Foundations of Metaphysics*, New York 1990，以下简称PFM）（转下页）

本书作者斯勒扎克是图宾根学派的核心成员[①]，这里有必要先简单介绍一下其学术师承与经历，再具体进入到他与图宾根学派其他学者所分享的理论共识，及他个人在这一学派内部的定位，随后进一步展开我们围绕此书的分析与评论。

斯勒扎克生于1940年，1959年至1967年分别于德国埃尔兰根大学（Universität Erlangen）、慕尼黑大学（Universität München）与图宾根大学（Universität Tübingen）学习古典学、哲学与历史。随后在柏林工大（Technische Universität Berlin）瓦尔特·布尔克特（Walter Burkert）门下攻读博士学位，以研究晚期希腊的亚里士多德注解获得博士学位，论文题目为《伪阿尔叙塔论范畴：希腊的亚里士多德注本》（*Pseudo-Archytas über die Kategorien. Texte zur griechischen Aristoteles-Exegese,* Berlin/New York 1972）。1967年，他在瑞士苏黎世大学（Universität Zürich）完成教职论文《普罗丁努斯学说中的柏拉图与亚里士多德》（*Platon und Aristoteles in der Nuslehre Plotins,* Basel-Stuttgart 1979）。1983年取得维尔茨堡大学（Universität Würzburg）古典语文学的教席，并在两年后出版了柏拉图对话研究的经典之作《柏拉图与哲学的书写性》。1990年，由于盖瑟尔不幸早逝，斯勒扎克作为其后继者开始执教于图宾根大学的古典系与哲学系。在图宾根期间，他发表了专著《读柏拉图》、《柏拉图〈政制〉中的善之理念》（*Die Idee des Guten in Platons*

（接上页）乃是《精神形而上学之源》（*Der Ursprung der Geistmetaphysik: Untersuchungen zur Geschichte des Platonismus zwischen Platon und Plotin*, Amsterdam 1964）的英译来看——前书实则是Platone e i fondamenti della metafisica的英译，后书并无英译——这位学者的论述显然建立在道听途说之上，而非真正阅读了相关论述。

① 尽管学问路数追随或者认同图宾根学派的学者不少，但狭义的图宾根学派以Krämer，Gaiser，Szlezák三位均曾在图宾根大学受教并取得教授教职的学者为代表。需要补充的是，尽管所谓图宾根学派共享了部分前提与结论，但其内部的柏拉图解释并非全然一律，而同样存在着分歧与论争。

Politeia, St. Augustin 2003)、《柏拉图晚期对话录中的辩证家形象：柏拉图与哲学的书写性续》(*Das Bild des Dialektikers in Platons späten Dialogen: Platon und die Schriftlichkeit II*, Berlin / New York 2004)，并译有亚里士多德《形而上学》(*Metaphysik*, Berlin 2003)。除了古典哲学，他的研究还涉及荷马史诗、公元前五世纪的希腊悲剧及修昔底德等。①

尽管斯勒扎克1967年的教职论文《普罗丁努斯学说中的柏拉图与亚里士多德》已经沿着克雷默与盖瑟尔两位图宾根学者开创的道路前进，但直到1985年发表《柏拉图与哲学的书写性》，才根本上奠定了他个人在图宾根学派内部的重要地位，虽然此前，他亦有部分论文和书评表达了上书中的部分看法②。正如没有施坦泽尔、耶格尔、罗班等众多前辈学人的研究，图宾根学派之范式恐怕就无可想象；同样没有克雷默与盖瑟尔的成果，斯勒扎克的对话录释义恐怕亦无从展开。那么这就要求我们需要预先回顾一下前两位图宾根学人奠定的一些基本论题③，以此为基础进入对斯勒扎克研究工作的论述：

1. 未成文学说不仅是**可能的**，而且是**现实的**。亚里士多德关于口传学

---

① 上述部分内容参考了PL一书第173页附的作者简历，由于笔者在此的记述更为详尽且有所更新，故中文版不再单独将此简历译出。

② 比如其对J. N. Finlay, Th. Ebert, G. Watson, L. Tarán, E. N. Tigerstedt的书评：《柏拉图阐释的诸问题》(Probleme der Platoninterpretation)，载于*Göttingische Gelehrte Anzeigen*，简称GGA，230，1978，第1—37页。也可参：《对话形式与内传主义：论柏拉图对话录〈斐德若〉的解读》(Dialogform und Esoterik. Zur Deutung des platonischen Dialogs „Phaidros“)，载于：*Museum Helveticum*(简称MH)35，1978，第18—32页。

③ 一方面，这一所谓共识当然也包含Szlezák个人的理论贡献；另一方面，这里尽量列举与Szlezák个人的理论关切相关处，因此也并不力求全面，同时图宾根学派成员的内部分歧在这里也暂时不予考虑。而关于未成文学说基本问题，汉语文献可参先刚：《柏拉图未成文学说的几个基本问题》，载于《哲学门》第五卷第一册，2004，湖北教育出版社，第16—38页。修订版《走向柏拉图的未成文学说》载于本书附录。比较全面的总结性专著，则参Krämer: PFM。

说的记述、柏拉图学园继承者流传下来的笔记残篇与柏拉图对话录都是重构这一学说的重要依据。与这一论点针锋相对的乃是美国古典学家切尔尼斯轰动一时的惊人之论，切氏仅仅以对话录为圭臬衡量其他文献，得出柏拉图的学生亚里士多德及色诺克拉底等人曲解或误读了柏拉图的看法。[①]

2. 应该将对话录与柏拉图哲学放入历史的境遇中去审视，以避免孤立地发挥其微言大义。与之相对，施莱尔马赫以来主导柏拉图研究的浪漫派研究范式不仅有悖于柏拉图自身的理性气质，而且忽略了从柏拉图经由亚里士多德到柏拉图主义的理性主义传统。面对这样的境况，图宾根学派重申严格学术的要求，以“**语文学—哲学—历史**”的方式严肃解读柏拉图：始终以文献的训诂[②]、辑佚[③]和注

---

① Cherniss在《亚里士多德的柏拉图批判与学园》(*Aristotle's criticism of Plato and the Academy*, Baltimore 1944)、《早期学园之谜》(*The Riddle of the early Academy*, Berkeley 1945)两书中详尽阐发了这一观点。它一开始就受到了Ross等学者的批评，见《柏拉图的理念论》(*Plato's Theory of Ideas*), Oxford 1951，第145页以下，而对其摧毁性的批判则见Krämer的《德性》一书，特别是第380—486页，也参氏著：PFM，第49—74页。由于其方法上的致命弱点，学界即使批评图宾根学派范式的学者，也少有以Cherniss的论点直接为其立论基础。可参Günter Figal：《巨人之战》(Riesenschlacht)，载于：*Internationale Zeitschrift für Philosophie*(简称IZPh)，1994，特别是第159—162页。

② 这一方面Krämer与Gaiser显然追随其师Schadewaldt对词语训诂之强调与实践，就哲学而言，参Schadewaldt去世后整理出版的“图宾根讲稿”之一：《哲学于希腊开端：前苏格拉底哲人及其诸前提》(*Die Anfänge der Philosophie bei den Griechen: Die Vorsokratiker und ihre Voraussetzungen*)，Frankfurt a. M. 1978，基本概念的重释参第162—209页，其他概念重释则贯穿始终，散见各章。图宾根学派重新训释的概念包括φιλοσοφός, φιλοσοφία, ὁμοίωσις θεῷ, λεγόμενος, τιμιώτερα等等。比如：关于哲学/爱智概念的系统阐发参Karl Albert：《论柏拉图的哲学概念》(*Über Platons Begriff der Philosophie*)，St. Augustin 1989；Krämer：《柏拉图哲学概念的最近讨论》(Zur aktuellen Diskussion um den Philosophiebegriff Platons)，载于：*Perspektiven der Philosophie* 16, 1990，第85—107页。

③ 代表性的首先是Gaiser在PUL中的附录《柏拉图学述汇证：柏拉图学派(转下页)

解[①]作为基础，理性地梳理和重构其中的基本概念、问题与论证，并尽量在柏拉图与同时代著述家、学园传承、亚里士多德及柏拉图主义的关系视域内考察文本，随后才进发至历史及当代关联讨论。由之，其在方法上与结论上均不同于主要在尼采与海德格尔思想影响下[②]对柏拉图哲学生存论的、当代释义学的及实践哲学式的阐发。

3. 尽管没有一个柏拉图逐渐完善理念学说又最终放弃之的**单线思想发展史**，理念学说（Ideenlehre）却仍是柏拉图哲学的重要组成部分。因此，理解柏拉图意义上的哲学家或辩证家，理念学说是必不可少的条件之一。这与当下柏拉图研究中部分怀疑甚至断然否定理念学说意义的思潮针锋相对。在这个意义上，可以说，图宾根范式接续了二十世纪初保尔·纳托普（Paul Natorp）阐释柏拉图的德国先验哲学（transzendentale Philosophie）与观念论（Idealismus）传统[③]，并且批评

（接上页）与口传学说原始文献》（*Testimonia Platonica. Quellentexte zur Schule und mündlichen Lehre Platons,* Stuttgart 1963，简称TP）。为了进一步完善研究基础，Gaiser同时建立了图宾根柏拉图文献馆（Platon Archiv），以之为基础开始组织编纂《柏拉图文献补遗汇注》九卷本，其中第一卷《斐罗德姆的学园》已出，汉语目录见先刚文，前揭。

① 例如上文所及的《柏拉图文献补遗汇注》均附疏解。就《斐德若》而言，Szlezák在PSP的第一部分事实上给出了书写批判部分的详细疏解。此外Krämer和Jens Halfwassen在Gaiser辑佚翻译TP的基础上正在编辑注释：《柏拉图“原善”：未成文学说诸证》（*Platon:Über das Gute. Die Zeugnisse zur ungeschriebenen Lehre Platons*），Stuttgart，即出。

② 受这一路线影响的学者甚多，难以详细列举，其风格也并非一律，汉语学界知名者，如伽达默尔及其弟子，施特劳斯（Leo Strauss）学派，以及德里达等为代表的法、美后现代主义者，略评见后。

③ 这里仅仅指出其与先验哲学和观念论亲缘性之一面，却绝不可将两者等同。参P. Natorp：《柏拉图的理念学说：观念论的一个引论》（*Platos Ideenlehre: eine Einführung in den Idealismus*），Leipzig 1903，Hamburg 1921第二版；两者的联系与差异参Krämer：PFM，第147—156页，及第180页。

与修正了由赫尔曼（K. F. Hermann）奠基的发展史导向的柏拉图阐释模式①。

4. 正如理念学说贯穿柏拉图**成熟时期哲学之始终**，未成文的本原学说也贯穿柏拉图**成熟时期哲学之始终**（至少不晚于书写《政制》之时）。不过，这一本原学说高于对话录中的理念论及其他学说，并与这些学说有着紧密的关系。不少对话录从结构与内容上都有着对本原学说的指向。先验地以对话录为标准纠正或否定间接文献中的未成文学说之价值，既缺乏文献学方法论上的支持，亦与柏拉图自身在《斐德若》、《政制》、《书简七》等篇章中的论述相左②。因此，图宾根范式反对一些学者或者以理念论修正本原论，或者对间接文献中的柏拉图哲学，特别是柏拉图学园内部对善（περὶ τἀγαθοῦ）的讨论归于柏拉图晚年，以使其意义最小化的论断③。

5.《斐德若》中的书写批判是理解柏拉图哲学的关键出发点，代表

① 纯粹发展史式的柏拉图解释，由于对话录分期的相对性受到多方面的批评，现今在德国学界早已失势，图宾根学派仅为众多批评者之一。而英美学界Vlastos及其弟子多仍以发展史的模式审查对话，在学界仍有相当势力。发展史范式的奠基之作，参K. F. Hermann：《柏拉图哲学的历史与系统》（*Geschichte und System der Platonischen Philosophie*），Heidelberg 1839。其观念后来影响到Pohlenz与Wilamowitz等著名学者；而在K. F. Hermann之前事实上还有小施莱格尔（Friedrich Schlegel）和赫尔巴特（Herbart）等人持类似见解，其中施莱格尔更可称这一观念之父，详后。

② 参Krämer：《间接柏拉图文献的基本问题》（Die grundsätzlichen Fragen der indirekten Platonüberlieferung），载于Gadamer与Schadewaldt主编：《理念与数》（*Idee und Zahl*），Heidelberg 1968，第106—150页；Gaiser：《间接柏拉图文献的源流考证问题》（*Quellenkritische Probleme der indirekten Platonüberlieferung*），同上书，第31—84页。

③ 笔者以为，Krämer将间接文献记录中流传的“原善”（περὶ τἀγαθοῦ）讲演解为多次重复的教学活动尚缺乏坚实的论证，而倾向于Gaiser将其考订为较晚时期的一次性讲座。但这并不能因此就将“本原学说”编订为晚年不成熟的草稿，因为原善的讲演并不同于学园内部对善的讨论，于是笔者在讨论时对两者也刻意做了区分。

了柏拉图成熟的哲学理念。从这一批判出发才引发了**口传与书写，严肃与游戏，哲学家与意见持有者**的三重对立[①]。同时，这一批判的根本性就在于其指向**书写一般**，而非指向某种特殊的书写，即被批判的书写同样包括柏拉图自己的作品——对话录。由之，无论对书写批判视而不见，还是将其归为柏拉图早年，或者甚至将它作为论证对话录合理性的证词，这些论断都是对柏拉图这一关键论题的误读。

6. 未成文学说的**内传性**[②]不仅应该在口传文化转向书写文化的背景下来认识，而且要注意到，其同时出于柏拉图对哲学认识与知识传播特殊性的理解。但这与当代哲学耳熟能详的**不可说**问题无关，也与**无限主义**对欲求本身的执着无关（详后）。在柏拉图那里，哲学对于人是可能的，一个哲学的体系同样是可能的。不同于独断论的学者将理念学说奉为绝对不可触动的圭臬，也不同于怀疑论的学者以**爱欲**和**反讽**扫荡一切，图宾根学派之进路乃是**批判式的**（kritisch，希腊文 κρίνειν），在这个意义上亦可谓**康德开创的批判哲学传统**之延续[③]。

2. 斯勒扎克与图宾根学派

1959年与1963年，图宾根学派的两位奠基者汉斯·克雷默与康拉德·盖瑟尔分别发表了《柏拉图与亚里士多德论德性》（图宾根大学

---

① 参Szlezák：TD，载于PSP，第332页。

② 对Esoterik与Exoterik，esoterisch与exoterisch及相关概念的讨论，详后。

③ 这里理解的批判，在康德意义上，其一是超越独断论与怀疑论的立场，其二就是划界，在康德那里是划清理性的界限，这里则是划清对话形式的界限，参《纯粹理性批判》A XI以下，B XXII以下。康德对批判一词的使用完全符合希腊语κρίνειν（判断、区分与决定）的原意。

1958年博士论文)与《柏拉图的未成文学说》(图宾根大学教职论文)这两部专著。在前书中，克雷默从晚期柏拉图与早期亚里士多德的关系出发，依据亚里士多德的报道，同时结合对话录，特别是《斐德若》中的书写批判与《书简七》，论证了所谓未成文学说的可能性与合法性，及对话录与未成文学说的关系。沿着这一方向，克雷默接着在学园及柏拉图主义研究上用力，而在对话录上则相对着墨不多[①]。如果说他给出了未成文学说的可能性，盖瑟尔则进一步使得这一可能化为现实。一方面，他辑佚了《柏拉图学述汇证》(前揭)，使得关于未成文学说的讨论有了初步的文献依据；另一方面，他自己则身体力行地对未成文学说进行了系统的历史的重构。

面对这两位学者研究带来的一系列重要成果，追随附和者有之，而怀疑和批评之声也从未断绝[②]。其中一项相当重要的指责就是，既然存在未成文学说并将其置于对话录之上，那么也就导致了柏拉图作品的**贬值**(Abwertung)。尽管克雷默与盖瑟尔多次重申对话录作品的基础性，未成文学说**并非要将对话作品取而代之，更不会导致对话录的贬值**[③]，而是试图给予解读对话录一个**有益的视域和界限**。并且事

---

① 除了总结性的PFM(意大利文初版于1982年)，Krämer在《德性》后的古代哲学代表作有《精神形而上学之源》(*Der Ursprung der Geistmetaphysik*，前揭)；《柏拉图主义与希腊化的哲学》(*Platonismus und hellenistische Philosophie*)，Berlin 1971。

② 对图宾根学派最新的系统批评，参美籍德裔学者Wolfgang-Reiner Mann：《柏拉图在图宾根》(Plato in Tübingen. A Discusion of Konrad Gaiser, Gesammelte Schriften)，载于*Oxford Studies in Ancient Philosophy* 31，2006，第349—400页。此文并非如副标题所示之书评，论述精审老到，颇有可观处。

③ Krämer：《德性》，第454页，第462页以下；Gaiser：PUL，第586—589页；《论柏拉图对话录的释义学》(Zur Hermeneutik der platonischen Dialoge)，载于Gaiser: *Gesammelten Schriften*，Szlezák编，St. Augustin 2004，第5—14页等。

实上，二人也解决了很多对话录释义的传统疑难[①]。但部分批评者——或尚无能力直接处理原始文献，或其学问本以对话录为圭臬——便根本无视间接流传的文献，仅仅从对话录出发对二人提出质疑。其错误在于，将图宾根学派的**文献学—哲学研究**误解为**另一种**单纯的**释义学**（Hermeneutik），以为同之前的论战一般，提出柏拉图对话几个细节的“微妙”解释，造出些模棱两可的戏剧效果便足以驳斥对方繁复的论证系统[②]。这种问题性的错误本来不值一论，但其作为一种现象至少从一个角度说明，在未成文学说的讨论中，对话录解释仍然并必然是论争的主要战场。

从另一个方面看，随着文献源流在讨论中逐渐清晰，多数学者从先前切尔尼斯代表的强硬立场撤回，而承认未成文学说的存在与重要价值。这样争议的焦点也不再是未成文学说是否存在或者重要这样的问

---

① 比如《蒂迈欧》中的灵魂之含义，特别涉及35a，关于此的解读参PUL，第41页以下；Reale进一步推进：《新阐释》，前揭，第445页以下；《政制》中部的三喻与辩证法，如Krämer：《善之理念：日喻与线喻》（Die Idee des Guten.Sonnen-und Liniengleichnis），载于O. Höffe编：《经典解释》（*Klassiker Auslegen*）卷七，Berlin 1997；Gaiser: PUL，第89页以下；氏著：《柏拉图辩证法：过去与今天》（Platonische Dialektik: damals und heute），载于*Gymnasium Beiheft* 9, 1987，第77—107页；《礼法》X894a1—8的内涵，《未成文学说》，第173—189页；《克拉底鲁》中的辞源学分析，参Gaiser《柏拉图〈克拉底鲁〉中的名与事》（*Name und Sache in Platons „Kratylos“* ），Heidelberg 1974，第45—80页。

② 例如，Stanley Rosen没有像Vlastos，K. von Fritz，W. Wieland等严肃学者一般，回溯争议点之所在，进行具体的论辩，而仅仅以其横扫一切的“高贵谎言”联合《会饮》来反驳Krämer，参其著：《柏拉图的〈会饮〉》（*Plato's Symposion*），London 1987第二版，Xliii以下。参Krämer：《间接柏拉图文献的基本问题》，前揭；Gaiser：《间接柏拉图文献的源流考证问题》，前揭；从中足以看出此类争议实来自问题的错位，这也是Krämer多次认真回复Vlastos，Fritz等学者，而并非理会所有批评的原因。另，关于“间接文献”考证的争议，图宾根学派的处理绝非无可指责，但由于问题繁复且与本文主题较远，此处不能涉及。

题[①]，而是未成文学说哲学上到底何谓、其与对话录的关系究竟何在等其他问题。与之相关引申出的几个论题就是：既然柏拉图作为教师与著述家同时进行创作与教学活动，那么柏拉图是否就拥有书写与口传两套哲学呢[②]？如果柏拉图拥有书写与口传两套哲学，那么它们的内容是否相同呢？如果它们内容不同，是否存在级序上的差异，是否就分别对应所谓的外传学说与内传学说呢？如果确立未成文学说的优先性，那么将如何看待对话录？

其实上述问题无一不在克雷默的《德性》一书中或多或少得到了讨论，同时，面对盖瑟尔以一人之力辑佚并重构的柏拉图哲学体系，论争者明白摧毁其宏伟构建的前提乃是化解掉《德性》一书的诸主张。这样，《德性》这部开山之作自然遭到相对更多的攻击与质疑。

---

① 这里也不乏以其他方式否定未成文学说存在的论述。比如Vlastos认为，首先亚里士多德直接提及“未成文学说”的段落并不超出对话录（仅《物理学》209b11—16一处），同时那些超出对话录的部分，如对“本原”及理念数等论述，只是柏拉图尚未思虑成熟（did not succeed in working out fully），并不认为值得出版的“玄思”（speculations），因此也并非亚氏所谓未成文学说。见其对Krämer的书评《论柏拉图的口传学说》（On Plato’s Oral Doctrine，载于*Gnomon* 35, 1963，第641—655页）。不过到底谁在“玄思”，这里姑且不论。仅仅需要展示这一断言的一个必然推论，即亚氏及其柏翁其他弟子均没有足够严肃面对柏拉图成熟的思想（对话录），而不明智地或不道德地多去与其“不成熟”的“玄思”交锋。与Vlastos的方法有一致之处，Kenneth M. Sayre的《柏拉图晚期存在论》（*Plato’s Late Ontology*, Princeton 1983）试图将亚里士多德《形而上学》的报告全部回溯至《菲勒布》，以证明所谓未成文学说的报告全出于对话录。但如果不是先行已经阅读了亚里士多德的记述，得到其指引，又如何可能仅仅在对话录中发现“全部未成文学说”？参Hoffmann Michael与von Perger Mischa的质疑，载于*Philosophische Rundschau*（简称PhR）43, 1996，第107—108页，其上并附有关于本书的其他书评目录。

② 需要注意的是这些提问本身的问题性，图宾根学派从不认为柏拉图有所谓两套哲学，书写哲学与口传哲学乃是同一哲学的不同级序的表达。参PL，第88页。

正如上文所述，在这部作品中克雷默以内外证结合论证的方法，重申内传式的柏拉图阐释。除了亚里士多德与学园的报告，他主要以《斐德若》与《书简七》辅以其他对话录为依据论证内传学说的可信性。同时，他敏锐地察觉到了现代柏拉图主流解释对施莱尔马赫的依赖，自觉地进行了对施氏柏拉图阐释的批判。这可谓大刀阔斧地建立了图宾根学派的地基，从历史性与革命性两方面规定了图宾根学派的范式[①]。所谓历史性指：克雷默重提内传学说并非出自一己之创造，而是柏拉图释读本来长期存在的传统，尽管它后为施莱尔马赫影响巨大的新范式所取代；所谓革命性则表明：重构内传学说与阐释对话录，同时自然要彻底批判施莱尔马赫开创的柏拉图研究**新传统**。克雷默的理论构建气势宏大、新意迭出[②]，但由于其原则当时可谓与几乎整个柏拉图学界"为敌"，并且《德性》一书尚没有专章逐条讨论施尔莱马赫的原则，也没有对《斐德若》或者《书简七》做逐句的疏解。这也就导致批评者在这方面大做文章，特别是《斐德若》也就成为争夺最为激烈的战场。于是，那些看起来也许有些老生常谈的问题仍旧在论战中不断提起并重新解读，比如：柏拉图为何要书写对话录？《斐德若》中的书写批判如何与这篇对话录的整体结合起来？《斐德若》如何与其他作品结合起来？早期与中期的对话录是否可以脱开与未成文学说的关联？

鉴于上述情况，在克雷默与盖瑟尔的奠基工作之后，图宾根学派

---

① 所谓范式（Paradigma），来自Kuhn的《科学革命的结构》（*The Structure of Scientific Revolutions*），这里Reale第一次利用此界定了柏拉图研究的范式转换。参其：《新解释》，前揭，第29—83页。

② Vlastos在《论柏拉图的口传学说》（*Gnomon* 35，1963，前揭）中一开始就指出，若Krämer本书中的一半主张得以论证通过，此书就是十年来对柏拉图研究的最重要的贡献。

面临的一个重要工作就是**对话录阐释**[1]。在这方面，意大利学者雷亚利贡献颇多[2]，但他的主要方向是利用未成文学说重新解读对话作品，并且其关注点也多在于柏拉图的晚期对话。换句话说，尽管他的工作事实上驳斥了未成文学说可能使对话录贬值的批评，但同时对图宾根学派的其他质疑与批判却没有完全得到回应（以《德性》一书诸论题为核心）。总而言之，**从积极的角度说**，图宾根学派这时还需要一个更为细致与系统的对话录理论，其不仅就对话录内部而言是有效的，而且对于结合其他外部证据也要是有效的；**从消极的角度谈**，图宾根学派需要继续对施莱尔马赫及其影响下的柏拉图学后学进行彻底且系统的批判与整合，这一批判不仅要从外部证据出发，同时也要从对话录内部来取证；不仅要针对施莱尔马赫本人，而且要针对从中引发的种种变体。

本书的作者斯勒扎克的主要工作正是在这一方向上[3]：他不仅给出了关于《斐德若》的全面阐释，而且对书写批判一段进行了详尽的疏解[4]，而这一疏解也成为图宾根学派对“书写批判”最为重要和系统

① 其实在Krämer的轰动一时的博士论文出版之前，Gaiser就在1956年图宾根大学的博士论文《劝勉与告诫对柏拉图对话录中的形式与建构的意谓》（*Protreptik und Paränese bei Platon in ihrer Bedeutung für Form und Aufbau der Dialoge*，此书后于1959年易名为《柏拉图那里的劝勉与告诫：柏拉图对话录形式研究》[*Protreptik und Paraenese bei Platon: Untersuchungen zur Form des platonischen Dialogs*]出版，简称《劝勉》）中，论述并批评了施莱尔马赫的柏拉图解释，阐明了对话录智术式的劝勉效用，初步奠定了图宾根学派的对话录解释。这部作品成于Krämer其书之前，与未成文学说可谓融贯，但尚未结合起来；且对对话录积极效用的阐发尚显不足。

② 参《新解释》一书，前揭。

③ 与其可以相互补充的是Krämer的PFM一书。

④ 参PSP一书，第7—19页；相关还至少包括第19—48页，第66—71页。

的阐发。[①]

其次，他特别重新审视早期与中期对话录，具体展示了它们与柏拉图其他作品内部的融贯性，及其与间接流传文献的联系。这一方面强化了反思想发展史式的柏拉图解读，同时推进了将“原善”作为贯穿柏拉图整个哲学实践始终的精神的实践。对柏拉图早期作品积极意义的探询开启了学界重新对这一领域的重视与研究，这样《书写性》一书与艾勒（Michael Erler）略晚出版的《柏拉图对话中窘境的意义》（后文简称《窘境》）均成为探究柏拉图早期对话含蕴的经典之作。[②]

再者，斯勒扎克不仅对施莱尔马赫，而且特别是针对施氏后学，进行了彻底的清算。他考辨了“现代对话理论”（或称“对话理论的现代形式”、“柏拉图对话的近代理论”[③]）的特征与源流，以明晰这一系统的问题性何在。与克雷默总结了施莱尔马赫对话理论历史来源相应，他不但集中于其历史效应，遍考其核心特征及哲学基础，并从对话录内部出发对之进行逐条批判，而且同时以书写批判为线索建立了新的对话录理论。这一理论试图兼顾柏拉图所有的文学创作、未成文的记述与

---

① Szlezák的书写批判阐释使得斐德若的结尾继Krämer发表《德性》一书之后，再次成为热点。有多篇文章回应其书写批判阐释，不能详举，值得一提的是以下两本直接针对Szlezák的专著：《〈斐德若〉译注》（*Phaidros. Kommentar und Übersetzung*），Göttingen 1993，1997修订版，以下简称《译注》，据修订版；Wilfried Kühn：《柏拉图〈斐德若〉的结尾：修辞的与书写的批判》（*La Fin du Phèdre de Platon: Critique de la Rhétorique et de l'Écriture*），Firenze 2000。

② M. Erler：《柏拉图对话录中的窘境之意义：引导哲学之思的练习》（*Der Sinn der Aporien in den Dialogen Platons. Übungsstücke zur Anleitung im philosophischen Denken*），Berlin/New York 1987。2004年Szlezák出版了主攻后期作品的《柏拉图晚期对话录中的辩证家形象》，前揭，这样也就以其理论整合了柏拉图的对话录作品集。

③ 最后一种称呼见Szlezák：《柏拉图与柏拉图对话录的近代理论》（Platon und die neuzeitliche Theorie des platonischen Dialogs），载于*Elenchos* 10，1989，第337—357页。

古代希腊文化传统。

最后，斯勒扎克的工作主要集中于词义的训诂考证：一方面，他重新梳理一些重要但易于遭到误解的旧概念，比如σύγγραμματα, τιμιώτερα, φιλόσοφος等词的意指，或守密与内传主义的差异；另一方面又引入一些新概念解释柏拉图对话，比如“空略段落”①、“对逻各斯的帮助”（这一表述出自柏拉图对话录）等。这双重的工作为克雷默开启的构架充实了细致的内容，从学理上巩固了图宾根学派的阐释基础。

上述工作的详细论证主要体现在斯勒扎克的代表作《柏拉图与哲学的书写性》与《读柏拉图》二书之中。就后者而言，阅读经验成为构思布局之基础，作者尝试从读者面对柏拉图的一般经验出发，带领他们进入到柏拉图对话录的特殊性之中。而读者经历漫漫之旅，将于文末又再次回到追问对话录特征的开端②，即在新视域下，重新对开端进行发问。相比《书写性》一书对书写批判几乎逐句的解读，本书则从另一角度对这一段落进行了整合性的论证，但绝不泛泛而谈③。同时，作者也没有忽略传统的柏拉图研究，神话、反讽等诸常见概念的意义与界限均得到了独特的回应。对于熟悉传统柏拉图阐释的读者而言，阅读这些章节便更多了反省与审视昨日阅读习惯的可能。此外对还有兴趣进一步深入研究的读者来说，首先阅毕此书再进入图宾根学派的其他著作也是较好的进路。

---

① 空略段落的思路建立在Krämer工作的基础上，参《德性》第24页和第389页以下。不过Krämer尚未有此命名。

② 可参Szlezák：《不平等者之间的对话：柏拉图对话录的结构与目标设定》（Gespräche unter Ungleichen. Zur Struktur und Zielsetzung der platonischen Dialoge，以下简称GU），载于G.Gabriel与Ch. Schildknecht编：《哲学的文学形式》（*Literarische Formen der Philosophie*），Stuttgart 1990，特别是第40—41页。

③ 例如相较而言，本书对阿多尼斯花圃的阐发更为详尽，可与前书相互补充。

既然就像我们之前所勾勒的，斯勒扎克的研究乃是从对施莱尔马赫范式的系统批判开始，那么我们也就尝试从此出发，以便随后进入他本人的柏拉图研究。

3. 施莱格尔—施莱尔马赫范式

施莱尔马赫并没有关于柏拉图哲学的专著，他的柏拉图阐释主要思想集中体现在为自己翻译的柏拉图全集所写的导言之中。这篇柏拉图研究不可忽略的重要文献，开启了**现代意义的对话录研究**[①]，并同时将内传学说排斥而出。也就在这个意义上，克雷默与盖瑟尔敏锐地察觉到施莱尔马赫阐释蕴含的革命力量及随之带来的范式转换。我们试图对施莱尔马赫的柏拉图研究进行粗略的勾勒，以指出缘何施莱尔马赫的柏拉图阐释可以作为现代对话录理论的母体。

施莱尔马赫生活在德国观念论与浪漫派哲学兴起的时代氛围之中，他作为浪漫派的代表人物之一，其柏拉图阐释也难免打上了这一思潮的印记。翻译柏拉图作品集一开始并非出自施氏的意愿，而是源于小施莱格尔的建议；原计划也非以一人之力独自进行，而是二施合作共

① 这一影响绝不止于德语界的柏拉图研究，事实上同样遍及英语学界。例如，早在1836年Dobson就翻译了施莱尔马赫的柏拉图译文导言，后不断又重印；美国古典学界的柏拉图研究之父Paul Shorey（1857—1934）当时曾在德国莱比锡和波恩学习并于慕尼黑获博士学位，其博士论文明显受到施莱尔马赫和策勒的影响，而反内传学说最有力的学者切尔尼斯正是他的弟子。上世纪初，德语学者流亡至英美更加强了施莱尔马赫范式在英美的力量，其中著名的有Paul Friedländer, Kurt von Fritz, Jacob Klein, Leo Strauss, Ludwig Edelstein, Philopp Merlan, Friedrich Solmsen。参Krämer: PFM，第34—38页；Szlezák：《施莱尔马赫的柏拉图翻译〈导论〉1804：一个与蒂德曼和腾尼曼的比较》（Schleiermachers Einleitung zur Platon-Übersetzung von 1804. Ein Verlgleich mit Tiedemann und Tennemann），载于*Antike und Abendland*（简称AuA）43，1997，第61—62页。

同致力于此。事实上从一开始，这一翻译就不是单纯的译介工作，而是早期浪漫派“**共同哲学活动**”（Symphilosophieren）的一个工程①。尽管后来施莱格尔退出了翻译工作，并与施莱尔马赫在翻译问题上产生了部分分歧，但毫无疑问，施莱尔马赫的柏拉图阐释仍旧显出施莱格尔哲学影响的痕迹。特别由于克雷默的系统工作重估了施莱格尔对施莱尔马赫及柏拉图研究的影响②，于是严格说来，这个之前所谓施莱尔马赫奠定的范式，不若称为**施莱格尔—施莱尔马赫范式**。只是施莱格尔的规定主要集中于对柏拉图哲学本质的阐发之上，而施莱尔马赫则真正用力于文学形式，两者相辅相成，最终汇为一流。

施莱格尔在1800年10月3日致施莱尔马赫的书信中，希望后者在翻译的最后一卷描绘“**柏拉图之个性**”（Charakteristik des Plato），关注“**历史的秩序**”，在他看来，“必须揭示的是级序演进”（Stufengang）；要为每一对话尽量找到相应的位置，以此阐明整体③。这里提出了一种系统阐释柏拉图的要求，也就是在**历时层面**上，在**发展史**的视域下④对

---

① 参Andreas Arndt：《施莱尔马赫与柏拉图》（Schleiermacher und Platon），载于Schleiermacher：《论柏拉图哲学》（*Über die Philosophie Platons*，简称《论柏拉图》），Hamburg 1996，第XI页。

② 参Krämer：《费希特、施莱格尔和柏拉图阐释的无限主义》（Fichte, Schlegel und der Infinitismus in der Platondeutung，以下简称《无限主义》），载于《德国文学学与精神史季刊》（*Deutsche Vierteljahrsschrift für Literaturwissenschaft und Geistgeschichte*）62，1988，第583—621页。

③ 转自Andreas Arndt：《施莱尔马赫与柏拉图》，前揭，第XI—XII页。

④ 发展的观念对施莱格尔是根本性的，这一方面受到温克尔曼（Winckelmann）在《古典艺术史》（*Geschichte der Kunst des Altertums*）的影响，一方面也与其个人的无限主义哲学相系（详后），在文学研究中他也试图将一些共时的现象转化为历史观念，比如将文学类型与时代紧密相系，视从史诗到亚历山大学术为文学发展、兴盛到衰亡的历史过程。参见F. Schlegel《考辨版全集》（*Kritische Friedrich-Schlegel-Ausgabe*, Ernst（转下页）

对话录进行解读排序；同时这一排序并非着眼于文献意义上的整理工作，而是以描绘柏拉图之特性为目标，即以为作品代表了一种内在的传记，揭示作品的内部发展结构同时也揭示了作家心灵的发展结构，用施莱格尔的术语来表述，这可谓“意识的先验历史”①。

不过，对这一看似明晰的系统性与历史性要求我们不得不略加分析，因为这至关重要又易引起误解。事实上，施莱格尔的柏拉图阐释与施莱尔马赫一样，深深打上了其个人哲学与时代哲学的印记，其对“系统”与历史的要求同时也是对自身哲学的规定。正如他在与其兄奥·威·施莱格尔（August Wilhelm Schlegel）的通信中，自称“我的哲学乃是唯一真正的观念论”②，他又在1801年的教职论文里以为柏拉图的哲学乃是真正的观念论③。可见施莱格尔其实并不讳言观念论之名，就像它不讳言系统之名，只是他所理解的观念论完全不同于黑格尔式的观念论，他所理解的系统完全不同于古代哲学之系统，也不同于康德所言之系统罢了。

这里的关键是被克雷默称之为无限主义（Infinitismus）的观念。一方面，它概括了浪漫派的典型特征④；另一方面，又没有人比施莱格尔

（接上页）Behler主编，Paderborn, Müchen, Wien, 1979年陆续出版，以下简称FSKA）I，《古典研究》（Studien des Klassischen Altertums），以及Ernst Behler为之所写的经典导论，第CII页以下。对施莱格尔对发展概念的陈述也参FSKA XII，第103页。

① FSKA XV，《古代研究》（Studien des Altertums）Nr. 2；参FSKA XII，第104页，Transendentalphilosophie, Jena 1800—1801，“每个个体都能够并且应该是历史”。

② FSKA XVIII，第XXXVI页；参FSKA XII，第96—97页对观念论的规定。

③ Krämer：《无限主义》，前揭，第607页。

④ 我们只要列举几本Ernst Behler与Manfred Frank这两位杰出的浪漫派研究者的著作名，就可直观到这一特征。比如Ernst Behler：《无限的完美性》（*Unendliche Perfektibilität: Europäische Romantik und Französische Revolution*），Schöningh 1989；Manfred Frank：《冷心、无限之旅、新神话学》（*Kaltes Herz, unendliche Fahrt, neue Mythologie: Motiv-Untersuchungen zur Pathogenese der Moderne*），Frankfurt a. M.（转下页）

更明确地将爱智（Philosophieren）规定为无限的活动。他不仅认为“哲学的本质在于对**无限的欲求**”[①]，并且指出：“哲学的理念**仅仅只有**通过一个**系统的无限推进**才是可以达到的”[②]。这两个判断就足以解释施莱格尔所谓的系统之内涵。欲求、推进的概念彰明了其历史性，而无限则绝对化了这种历史性，同时相对化了系统。于是，上述所谓“对系统与历史的要求”尚不够准确，更精确的表达应该为要求一个“**历史化的系统**”。这样，系统就呈现出一个历史结构，确切地说，时间线性的演进结构，并且推至无限。

由此我们可以简单总结一下施莱格尔式的系统特征所引发的后果，这对理解施莱尔马赫与后来的现代对话理论至关重要。其一，因为这一系统是无限逼近目标，因而是无从完成的，从而也是开放的。这种开放性同时以诗的生动自居，其本质在于生成（Werden）而非存在（Sein）。其二，它强调在历史中无限逼近，也呈现出发展与进化的色彩。其教化（Bildung）的概念与进步紧密相系[③]，这显出似乎受到当时新教化观的影响，如歌德的《威廉·迈斯特》（*Wilhelm Meister*）和黑格尔《精神现象学》（*Phänomenologie des Geistes*）勾画的个体与意识的生长成熟。按照施莱格尔自己的说法，就是“一个人的哲学乃是一个精神的历史，即其理念的发生、教化、前进”[④]，值得注意的是，在这里并没有“完

（接上页）1999；《无限的接近》（*Unendliche Annäherung: die Anfänge der philosophischen Frühromantik*），Frankfurt a. M. 1997。

① FSKA XVIII，第418页，Nr. 1168，参Manfred Frank：《无限的接近》，前揭，第868页。

② FSKA XII，第10页。

③ 关于发展的人性教化观念，参Ernst Behler为FSKA I写的“导言”，第CVII页；施莱格尔反复称柏拉图为“进步思想家”，柏拉图哲学为“进步之哲学”，FSKA XII，第212—213页。

④ F. Schlegel：《柏拉图之哲学》（Philosophie des Plato），FSKA, XII，第209页。

成”这一元素。其三，系统的相对化与历史化导致其根本上不仅是非系统的，且是反系统的[①]，这也就与施莱格尔强调“**碎片**”（Fragment）[②]的思想相一致，而非互相矛盾。以此为基础才能理解施莱格尔这样的表达：“绝对的统一乃是系统中的混乱”[③]，事实上他也自视为“断片的系统主义者”[④]。这样，他一方面可以要求历史地系统地解读柏拉图，一方面也可以断言：“柏拉图仅有一哲学，而并无一系统。”[⑤]其四，系统的相对化也导致其中真理的相对化，因为真理总是阶段的真理，总有更高的真理尚未被表达，并且根本上，最高的真理不可表达。这又引发三个后果：1. 某一哲学背后总有一更高的哲学，所以施莱格尔说“哲学的哲学”并非仅仅指一原哲学（Metaphilosophie），而是同时也是“哲学的哲学的哲学……”这一无限延伸的简称。最高的哲学是不可能的，至少是不可表达的；现实的每一哲学背后总有另一更高的哲学，既然对无限的知识自身也是无限[⑥]。2. 既然哲学知识的本质被如此规定，哲学之方法也相应被规定，即它不可能是论述的，而必须是暗示性的。暗示、隐喻都可能

① 其系统观与康德式的系统形成鲜明对照，康德：《纯粹理性批判》A832/B860以下，也参Krämer：《无限主义》，前揭，第593页。

② 参M. Frank：《早期浪漫派美学引论》（*Einführung in die frühromantische Ästhetik*），Frankfurt a. M. 1989，第295页以下。

③ FSKA XII，第104页，这一观念可谓为不少浪漫派所共享，比如同样从费希特出发的诺瓦利斯，也写道：“将无系统性带入系统之中。”《诺瓦利斯文集》第二卷（*Novalis Schriften II*），Paul Kluckhohn与Richard Damuel编，Darmstadt 1965，第273页。

④ FSKA XVIII，第118—125页。

⑤ FSKA XII，第209页。

⑥ 参FSKA XII，Rückkehr der Philosophie in sich selbst, oder Philosophie der Philosophie，第91—105页；同上，Die Entwicklung der Philosophie，第166页；Krämer，《无限主义》，前揭，第592页。

是对真理的间接表达，至少比说理、论述等更能揭示或者说靠近真理[①]。3. 如果要命名这一方法的话，可以称之为诗，也可以称之为苏格拉底式的反讽[②]，或者苏格拉底式的辩证法[③]。不过无论使用何种称呼，施莱格尔的本质精神是一种诗学，而非一种哲学。正是在这一根据下，他才能将哲学史还原为诗学史，称毕达哥拉斯"乃哲学的品达"，苏格拉底"乃哲学的索福克勒斯"[④]，而非相反（为了方便论述，下文称上述列举为**施莱格尔论题**）。

从上述简单的演绎不难看出，施莱格尔意指的系统与一般常识对系统的理解迥异，它不仅仅指向柏拉图哲学，也指向自己的学说；不止于某种哲学历史的解释，而且更引申出其理论的普遍适用性。一言以蔽之，他所言的历史化与相对化试图保举万有。这也就是施莱格尔意欲从一世界历史（Weltgeschichte）到达一大全哲学（Universalphilosophie）的内涵。这样，在施氏那里，一方面，对柏拉图哲学的论述与对其自己哲学的论述总是缠绕交错；另一方面，对解读柏拉图方法的论述与对柏拉图式的哲学方法的论述不加区分。简而言之，他将其哲学与柏拉图哲学视为一致，于是在其视域内，正如柏拉图曾经

① 参施莱格尔之言："一切知识都是象征性的——这一命题涉及哲学的形式，并且也从中推出：哲学的形式乃是无限。" FSKA XII，第93页；或"一切以命题和推论写出的，都只是字母，它们将并且必须被越过，以此仅仅精神才能留存。" FSKA XII，第95页。

② 反讽概念不仅是施莱格尔对柏拉图哲学的解读，同时在施莱格尔那里也获得本体性的意义，乃是其超越论的诗学核心之一。参Frank：《早期浪漫派美学导论》，前揭，特别是第307页以下，也参Ernst Behler：《古典反讽，浪漫反讽，悲剧反讽》（*Klassische Ironie, romantische Ironie, tragische Ironie: Zum Ursprung dieser Begriffe*），Darmstadt 1972。

③ 施莱格尔称，"从发展的概念需求出发，纯粹的哲学就是辩证式的"，"而苏格拉底时代哲学就曾是辩证式的"，并且"哲学的方法应该是苏格拉底式的"。FSKA XII，第103页。

④ FSKA I，第634页。

使用这一方法进行哲学活动，施莱格尔也用这一“柏拉图式的方法”重新发现了柏拉图。当施莱格尔将柏拉图定义为诗人，同时称“**只有通过诗才能批评诗**”[①]时，这就不加掩饰地将自己的柏拉图解释归为诗歌一类。这也就是为何施莱格尔的精神通过施莱尔马赫、阿斯特（Friedrich Ast）、赫尔曼（Karl Friedrich Hermann）、策勒（Eduard Zeller）等诸多重要学者之阐发，并可能与存在哲学、释义学的柏拉图解释合流的潜在因素[②]。毫不夸张地说，施莱格尔关于柏拉图阐释的种种看法可谓当代多数柏拉图释义理论精神的隐秘起源，而唯一欠缺的也就是施莱尔马赫在对话录层面上，或者说以对话录为核心，对其进行方法上具体的规定与操作。

施莱尔马赫保有并推进了施莱格尔的几乎所有精神。相对于施莱格尔在历时层面上论及系统，尽管施莱尔马赫不反对发展史的观念[③]，却更主要在共时层面上坚持较为正统的系统概念，并将柏拉图视为“第一个系统的哲学家”[④]。正如当时每一个柏拉图阐释家必须面对的，他同样对对话作品进行了编年。不过，他对柏拉图的阐释并不依赖于这一“历史发展”，而是给出一有机的体系：其不仅确立了柏拉图作品核心的三组三部曲，即《斐德若》—《普罗塔戈拉》—《巴门尼德》，《泰阿泰德》—《智者》—《哲学家》，《政制》—《蒂迈欧》—《克里底亚》，认为人们可以将柏拉图的一切回溯至这三组三部曲之上[⑤]，而且将柏拉图的

① FSKA II，第162页。

② 关于施莱格尔的影响参Krämer：《无限主义》，第610页以下。

③ 施莱尔马赫在《导论》（Einleitung）中也指出柏拉图系统的判断者要优先考虑其系统之发展。见《论柏拉图哲学》，前揭，第54页。

④ 参Krämer：PFM，前揭，第20页。

⑤ Schleiermacher：《论柏拉图》（Zum Platon），载于《考辨版全集》（*Kritische Gesamtausgabe*），简称KGA，III，H. J. Birkner等编，Berlin/New York，第373页。所谓“哲学家”一篇，实指《会饮》与《斐多》，参Peter M. Steiner：《围绕施莱尔马赫的柏（转下页）

整个作品分为基础著作、间接表述体系的著作与建构性的著作，每一部分又可再分为奠基性的著作、补充性的著作及偶然的著作[①]。

正如施莱格尔将柏拉图的释读与自己的哲学相系，施莱尔马赫同样试图将柏拉图哲学整合入自身的哲学系统之中。于是在一定的意义上，施莱尔马赫的柏拉图阐释同时也是其伦理学思想及释义学思想的具体尝试。在其伦理学论著《迄今的德性学说批判论纲》中，他批评了古代哲学与康德、费希特哲学系统性的缺乏，而试图在一个更为系统更为根本的科学中构建新的伦理学说。在新学说中，他以融合斯宾诺莎与柏拉图为己任，认为如二人所言，哲学之为可观，就必须将"无限（Unendlichen）作为唯一的出发点"[②]。这里施莱尔马赫与施莱格尔共享了"无限"的观念，无论其作为目的，还是以之作为出发点。不过，施莱尔马赫未以"无限"作为绝对的目的，其柏拉图阐释也就未能若施莱格尔般推至极致，而是在辩证法—物理学—伦理学环环相扣的系统内推演；同时正是将无限同样作为重要的原则，这一系统也保有了开放性，用施氏自己的话说，就是对话录中"研究的结局没有直接说出或以字面写出"[③]。但这种开放性不是意指施莱格尔式的断片[④]，也不是主要指向进化式的演进，而是指文本自身的**对话性**与读者参与的**对话性**之结

（接上页）拉图之争》（Zur Kontroverse um Schleiermachers Platon），载于《论柏拉图哲学》，前揭，第XXVII页。这一完整系统在其著名的《导论》中尚未论及，参《论柏拉图哲学》，第44页以下。施莱格尔对"哲学家"一篇之缺另有别解，参Schlegel：FSKA XII，第212页。

① Krämer：PFM，前揭，第4页，第20—23页。

② Schleiermacher：《迄今的德性学说批判论纲》（*Grundlinien einer Kritik der bisherigen Sittenlehre*），Berlin 1803，第35页。参《论柏拉图哲学》，前揭，第XV—XVI页。

③ 同上，第41页。

④ 与施莱格尔正好相对，"断片的"（fragmentarisch）一词在施莱尔马赫那里更多是负面意义，参同上，第30—31页。

合[①]。在施莱尔马赫那里，施莱格尔断片的诗变成了对话的诗；但两者同一的是，诗都高于哲学，或者说高于思辨的哲学。

施莱尔马赫解读柏拉图的关键就在于文本自身就是无限，除去施莱格尔的影响，这一断言在某种程度上也来自当时新教神学释义学的实践。在这一释义学中，《圣经》作为自足的文本必须从**文本自身**（sola scriptura）开始，并通过**文本自身**（sui ipsius）来解读[②]；其他外来的训导乃是多余的，而只需直面文本，因为其中包含了上帝的一切启示。在这一意义上，施莱尔马赫的柏拉图阐释实践乃是神学式的，用汉语学界的话说，乃是"解经"。

另一方面，施莱尔马赫受到康德哲学的影响，细致发展了"比作者本人更好地理解作品"的释义学理论[③]。在《纯粹理性批判》中康德通过柏拉图的理念学说（Ideenlehre）引入自身的理念（Idee）概念时，指出："不论是在通常的谈话中还是在文章中，通过对一个作者关于他的对象所标明的那些思想加以比较，甚至就能比他理解自己还要更好地理解他。"（《纯粹理性批判》B370，邓晓芒译本）施莱尔马赫像同时代为康德哲学所激励的哲学家与古典学家一般[④]接过了这一原则[⑤]，并且在释

① 《导论》中，读者的禀赋成为一个重要因素，同上，第42页，详后。

② Krämer：PFM，第16页；关于《圣经》释义学与浪漫主义释义学的关系，也参Gadamer：《真理与方法》，第177页以下，其中也特别指出了当时新教释义学的独断论前提，即《圣经》作为统一体。

③ 根据Otto Friedrich Bollnow的推测，这一表述尽管目前最早的引证出于康德，但很可能还来自更早在古典语文学内部的口头讨论，但他并未能给出例证。Bollnow：《理解》（*Das Verstehen*），Meinz 1949，第11—12页。

④ 比如哲学家费希特、赫尔巴特（Herbart），古典学家August Böckh等均使用过类似表述，参Bollnow：《理解》，同上，第9—11页。

⑤ 施莱尔马赫多次使用过"比作者更好地理解作品"之类的表达，参其《释义学》（*Hermeneutik*）遗稿，Heinz Kimmerle编，Abhandlung der Heidelberg Akademie der Wissenschaften，1959，第50，56，74，87，138页。

义学的层次上对其进行了更为具体的规定。在施莱尔马赫的系统下，首先，像作者那样理解作者与比作者更好地理解作者并不冲突，他多次将两者并行表达[①]。其次，前者可以说是后者的必要条件，即只有首先像作者那样理解作者，随后才有可能比作者更好地理解作者。前者要求文本使读者“走出自己的意向，进入到作者的意向中”[②]，要求他“在主客观方面与作者相提并论”[③]，要求其与作者内在的亲缘性[④]，随后才可能达到后者描述的理想。在施莱尔马赫看来，因为写作者可能对自己的部分学说处于无意识或者无反思状态，释义学正是试图沿着作者之思将反思其无反思，将其无意识带入意识。这样，“比作者更好地理解作品”并非意味超越作者去理解，如人们可能误解的那样，恰恰相反，在施莱尔马赫那里其乃是从理解对象自身出发的理解（Das Verstehen von selbst）[⑤]。只有从此出发，以之为基础，才可能达到更好的理解，或者说理解的理想状态[⑥]。

这样，我们才能理解为何施莱尔马赫在著名的柏拉图译文的“导论”中，批评“自称已经比柏拉图本人更好理解了柏拉图的人”显得

---

① 施莱尔马赫多次使用过“比作者更好地理解作品”之类的表达，参其《释义学》（*Hermeneutik*）遗稿，Heinz Kimmerle编，Abhandlung der Heidelberg Akademie der Wissenschaften, 1959，第56，87页。

② 同上，第32页。

③ 同上，第67页。

④ 同上，第133页。

⑤ 同上，第86页。

⑥ 这里无意于具体与施莱尔马赫的原则进行论辩，相关可参Bollnow：《理解》，前揭，特别是第25页以下，揭示了像“作者那般理解作者”与“比作者更好地理解作者”实依赖于不同的文本条件，属于不同的层次，而未必可相提并论或发生递进关系。另一与施莱尔马赫的论辩，参Gadamer：《真理与方法》，前揭，第195页以下。

"有些天真"(unreif)[①],因为这些人恰恰以非柏拉图的方式对待柏拉图,恰恰没有从柏拉图出发理解柏拉图。或者具体地说,他们没有注意到柏拉图笔下苏格拉底对无知的重视,以及对话体与其他哲学体裁的不同。于是,坚持"比作者更好理解自身"这一理想原则的施莱尔马赫在柏拉图阐释中绝无意图为阐释的主观合法性做辩护,也没有将这一原则视为任何解读的必然要求。而且,在解释的实践中,无论是否达到理解的理想状态,在他看来,显然都有必要以同情理解为基础和出发点。[②]

回到柏拉图阐释,如我们之前已经提到的,施莱尔马赫构造了有机式的柏拉图体系。他认为,一旦找到核心的线索,便有利于以此把握与之环环相扣的其他元素,进而可能以柏拉图的方式阐发柏拉图。施莱尔马赫敏锐地将这一核心归于《斐德若》中的书写批判,并且认为从中足以找到柏拉图对话录的解读根据。不过,他先验地将对文本意图的分析等同于作者的书写历史,于是未加反思地将《斐德若》定为柏拉图最早的著作[③],并由之将其作为理解柏拉图全部哲学的基础与入手点。施莱尔马赫对"书写批判"的根本论点在于:**正是由于柏拉图对书写的批判导致其书写对话录**。我们应该牢记,这一论点也是之后几乎所有对话录解读者的信条,所有各式各样的对话录理论恐怕都可以还原于其上。在施莱尔马赫那里,柏拉图一方面为苏格拉底不书写进行了辩

① Schleiermacher:《论柏拉图哲学》,第29页。

② 这样,施莱尔马赫的柏拉图解释的困境根本上并不在于接受了"比作者更好地理解作者"这样的解释原则,而在于其在具体的阐释实践中方法上的种种缺陷,详后。

③ 与之类似,施莱格尔亦将《斐德若》定为柏拉图的第一篇对话录,参FSKA XII,第213页。事实上,这种通过意图来进行作品鉴别与分类的缺陷更集中体现在文献真伪的鉴别之上,如《会饮》、《克拉底鲁》、《美诺》、《礼法》等均被施莱格尔定为伪作。同上第212—213页;亚里士多德的《形而上学》等亦因之被判为伪书。同上,第227页。

护，并承认自己因此受益匪浅；另一方面这一早年对书写的否定态度通过之后对话录的发明，最终得到克服[①]。

对话录书写作为书写批判的克服，乃是施莱尔马赫试图从柏拉图内证联结施莱格尔、新教《圣经》释义与柏拉图哲学的关键。施莱格尔代表了一种诗学原则，以这一语言系统翻译书写批判就是：柏拉图书写的是**戏剧**，而不是**论述**。于是哲学的不可表达原则最终翻转为一种诗的间接表达原则[②]，施莱尔马赫将这种诗的原则具体化为对话的原则。从文本的内部而言，即对话角色之间的交流；从文本接受者的角度而言，则在于读者在阅读过程中对对话的参与。正如前者那里历史相对化了系统，后者那里交流形式则相对化了交流内容[③]，但最终带来的都是柏拉图哲学内涵的相对化。新教《圣经》释义则给出了一种神学原则，用其翻译书写批判，即对话录作为圣文**内在地**包含了柏拉图的**全部**哲学。所谓“全部”隐指了对话录的神圣性，其推论即反对柏拉图口头的“内传学说”；他断言，了解柏拉图哲学除了对话录别无他途。所谓“内在”指示了一种文本分析技艺，即柏拉图文本的意蕴乃是多层次的，深层的分析才可达深层的意蕴。与上文“完整性”结合起来的结果就是，即使存在一个内传学说，那么这一内传学说也包含于对话录之内，

---

① 参施氏为《斐德若》写的导论，特别是《论柏拉图哲学》，第86页以下；并参第40页。

② 参我所概括的施莱格尔论题1, 4.2与4.3。

③ 施莱尔马赫自己说形式与内容的统一性（参《论柏拉图哲学》，第38页）；但如果根本内容依赖于对话录的特殊形式（不同于独白）对读者进行指引，依赖于读者自身的禀赋，则这一说法毋宁说形式本身才具有本质性。这与施莱尔马赫称根本上柏拉图乃一“哲学艺术家”（同上，第28页）相类，它看似一种结合与统 ，但重心却放在了后者之上。关于形式与内容的统一问题，参Krämer: PFM，前揭，第22页；施莱尔马赫那里形式的实质胜利参Gaiser：《劝勉》，前揭，第10—12页。

于是所谓内传学说也就与对话录根本没有区别[①]。

施莱尔马赫的诗学原则与神学原则是交织在一起的。在《论宗教》一文中,他通过柏拉图来引导并展示哲学、艺术与宗教的一体性[②]。诗作为至高的艺术与宗教类似,因为超越理性而可能接近真理,从而也是神圣的。正如诗歌并不明言,只是指示,《圣经》也仅仅显示启示,却并不**论述**之。而关于对话录内在地包含柏拉图全部哲学的断言,从施莱格尔的诗学出发同样可以通达。一方面,施莱格尔自己明言:"在柏拉图对话陈述的哲学之外尚还有一个秘密的、内传的、真正的系统,[……]根本就是与柏拉图关于哲学形式与方法的概念不可共存、相互冲突的。"[③]后来,正是施莱尔马赫完成了对这一所谓"柏拉图关于哲学形式与方法"的经典阐述。另一方面,从施莱格尔关于"哲学之哲学"的论述[④]也可以看作将内传学说内在化于文本的结果。哲学的多重内在结构与文本的多重内在结构对应,只有通过"**文本内部更深的文本**"才能接近"**哲学内部更高的哲学**"。

4. 书写批判与对话形式

与施莱尔马赫从《斐德若》建构起柏拉图的释义学类似,斯勒扎克在图宾根学派内的工作也是从《斐德若》阐释出发。在这个意义上,后

① 对比施莱格尔对内传学说的排斥理由,FSKA XII,第211—212页;其中施莱格尔亦断言,柏拉图的学生斯波斯普与色诺克拉底极少地理解其师,同上第227页则言亚里士多德没有完全理解柏拉图。

② Schleiermacher:《论宗教》(*Über die Religion. Reden an die Gebildeten unter ihren Verächtern*),Hamburg 1970,第92页以下。

③ FSKA XII,第221页。

④ 即施莱格尔论题4.1。

者的工作颇有以其人之道还治其人之身的味道，即利用“施莱尔马赫之方法”[①]来批判与整合施莱格尔—施莱尔马赫范式。其中与施莱尔马赫针锋相对的焦点即在于**书写批判是否具有彻底性**，换句话说，书写批判是指向所有书写，从而也包括柏拉图自身的书写呢，还是仅仅指向一部分书写；对话录是否可能克服柏拉图对书写的批判。

当然为了回答这个问题，不仅需要对《斐德若》“书写批判”部分做出一个细致的阐释，同时需要将这一阐释放在这篇对话的整个语境之中，一方面察看这一阐释能否与全文融贯，一方面也要说明，这一观念能否作为解开全文写作意图的线索。

我们首先来看关于**彻底性**的论证：首先，书写批判是从柏拉图虚构的埃及神话出发，书写源于忒伍特（相当于希腊神话中的赫尔墨斯）的发明。斯勒扎克认为：“使用‘首创者’（πρῶτος εὑρετής）这一神话的运思形式显示出，柏拉图在最根本的意义上审视这一问题——因为对神话思维而言，在事物原初的创造处确立了其不可转变的本质。”[②]

柏拉图自己注意到有人可能不理解这一神话所揭示的根本意义，特意在情节中设置斐德若怀疑这一神话的可靠性（275b3）。值得关注的是，苏格拉底没有正面努力确认其权威性，而是指出：故事来自哪儿

---

① Szlezák写道：“正如柏拉图应从柏拉图来解释，所以施莱尔马赫应从施莱尔马赫来克服。”参AuA 43, 1997，第61页。需要补充说明，这里所谓施莱马赫方法主要指对话录文学形式分析，因为近代的对话录文学分析多受其影响，故以此名之；而事实上，将对话录文学分析归于施莱尔马赫并不准确，柏拉图主义的对话录注解已经极为重视其文学因素，可参G. Radke：《巴门尼德的微笑》，前揭。尽管Szlezák使用这一方法，但同时试图指明其并非唯一的方法，更非无所不包的方法，其界限与意义都需要得到重视。Vittorio Hösle试图指出施莱尔马赫范式与图宾根范式的可结合之处，参其：《柏拉图主义与它的诸阐释》（Platonismus und seine Interpretationen），载于《解释柏拉图》（*Platon interpretieren*），Paderborn 2004，第27—54页。

② PL，第58页。

或者由谁讲述都无关紧要，重要的乃是所说之内涵（275b5—c2，类似的真理诉求参《卡尔米德》161c，《斐多》91c）。这一内部设置已经化解了试图通过神话形式来弱化或者否定书写批判重要性的解读尝试[①]。

接着就直接关涉到书写文字的特性问题。我们不难看到柏拉图依次列举了书写的四个缺陷：（1）书写仅仅是一种记忆的（ὑπομνήσεως）工具，而非有助回忆的（μνήμης）良方（275a）。它导致人们依赖外在的符号，而不是内在地在灵魂层面上回忆[②]。（2）书写如同绘画，仿佛活生生的，面对问题却实际上一言不发（275c）。（3）一旦思想被写成了文字，作为文章到处传播，就不知道对谁言说，对谁沉默（275e）。（4）书写如果遭到攻击，则需要父亲帮忙，而无法自己帮助自己（275e）。

为了阐明我们这里意欲重点说明的“彻底性”，我们还需要对上述四个缺陷略微做一下评注。（1）在《美诺》（81c以下）中苏格拉底阐释与展现了知识作为回忆的学说，这与《斐多》中哲学要求灵魂与身体的分离相一致。这一要求的具体含义就是回到生前对理念的直观，这就揭示了回忆既与原初状态（生前），也同上升之高峰相系（对理念的直观，参《会饮》210a以下）。（2）这里涉及书写的本质。如果结合《政制》第二、三与十卷诗歌批判的结构，这一比喻的意味就可显明：前两卷涉及诗歌的内涵（376e—392c）、形式（292c—398b）、曲调（398c—399e）与节奏（399e—400e），但尚不是根本性的批判，而最后则将诗歌定义为“模仿之模仿”，才从本体上标明了诗之局限，这时柏拉图正是以绘画来喻诗（《政制》，598bc，602d）。之后苏格拉底便明言了：“书写

---

① 参PSP，第7页。Wolfgang Wieland在《柏拉图与知识的形式》（*Platon und die Formen des Wissens*，Göttingen 1982，第25页）指出，《斐德若》书写批判的神话框架表明其无“真理承诺”（Wahrheitsgarantie）。

② 回忆与智慧和理念的密切关系，参《斐多》与《美诺》；而遗忘与真理相对：注意其辞源，遗忘乃λήθη，真理乃ἀ-λήθεια，参Gaiser：《劝勉》，前揭，第15页。

下的东西乃是所言的模仿”（ὁ γεγραμμένος εἴδωλον ἄν τι λέγοιτο，《斐德若》276a10），正如诗根本上的模仿性不可克服，书写根本上的模仿性也无从克服。（3）与（4）都是从书写与世界的关系来对书写进行规定。前者谈论的是书写在一般情况下面对他人的问题，即它不知道对谁言说、对谁沉默；后者谈论的是书写面对他人的一个特殊情况，即当他遭到诘难时，无力帮助自己。值得注意的是，因为这里涉及他人，即书写的受众，一些解读者就试图于此有所发挥。比如斐博尔（Rafael Ferber）就因此将“书写批判”视为“对书写公共性的批判”，他列举了对书写的三个批判（大约相当于这里的2—4），认为后两者都是对读者群体的批判，而非对于书写本身[①]。首先不难看出，他对我们列举的“批判一”视而不见，也自然略过了书写批判中涉及的回忆学说与理念学说视域，即未能重视书写批判根本上是一**形而上学的**筹划，而非**读者接受一反应**的经验探讨。其次，即使在他论及的三个批判内，书写在存在级序上与绘画相提并论的事实已经触及了书写性（Schriftlichkeit）这一根本问题。这样，既然他承认我们的论题（2），那么即使（3）（4）涉及书写公共性的批判，也无从扬弃整个书写批判的彻底性。再者，不得不怀疑的是，尽管批判（3）与（4）必须与读者相涉才有可能发生，但这个必要条件能否推出批判的指向乃是读者呢？我们说出文字作品，就总是隐含着说出了作者与读者，也就是隐含着写作与阅读，特别是作者同时身兼二职。一个与阅读无关的文本是难以想象的。不难发现，所谓不能知道沉默，不

---

① R. Febel：《哲学家的无知或曰柏拉图为何未写“未成文学说”》（*Die Unwissenheit des Philosophen oder warum hat Plato die >ungeschriebene Lehre< nicht geschrieben*），St. Augustin 1991，第23—25页。本书尚有其他两个类似版本，其一收入《理解〈斐德若〉》，前揭，第138—155页，标题略动；其二收入Méthexis VI, 1993，第37—54页，名称变为《柏拉图“在未成文说”中代表一教条的形而上学和“系统论”吗？》（*Hat Platon in der „ungeschriebene Lehre“eine dogmatische Metaphysik und eine „Systematik“ vertreten?*）。

能帮助自己，说的都是在**一般情况下**或在**一定情境下**，书写**由于自身的局限性**所无从达成的东西；这种无能出于书写的性质，即书写性，而非出于读者的某些特殊性。简单说来，并不会因为读者群体态度、方法或者能力的调整，书写就变得知道沉默，变得可以帮助自己。

不仅从上文多方面的分析可以揭示柏拉图书写批判的根本性与奠基性，而且柏拉图的词语使用更加强了这一论证：γράμμα（274d2, 274e4, 275a1, 275c3, 275c5, 275c6, 276d1），γραφή（274b6, 275a3,275d4, 277b1），γεγραμμένος（276a10）显然都是指向一般的书写，而非书写的某种特殊形式。后文中斐德若称：利用书写"讲述正义及其他的故事"（δικαιοσύνης τε καὶ ἄλλων ὧν λέγεις πέρι μυθολογοῦντα, 276e）已经暗指了《政制》中的讲述（376d, 501e）[①]，也就说指向了柏拉图自己的作品。在277e6—7中，柏拉图对所写之物进一步的明确规定乃是ἐν μέτρῳ οὐδ' ἄνευ μέτρου（即"无论是有韵，还是无韵"），这也显然将整个书写完全包含在内[②]。结合上文的论证，那么柏拉图自身的作品并没有逃脱书写批判。于是，施莱尔马赫的看法，柏拉图通过书写对话录使得书写完善地接近口头，并由此克服了书写的弱点，就难以立足。而后来的诸多施莱尔马赫主义者对这点的反复重申——比如为了克服书写的困境，柏拉图以对话录间接地写作——都难以寻得文本内部的支持。强调对话录"万能"，通常使用的一个论证就是，与其他形式相比，对话录

---

① 参W. Luther：《书写逻各斯的诸弱点》（Die Schwäche des geschriebenen Logos），载于*Gymnasium* 68, 1961，第536页以下；参Szlezák: PL，第66页；PSP，第14—15页。

② 于此，一些论者试图从亚里士多德的《残篇》73中举证，认为柏拉图之文在诗与散文（πεζὸς λόγος）之间，因此《斐德若》此处的批判也就不包含柏拉图的作品。但是，正如Szlezák已经指出的，μέτρῳ ἄνευ μέτρου（无论是有韵，还是无韵）根本不同于"诗歌还是散文"这样的逻辑结构。前者乃是A与非A，也就是说构成了全集；后者则不尽然。参Szlezák: PSP，第17页。

乃是**活生生**的。但在这儿，柏拉图恰恰明言了书写“**仿佛是活生生的**”（ὡς ζῶντα, 275d6，参上文“批判二”及评注），就像绘画，并不能提供真正的生动性。

为了将对话从书写批判中“拯救”出来，一些论者试图借过文本277d7中的σύγγραμμα（也包含《书简七》341c5），将其理解为“**论文**”、“**系统论述**”、“**教科书**”[①]等，以此强调对话与系统论述的对立，证明对话的独特性，以便将其从书写批判中抽离。然而在耶格尔（W. Jaeger）已经指出σύγγραμμα包括柏拉图的文学作品的基础上[②]，斯勒扎克对σύγγραμμα与同源词汇，συγγράφειν, συγγραφεύς, συγγράμματα, συγγραφαί进行了系统的考证[③]，证明了试图将σύγγραμμα归为论文的尝试根本来自未加审查的先见。因为希腊文中σύγγραμμα的反义词并不是διάλογος（对话），而是ποίημα（诗）。也就是说，其指示的乃是与韵文相对的诸种散文，而非与对话体相对的论述体[④]。所谓συγ-这一前缀，并非指代系统性，而是仅仅指文字的结集；不是指向论述性，而是指条

---

① 比如德国的雅斯贝尔斯、伽达默尔，英国的W. K. C. Guthrie等人。雅斯贝尔斯的翻译为“Lehrschrift”或者“Lehrvortrag”，伽达默尔的译文为“theoretische Traktate”，Guthrie为“treatise”，其他类似的尚有Hackforth的“a manual of his doctrine”，I. M. Crombie的“systematic treatise”，更详细的列举参Szlezák: TD，载于PSP，第345页注2。

② W. Jaeger:《亚里士多德〈形而上学〉发生史研究》（*Studien zur Entstehungsgeschichte der Metaphysik des Aristoteles*），Berlin 1912，第144页。

③ 参Szlezák:《σύγγραμμα的含义》（Die Bedeutung von σύγγραμμα），载于PSP，第376—385页；也参《论〈书简七〉》（Zum Siebten Brief），载于PSP，第386—405页；及TD，PSP，第344—347页。

④ 相关证据参：柏拉图《吕西斯》（204d4, 205a5），《礼法》（810b5—7, 858c10—d3）；伪柏拉图《米诺斯》（*Minos*, 316d9—e4）等，参Szlezák: PSP，第377—378页。另：这主要限制在苏格拉底之后的用法，而最早σύγγραμμα甚至也可以指诗歌，比如希罗多德《历史》（1.47.1—48.1）中所提及的德尔斐之神谕也用此称谓。参同上，第381—383页。

分缕析地进行创作，这样以所写构成一整体。于是柏拉图精心构思、充满论证与转折的对话显然可以称之为σύγγραμμα。这不仅是一理论的可能性，同时为柏拉图自己和希腊人对柏拉图作品的直接称谓所证明。除去《书简七》中的自指，伪柏拉图在《书简二》[①]中有言：现在被视为柏拉图的σύγγραμμα（著作）的毋宁说属于变得高贵而青春的苏格拉底（λεγόμενα Σωκράτους ἐστὶν καλοῦ καὶ νέου γεγονότος τὰ δὲ νῦν，314c）。从这一文字来看，显然σύγγραμμα说的正是对话录，否则苏格拉底这一称谓便无从出现。此外柏拉图的同时代人伊索克拉底及后人第欧根尼·拉尔修、普罗克洛（Proklos）、斐洛（Philon von Alexandreia）[②]等均将柏拉图的对话录称为σύγγραμμα，可见在古希腊人那里根本没有将此词理解为与对话录相对立的论文。

既然已经确定了书写批判的彻底性，那么，柏拉图接着利用阿多尼斯花圃的比喻进一步形象化了哲学家对待书写的态度[③]。这里的关键点如下：(1)一个理智的农人是播撒全部还是一部分种子；(2)是播撒入阿多尼斯花圃中，还是适宜的土地中；(3)是等待八天的茂盛还是等待八个月的收获；(4)是出于游戏还是满怀严肃。依照斯勒扎克的阐发，辩证家能够并且根本上选择了后一种；而其书写，或者说在阿多尼斯花圃中书写，则出于保存记忆、等待来者或娱悦心神（游戏）。

上述四个问题也就以比喻的方式将对书写的批判引向了书写与口传的具体对立：(1)说明了书写并非包含柏拉图学说的全部，因为辩证家在书写中是有保留的，他播种的仅仅是一部分。(2)寻找“适

---

① 这里书信的真伪对于我们的判断显然无关紧要。重要的是考察古希腊人对此词究竟是何见地。

② 详细的文献引述见PSP，第379—381页。

③ 本书中，Szlezák对阿多尼斯花圃做了较为详尽的解读，笔者这里就尽力从其他角度继续推进这一论述，重复之处则一笔带过。参PL，第60—63页。

宜的土地"(276b7)正如寻找"适宜的灵魂"(276e6)，而只有亲身的口传才能做到因材施教并懂得保持必要的沉默。这里涉及谈话对象或者学生的选择，不仅为对话录展现出的情景所证，也与学园的实际教学相一致。因为即使在学园内部，柏拉图的学生事实上也有亲疏之别，分为普通的学生与**亲密同伴**(γνώριμοι, συνήθεις)，后者中的领衔者已经被视为**同道**(καθηγηταί)，像亚里士多德、色诺克拉底、斯波斯普恐怕就是这样的学生，他们不仅与师长一同学习，而且长时间地与老师共同生活。[①](3)指明了获得收获的艰巨性，这就是柏拉图常常借苏格拉底之口所说的"漫长道路"。而且事实上，与其在《政制》中描写的教育过程类似(536d—540a)，柏拉图的一些亲密学生追随他不少于三十年(参《书简七》314a—b)。(4)则不仅从态度上，而且从价值上规定了书写与口传的对立，这里涉及柏拉图的自我定位及对哲学的定位，其重要性在面对游戏化的现代对话形式理论中更加凸显出来(详后)。

既然已经澄清了书写批判的彻底性与哲学家对于书写的态度，也就自然可以得出：如果哲学家写作，那么一方面所写必然需要作者(即他父亲)的帮助，另一方面哲学家也有能力帮助自己书写。从前者出发，则得出书写相对于口传层次较低(φαῦλα)；从后者出发，这种帮助是在更高的层次上，即利用更有价值的事物进行的。所谓相对层次较低并不是否认了书写根本的价值，而是在比较中，以为其不如口传；书写

① Diog. Laert. 4.19；10.9；参Ilsetraut Hadot为"Neue Pauly"(*Der neue Pauly: Enzyklopädie der Antike*, Hubert Cancik等编，1996—2001，简称DNP)写的"Philosophischer Unterricht"词条，Stuttgart, Bd.9，第877—882页。关于学园还可见M. Baltes：《柏拉图的学校》(Plato's School)，载于氏著：《所思：柏拉图与柏拉图主义论集》(ΔΙΑΝΟΗΜΑΤΑ：*Kleine Schriften zu Platon und zum Platonismus*)，1999，第249—273页。

著作中论点或者论证可能是正确的，甚至不可或缺，但未必是最佳的[①]。所谓“更有价值”并非指所有口传必定优于书写，像那些没有探究没有教谕（ἄνευ ἀνακρίσεως καὶ διδαχῆς, 277e）的口头逻各斯同样为柏拉图所批判[②]；毋宁说，在口传中辩证家使用更深的理论来帮助或者完善书写。所以这里有必要从内涵上来理解所谓“更有价值之物”[③]，并非口头活动本身就是有价值的。[④]

---

① Meiβner将φαῦλα等同于ψεύδη乃是误解。参Helmut Meissner：《柏拉图深层的逻各斯：为柏拉图作品中的矛盾问题一辩》（*Der tiefere Logos Platons: Eine Auseinandersetzung mit dem Problem der Widersprüche in Platons Werken*），Heidelberg 1978，第112页。对φαῦλα的考辨，参PSP，第18—19页注释19。

② 柏拉图这里显然也有对口传的批判，但这一批判是否可能与书写批判放在一个层面理解，即这一批判是否可能作为对口传性（Mündlichkeit）的批判，则值得怀疑（参本文对不可说问题的略述）。Schefer试图在《柏拉图不可说之体验：通往柏拉图之别途》中发掘出一个彻底的口传性批判以反对图宾根学派对书写批判的解读，并从而达成柏拉图对整个语言，甚至表达的批判，见前揭，第17—21页。M. Erler也正在进行柏拉图口传批判的研究，但他并非如Schefer一般，试图将口传批判推至语言批判，而是将之作为书写批判的补充，参其阶段性成果：《闻得正理却失其要害：柏拉图隐含的诗学》（To Hear the Right Thing and to Miss the Point: Plato's Implicit Poetics），载于A. A. Michelini编：《作为作家的柏拉图：哲学的修辞学》（*Plato as Author. The Rhetoric of Philosophy*），Leiden 2003，第153—173页。

③ 这与图宾根学派始终强调从内涵上理解柏拉图作品正相一致。尽管图宾根学派同样，甚至更为细致地讨论对话形式，却并不像一些当代的诠释者，以后者压过前者或者设定形式与内涵的绝对同一性。参Krämer: PFM，前揭，第19—27页。这样，Gyburg Radke从形式压过内容的角度批判当代柏拉图研究的趋向乃是合理的，但试图将图宾根学派也归为此潮流可谓误断。参其著：《巴门尼德的微笑》，前揭，特别是第1—61页。

④ 比如Vlastos将τιμιώτιρα解为讨论的活动（activity），在Szlezák看来，这种阐释就像说歌唱的行为比歌曲更有价值。参Vlastos, *Gnomon* 35, 1963，第653页；Szlezák：PSP，第20页；同时Vlastos的观点在语文学上也站不住脚：其一，如果要将此言理解为所谓的“活动”，原文则不应该为“τὸν μὴ ἔχοντα τιμιώτερα ὧν γράψεν”，而是“τὸν μὴ（转下页）

“哲学家通过更有价值之物帮助受到诘难的逻各斯”，这一论断对于斯勒扎克具有核心意义[①]。一方面它是理解柏拉图哲学教学与书写活动的关键，一方面也是贯穿对话录、重新塑造新的对话解读范式的线索。因为对话录乃是对活生生谈话的模仿，苏格拉底和其他对话引导者在对话中作为口传哲学家向学习伙伴传授知识与技艺。于是这就有了一对应关系，柏拉图通过口头的教学帮助其书写（学园的重要实践之一），而书写作品中的辩证家同样在通过交谈帮助其逻各斯。这样，一个总是不断出现的“帮助情景”就成了一种“帮助结构”，循着这一结构不仅可能进一步剖析柏拉图对话录的形式原则，同时更可以整合未成文学说进一步探讨对话录的内涵。至于帮助结构如何具体与对话录的其他特点结合，如何整合对话录以及如何帮助理解对话录，这正是本书具体展现给我们的，读者观后自有所断，这里就不再冗论。

5. 现代对话形式理论

在讨论了施莱格尔与施莱尔马赫的柏拉图阐释与柏拉图的书写批判之后，我们就足以进入所谓现代对话形式理论之中。一方面我们将看到，尽管“现代对话理论”体式与形态变化多样，它的基本论题或者说理论信念却根植于二施奠定的释义范式之中；另一方面，我们也试图揭示，它多方面与柏拉图自述的书写批判、进而与整个柏拉图哲学相矛盾。当然由于篇幅所限，我们不得不略过这一理论自施莱尔马赫之

（接上页）ἔχοντα τιμιώτερα τι τοῦ γράφειν”。参其著GU，前揭，S. 46；其二，这里的τιμιώτιρα为复数，若照Vlastos的理解，当为单数，即τιμιώτιρον，参《对话形式与内传主义》（Dialogform und Esoterik），载于MH35，1978，第22页。

① 参PL，第71—83页，PSP，第19—23页，特别是第66—71页，Szlezák回应了一些对此可能的四种误解。也参*Elenchos* 10，1989，第342—345页。

后的历史发展①,而将精力主要集中在二十世纪以来其表现出的主要特征,关注其共通之处。笔者在此依照斯勒扎克的系统批评②提炼如下:

(1)柏拉图以“**间接表述**”的方式调动读者活生生的运思,因其自身不是学术论文,而是生动、开放的交谈。它不仅展示出了其中人物的对话,也展示了读者与文本的对话,这是哲学活动的基本特征。

(2)间接陈述来源于语言之本质,即作为无限的真理无从通过有限的语言得以表达。对话录则是对不可说的唯一接近表达。在这一方向上,最高的学说或者是已潜在包含在对话录中,或者根本上不可言说。

(3)柏拉图哲学的本质乃是游戏或者将游戏作为哲学唯一可能的陈述方式,也可以说,柏拉图的哲学是“**游戏的严肃**”或者“**严肃的游戏**”。

(4)对话录的传达方式为间接陈述,包含没有结局的困境、自相矛盾、反讽等。只有理解反讽的读者才能理解对话之反讽,进而才能理解对话。甚至进一步,**只有反讽的读者才能理解反讽的对话录**。在这一意义上,谎言、修辞、意见(doxa)等成为对话录的核心词汇。

(5)对话录知道自己选择读者,**可以**对合适的读者言说、对不合适的读者沉默。通过读者阅读的逐渐深入,它可能对读者在**不同**时间给予**不同**回答。因为反讽等手段都指向对话录的隐意,于是这种多义性造就了双重的对话或者多重的对话。少部分读者得其深意,而其他读者则得其显意,或者说,不得其意。尽管一切没有在直接表达中说出,却在第二层的对话中说出。也就是说,**对话录并非指向自身之外,而是指向自身之内**。

---

① 有兴趣的读者可参Krämer: PFM,前揭,第29—38页,其中涉及了E. Zeller,P. Shorey,H. Cherniss等著名学者对施莱尔马赫学说的接受。也参其著:《无限主义》,前揭,第610页以下,这里主要涉及施莱格尔柏拉图研究的接受与批评简史。

② 见TD一文,载于PSP,第331—375页;也参*Elenchos* 10,1989,第347—351页。

接下来我们试图对上述五个特征分别进行简要的评论[①]：

特征（1）这一论断根植于施莱格尔对“无限”的信仰（参施莱格尔论题1），其证明则完成于施莱尔马赫对书写批判及克服书写批判的阐释。最终，这种无限的生动性演化为一种生存哲学或者对话理论，这种哲学或者理论又试图从自身出发给予对话录形式以更深的哲学奠基；或者说，这种哲学一方面试图如是地解读哲学史，一方面也试图通过哲学史的解读来证明自身。用海德格尔式的语言来重述这一观点就是：**道路，而非著作**。这一意向为伽达默尔所利用，其解柏拉图有文，名曰“途中的书写”，并在其中断言，柏拉图**仅仅以模仿交谈的方式**来表达思想[②]。这一论断的前提正出自施莱尔马赫对对话录性质的判断，用弗里德兰德的话说：“对话录是唯一的书本形式，其显得可以克服书本本身。”[③]无奈这一判断不仅根本上无从以书写批判为据，而且与之相互矛盾，因为现代对话理论的信仰者始终未能证明γράμματα, γραφή, γεγραμμένος这种一般性的表达指向的是对话录之外的某些特殊书写作品。再者，柏拉图作品开放性的问题实不等同于对话性问题。整个柏拉图研究界都承认的事实是，只有所谓早期对话录最终指向开放结局或者说在窘境中并没有给出一个积极的出路，但中后期对话录已经是建构性的[④]。不仅如此，《政制》第一卷与后九卷的关系已经给出了窘境

① 这里的诸特征当然相互缠绕，笔者仅仅试图分别就每一角度论述之。同样，每一特征的代表论述也汗牛充栋，笔者仅举一两例明晰之，并尽量与Szlezák所举例证相别。较为丰富的相关文献引述参Szlezák的TD一文，见PSP，前揭。

② Gadamer：《途中的书写？》（Unterwegs zur Schrift?）载于：J. Assmann与Ch. Hardmeier编：《书写与记忆》（*Schrift und Gedächtnis. Beiträge zur Archäologie der literarischen Kommunikation*），Bd.1, München 1983，第14页。

③ Friedländer：《柏拉图》（*Platon*），Bd. 1 Berlin 1964，第177页。

④ 参本书对建构性对话录与对话录中观点逐渐趋同的论述，PL，第148页以下；PSP第347—353页。

对话录与其他对话录的关系，柏拉图在此给出了辩证家完全有能力以更高层次的论证走出窘境的例证[①]。于是对开放性的强调就导致这一理论仅仅适用于柏拉图的早期对话，而与中后期对话并不相合。最后要质疑的是，读者与文本的对话是否与文本内部人物对话具有同构关系，并且这种读者与文本的交流能否作为柏拉图意义上的哲学活动之本质。我们之前已经论及，具有同构关系的乃是文本之中人物之交流与柏拉图本人同学生的交流，或现实苏格拉底同伙伴的交流。换句话说，他们乃是虚构的口传哲学与真实的口传哲学之间的同构。如果读者与对话录的交流可称为对话，那么读者面对其他文本（诗歌、小说、论文）的交流同样是某种对话，前者相对后者并无什么特殊性[②]。根本来说，这种交流都是我们所谓的阅读；将其等同于对话，其根据毋宁说在交互主体性及接受美学等理论[③]之中，这并不是柏拉图式的。

特征（2）这一看法可谓来源于施莱格尔论题1，4.1与4.2[④]，其在施莱格尔那里作为哲学的本质问题，在施莱尔马赫那里则作为艺术与宗教的体验性问题；当然其当代形态也与流行的不可说问题暗

① 参《美诺》80e以下苏格拉底对窘境的对策。关于《政制》第一卷与第九卷的关系，参Szlezák为Rüdiger Rufener《政制》译本（Düsseldorf/Zürich 2000）所写的引导，第992—926页。

② 对话录与其他文本相比的特殊性问题参PL，第149—150页；也参PSP，第359页。

③ 参Wolfgang Iser：《文本的召唤结构》(*Die Appellstruktur der Texte*)，Kontstanz 1974;《阅读活动：审美效应理论》(*Der Akt des Lesen. Theorie ästhetischer Wirkung*) Müchen 1976; T. Ebert：《柏拉图哲学中的意见与知识》(*Meinung und Wissen in der Philosophie Platons: Untersuchungen zum 'Charmides', 'Menon' und 'Staat'*)，Berlin 1974，第32—35页。

④ 施莱格尔有言："至高之物的相对不可表述原则涉及柏拉图哲学著作的整个形式。至高之物只可能通过另换衣装的方式来表述。" FSKA XII，第214页，也参施莱格尔对柏拉图思想的未完成性及永恒生成性的阐发。FSKA XII，第209页。

合。伽达默尔便直接使用了“**辩证法的无限性**”（die Unendlichkeit der Dialektik）[①]这样典型的浪漫派用语。其弟子维兰德（Wolfgang Wieland）在《柏拉图与知识的形式》一书中也以为：“有识者绝不会完全将其**认识**（Wissen）对象化”[②]，“辩证家通过他与命题的**交往技艺**而被描画，其典型特征不是对某些命题和论证的占有和了解。”[③]换句话说，在维兰德看来，柏拉图那里实践具有优先性，即认识（Wissen）胜于知识（Erkenntnis），后者仅仅是前者不完全的“对象化”而已，这也是柏拉图选择对话作为书写方式的理由之所在。与之类似的尚有其同门Rüdiger Bubner和Günter Figal[④]，二者均强调探索或者认知（Wissen）本身，而轻视知识的文献（Dokumentation des Wissens）；肯定认识之行为，怀疑知识之内容。这样真理自然变为**不断的追寻**，而非某一内涵的占有。如果说上述论者尚试图给出“不可说问题”在**实践上**的规定，但由于始终回避认识内涵上的规定，其逻辑最终导致柏拉图解读中极致的怀疑论。这就像斐博尔于《柏拉图的善之理念》[⑤]与《柏拉图为何未写未成文学

---

① Gadamer：《柏拉图未成文的辩证法》（Platons ungeschriebene Dialektik），载于《理念与数》，前揭，第28页。

② W. Wieland：《柏拉图与知识的形式》，前揭，第21页，关于“对象化”的问题参第26页：“认识不能以对象化的方式存于语词之中”，也参第27页。

③ 同上，第59页。参之前对于“更有价值之物”的论述，即到底是从行动上来理解这一词汇，还是从内涵上。

④ Rüdiger Bubner：《柏拉图那里的理论与实践》（Theorie und Praxis bei Platon），载于氏著：《古代论题与其现代之转换》（*Antike Themen und ihre moderne Verwandlung*），Frankfurt a. M. 1992，第22—36页；G. Figal：《巨人之战》，前揭，载于IZPh 1994，第161—162页；还可对参Figal的弟子之书：《存在与灵魂》（*Sein und Seele: Platons Ideenphilosophie als Metaphysik der Lebendigkeit*），Münster 1998。

⑤ R. Feber：《柏拉图的善之理念》（*Platos Idee des Guten*），St. Augustin 1989第二版，特别第154页以下。

说》(前揭)中表述的，由于本原知识根本上作为不可言说之物，对其陈述以及整个对话录都是意见(Doxa)，于是他抛出自己的核心论点：柏拉图未写未成文学说乃是在于，**这一学说根本上不可能被书写**。在类似的方向上，舍菲尔进一步以不可说的宗教体验或者说神秘直觉作为柏拉图的最高学说[①]。然而，柏拉图书写批判中揭示的对误解的担心并不代表其学说根本不可能被书写。进一步言之，即使书写与口传都面临着极大误解的风险，也根本推不出，担心被误解的哲学家就既不书写也不言说[②]。在《礼法》这一文本中探讨夜委会的教育安排时，雅典人指出：将这里所言之一切视为“不可说”，恐怕并不适宜，将其视为“**不可提前说**”才是；若将其提前说出，则所言便无从清晰(οὕτω δὴ πάντα τὰ περὶ ταῦτα ἀπόρρητα μὲν λεχθέντα οὐκ ἂν ὀρθῶς λέγοιτο ，ἀπρόρρητα

① Ch. Schefer尚不能简单视为现代对话形式理论的代表者，因为她同时认为图宾根学派的立场最终“不可避免”。说其反内传学说，不如说其将内传学说极端化、神秘化。她的目的不仅在于提供新的个别对话录的新阐释，而是希望在现代对话理论与图宾根范式之外，找到另一道路并意欲建立一新范式。这所谓范式的基本雏形已见于其博士论文《柏拉图与阿波罗：从逻各斯回到神话》(*Platon und Apollon: vom Logos zurück zum Mythos*)，St. Augustin 1996；新范式一说正式提出于《通往柏拉图之新途？》(Einn euer Zugang zu Platon?)，*Hermes* 127, 1999，第422—436页；随后见其专著《柏拉图不可说之体验：通往柏拉图之别途》，前揭，特别是第223—227页，第436页。不过迄今为止，并无其他学者在这一所谓新范式内部继续推进，也就是说，尚没有得到任何一个学术共同体的认可。这样，其是否可被称为“范式”，显然颇值得怀疑。面对Schefer这种极端化的倾向，Gaiser早有预料，其发表于1988年的《柏拉图的内传学说》(Platons esoterische Lehre)“论超时间真理”一节仿佛就是直接针对Schefer的反驳，载于P. Koslowski编：《哲学史上的灵知与神秘论》(*Gnosis und Mystik in der Geschichte der Philosophie*)，Zürich 1988，第34—35页。

② Mann在批评图宾根学派时试图揭示一极端悖论：“如果柏拉图如此担心被误解，他就应该不说也不写任何东西！”《柏拉图在图宾根》，前揭，第374页。可惜，正如我们所揭示的与将揭示的，这个归谬并不成立。

δὲ διὰ τὸ μηδὲν προρρηθέντα δηλοῦν τῶν λεγομένων, 968e2—5)[①]。在被斐博尔称为“对哲学家之无知与对理念之无识的经典论述”[②]的《书简七》中，柏拉图称至高之物“不像其他的学习对象那般可说”(ῥητὸν γὰρ οὐδαμῶς ἐστιν ὡς ἄλλα μαθήματα, 341c5)，这里所谓的“不可说”事实上有一个限制即“像其他的学习对象”那般，而不是绝对的不可说[③]。柏拉图多次表达过不说的意愿，但常常附带着“现在”(νῦν)，“在当下”(ἐν τῷ παρόντι)(参《政制》506e1, 509c9, 511c6;《智者》254c8等)；同样他多次利用副词“下一次”(εἰς αὖθις)，“某时”(ποτέ)(参《普罗塔戈拉》357b6,《政治家》284d1)表达将来可说出之提示。一方面“苏格拉底”称：善之理念“超越存在”(ἐπέκεινα τῆς οὐσίας,《政制》509b9)，另一方面，柏拉图从未写过某种神秘之物超越“本原”(ἀχρή)。既然作为善之理念的本原(511b7)是可认知(517b—518c)并可说的(534b3—d1)，那么所谓至高之物便也是可说的[④]。既然柏拉图那里并不存在一个根本性的不可说问题，那么所谓以对话录的方式间接地表达不可说之根据毋宁说乃是一种当代哲学冲动的投射，其与施莱格尔诗的无限主义与施莱尔马赫的“体验”原则结合，便产生了诗性的对话录阐发与实践导向的未成文学说解说。

---

① “不可说”与“不可提前说”之别Krämer早在其《德性》一书中就明确提出，参第29页；之后Szlezák也反复强调，并将此作为内传主义与秘密学说区分的重要一面，详后。参*Elenchos* 10, 1989，第357页；GU，前揭，第41页。

② R. Feber：《柏拉图为何未写未成文学说》，前揭，第51页。

③ 参Rainer Knab：《柏拉图的〈书简七〉：导论、文本与注释》(*Platons Siebter Brief, Einleitung, Text, Übersetzung, Kommentar*), Zürich/New York 2006，第263页，Ch. Schefer：《柏拉图不可说之体验》，前揭，第34—35页，附有对这一问题论争的其他文献。

④ 关于柏拉图那里“不可说”这一问题的详尽处理最值得推荐Krämer《德性》，第27—29页，第464—467页；氏著：《间接柏拉图文献的基本问题》，载于《理念与数》，前揭，第131页。

关于特征(3),正如我们在《斐德若》的书写批判中看到游戏与严肃的区分,而黑格尔在《精神现象学》的前言(Vorrede)中则提到严肃对游戏的升华,即神圣的认识如果没有**严肃**(Ernst)、痛苦、容忍与劳作,也就沦为无味冲动式的游戏(Spielen)[①],这展现了严肃面对游戏的优先性。不过,由于"游戏"成为当代哲学的关键概念之一[②],我们便在现代对话理论的众多追随者那里看到它也成为柏拉图**哲学的**决定性因素,极端者如斯坦利·罗森(Stanley Rosen)之见:"**哲学乃是高贵的游戏**",却可能被他物**扭曲为严肃**[③]。而相对折中者则如雅克布·克莱恩(Jacob Klein),他将游戏与严肃相提并论,以为对话录的两个基本元素乃是"模仿性的游戏(mimetic playfulness)与智性的严肃(dianoetic seriousness)"[④],两者均非自足,而是互相依赖[⑤]。这些论断都可以从施莱格尔论题的4.1与4.3中寻得渊源。一方面,哲学自身的多层次与对话录的多层次相应,这样彼此矛盾的概念才能由之组合并将其转为高低、内外之别,或者将其干脆混同;另一方面,严肃与游戏的相互依赖也成为苏格拉底式的反讽与苏格拉底式的辩证法相互依赖之象征。本来毋庸否认,对话录的游戏中含有严肃,但对话形式理论追随者看重的常常并非辨明两者的结合方式与界限,也无心于严肃之物,甚至否认可能有独立的严肃存在。这就往往导致倾向严肃游戏化的解读,就像我们看到罗森这样的诗人好谈《会饮》中爱若斯位于身体与灵魂之间[⑥],但

---

① Hegel:《精神现象学》(*Phänomenologie des Geistes*),Hamburg 1988,第14页。

② Gadamer:《真理与方法》,前揭,第107—139页。

③ S. Rosen:《柏拉图的〈会饮〉》,前揭,第xxxi页

④ J. Klein:《〈美诺〉注》(*A Commentary on Plato's Meno*),Chapel Hill 1965,第27页。

⑤ 同上,第18—19页。这一论断如果仅仅限于对话录内部,特别是中早期对话,大约言之成理,但如果放在"柏拉图哲学"的层面上,则颇有问题。

⑥ S. Rosen:《柏拉图的〈会饮〉》,前揭,第259页。

实质乃是试图将爱若斯，也随即将哲学，拉入身体的范畴一边[①]，将柏拉图哲学视为一种身体的政治诗学。不过，既然我们已经知晓了施莱格尔精神的深远影响[②]，同时也略知20世纪初格奥尔格（Stefan George）的诗人团体对思想史书写的强力侵入[③]，那么面对这位相比之下尚缺乏诗的创造与直觉的后来者，也就不会为其平庸随意而大惊小怪。现代对话形式理论从对话录作为游戏走向哲学作为游戏，正是回到施莱格尔的出发点，也是施莱尔马赫将对话录作为柏拉图全部哲学的产物之一，尽管这并非二施本意。不过无论如何，将哲学游戏化的努力根本乃是漠视《斐德若》中游戏与严肃之系统区分：这一对立的语境中还有口传与书写，“更高价值”与“较低价值”（参前）、真理与现象（275a6）、醒与梦（277d10）等一系列的对立。在这一前提下，一个对游戏与严肃的合理解释也就必须兼及其他概念才是合理的。另一方面，所谓游戏与严肃的对立并非指游戏就意味着谎言，就像不能说书写相比口传乃是谎言，而不过是说，有识者的书写作为有识者口传的投影（εἴδωλον），不如其口传更有价值。这种比较必须放在一个层面上才可生效，正如无知

① Rosen称如果要解读《会饮》，应更关注男童恋，而非理念学说。参氏著，同上，第263—265, 274页；这一论点实袭自其师Leo Strauss，后者的《会饮》讲稿有言：“对理念的沉思仅仅是为了男童之恋的首要与最高的手段”，“对美的爱本质朝向身体”，参Leo Strauss：《论柏拉图〈会饮〉》（*On Plato' Symposium*），Chicago 2001，第237页，第241页；也可参Allan Bloom：《爱与友情》（*Love and Friendship*），New York 1993，第523—524页。

② 施莱格尔明确将“玩笑（Scherz）与严肃苏格拉底式的混合”定义为理解柏拉图哲学的核心。关于此解读恰恰也关注《斐德若》，不过这里他却没有论及这两个概念出现的语境，而是提及前文中的神圣疯狂。参FSKA I，第404—405页。

③ 在一定意义上，海德格尔的《存在与时间》（*Sein und Zeit*）即这一团体精神的产物，而伽达默尔在访谈中也透露了这一艺术家团体对自己和古典学家P. Friedländer的影响，他们从中找到了“通往柏拉图著作音乐式的进路”（einen musischen Zugang）。参《希腊人，我们的同时代人》（*Die Griechen, unsere Zeitgenossen*），载于IZPh，1994，第142页。

者的口传自然无从与有识者的书写相提并论[①]。

特征（4）与（5）均涉及哲学及其媒介，前者更多地关注如何理解传达手段本身，后者则涉及读者如何把握意义。两者的结合则是，只有理解传达形式本身，才可理解传达的深层内涵。这在施莱格尔论题3中得到根本规定，也旁及论题4的各个分论点。正是从间接表达的形式中引发出谜语、神话、暗示、反讽、匿名等诸多具体论题，对此斯勒扎克在本书中均有涉及，这里不再重复[②]。以下笔者仅仅尝试做部分提示，以明晰其关键。其一：间接表达的存在并不容否定，但对其限度也要予以关注。其二：间接表达的基础之一在于对话录的开放性。但事实上，如我们已经指出的，在柏拉图作品中仅仅早期短小的德性对话录走入无结局的窘境，大部分作品均提供了积极之答案。也就是说，将间接表达作为对话录之本质仅仅可能解释早期对话录，而对其对话作品尚缺乏解释效力，特别无力阐释对话录中的重要独白[③]。其三：除了上述的年代学错误，强调间接表述的本质性同时也将柏拉图的哲学与前苏格拉底哲学与神学相混同，在赫拉克利特的箴言中："德尔斐训谕中的神

---

① 关于游戏与严肃的其他文献，参Szlezák：PSP，第363页注51，此主题在书写批判中的系统论述，参PSP，第14—16页；以《斐德若》全文为语境的论述参：Szlezák：《口头辩证法与书写"游戏"》（Mündliche Dialektik und schriftliches, Spiel ‘），载于Theo Kobusch与Burkhard Mojsisch编：《柏拉图：新研究视野下的对话录》（*Platon: Seine Dialoge in der Sicht neuer Forschungen*），Darmstadt 1991，第115—130页；Krämer：《德性》第468页以下也涉及游戏界限与意义之讨论。还有一篇Szlezák未提及的论文值得补充，H. Gundert：《论柏拉图的游戏》（Zum Spiel bei Platon），载于《例证：欧根·芬克六十贺寿集》（*Beispiele: Festschrift für Eugen Fink zum sechzigsten Geburtstag*），Den Haag 1965，第188—221页，特别是第191页列举游戏在柏拉图那里的多种含义。

② 参PL，第129页以下。

③ PSP，第337页。

既不断言，也不遮蔽，而是暗示。”[①]这一方面显示了赫氏自身的书写特点，也揭示了宗教书写的表现形式，柏拉图之书写恰是与其告别[②]。比如在《政制》中，苏格拉底暗中批评了当时兴起的隐喻式荷马解读（《政制》278d）。隐喻之类修辞的利弊，黑格尔的论述迄今仍值得重视，他特别指出：“应当注意：是本义词还是隐喻词占优势，这首先是古代风格和近代风格的分水岭，其次也是散文的风格和诗的风格的分水岭。不仅柏拉图和亚里士多德之类希腊哲学家，修昔底德和德谟斯特尼斯（Demosthenes）之类大历史家和大演说家，就连荷马和索福克勒斯之类大诗人，尽管也偶用譬喻，作品全体却始终坚持用本义词。他们的造形艺术式的谨严不容许他们用易致混乱的隐喻，或离开简朴内容和完整形式而去搜寻华丽辞藻。隐喻总不免是一种思路的间断和注意力的不断分散，因为它唤起与题旨和意义无直接关系的意象，勉强拼凑，从而跳开题旨和意义。古人在散文方面要求语言明白流畅，在诗方面要求静穆鲜明的艺术性，所以他们不肯把隐喻用得太过分。”[③]其四：一些论者试图抛弃柏拉图书写内容上的特征（从窘境到建构），而直接强调对话书写本身的开放性，以强调间接表达建立于对话录相对于其他文类的特殊性。根据这一观点，由于对话录（Dialog）乃是交谈（Gespräch），而非独白，这种特殊性使得其可以选择读者，可以在必要时沉默。暂且不论这违背了已经论述过的书写批判（参书写的弱点2与3），对话录相对于其他文体特殊的开放性本身就值得怀疑（亦参前述）。例如但丁给维罗纳大公斯加拉的信中论及《神曲》的解读：“必须理解这部作品的含义不是单一的，毋宁说它应该被描述为‘多声部’的，即它含有多重

① DK22B93。

② PL，第109—117页。

③ 黑格尔：《美学》，朱光潜译，北京：商务印书馆，1996，第132页，专名译法略有改动。

含义；第一层含义是由文字本身传达的，下一层则是由文字所意味之物传达的……”[①]“地狱”第九歌中亦曰：“呵，你们以未朽的理智，审查着隐秘的学说，它们隐藏在晦涩的诗行背后。”[②]无疑，但丁书写的不是对话录。不仅如此，文本的多义性可谓我们耳熟能详的话题；如果其他多种文体均有这种开放维度[③]，那么**对话录的特殊性**如何建立起来呢？其五：无人否认神话在柏拉图那里的重要性，但同样从神话（也包括通常所说的故事、传说、历史等）到逻各斯乃是公认的从前苏格拉底诗歌、哲学到柏拉图—亚里士多德哲学演进特征之一，Wilhelm Nestle便以此为题成一名作[④]。同时近代神话思想的复活也清晰可见，这一演进或可一见，Verweyen便将公元前60年到20世纪初的思想史之副标题命名为“从神话到逻各斯再到神话”。[⑤]把神话作为柏拉图哲学之根本与其说回到前苏格拉底的传统，不如说是当代哲学自身的效应。其六：对话录的分层与读者的分层涉及如何理解内传与外传，因为所涉繁复，笔者不得不专辟一节以澄清，详后。

6. 斯勒扎克与海奇之争：辩证法还是修辞术？

斯勒扎克对现代对话理论的釜底抽薪，无异于触动了不少对话录

① 转自George Holmes：Dante, Oxford 1980，第44页。

② 《神曲》9.61—63，据Hermann Gmelin德文本译出，Stuttgart 1993。

③ 参PSP 359，第40页，其中含与本文列举相异的其他例证，也参PL，第148—151页。

④ Wilhelm Nestle：《从神话到逻各斯：希腊思想的自身发展——从荷马到智术与苏格拉底》（*Vom Mythos zum Logos: die Selbstentfaltung des griechischen Denkens von Homer bis auf die Sophistik und Sokrates*），Stuttgart 1940。

⑤ Hansjürgen Verweyen：《哲学与神学：从神话到逻各斯再到神话》（*Philosophie und Theologie: Vom Mythos zum Logos zum Mythos*），Darmstadt 2005。

研究者于学界立足之根基，也自然激起诸种激烈反弹，这本来是克雷默发表图宾根学派的开山之作以来未曾中断的现象。但是像斯勒扎克与德国古典学界元老恩斯特·海奇[①]这样长达数十年的论战，并不幸以双方人身攻击（ad hominem）为终却绝无仅有。这里之所以要重提这段插曲，乃是试图指明，《读柏拉图》一书不仅是引导之作、建构之作，也同时是一论战之作。只有在这一背景下审视此书，其中的一些关键点才会显露而出。

论战缘起于海奇于1987年在美因茨科学院发表的《柏拉图论谈与写的正确方式》（*Platon über die rechte Art zu reden und zu schreiben*，简称《谈与写》），尽管全文仅在注释中提及斯勒扎克三处，其一为罗列文献，另两处看似也是介绍斯勒扎克与他人的争议[②]，而事实上正文处处都是对前者《柏拉图与哲学的书写性》中"《斐德若》阐释"的批评。海奇引弗拉斯托斯为辅证，让人想起多年前后者与克雷默的交锋[③]。1988年斯勒扎克便在*Gnomon*杂志上欣然应战，发表了对海奇前书的书评（简称《书评》）[④]。1989年他又在*Elenchos*杂志发表了《柏拉图与柏拉图对话录的近代理论》（Platon und die neuzeitliche Theorie des platonischen Dialogs）[⑤]，于一个更广阔的视域下再次批评了《谈与写》一文，这也就拉开了两人论战的帷幕。

---

① 恩斯特·海奇（Ernst Heitsch）曾为雷根斯堡（Regensburg）大学教授，现退休，于美因茨（Mainz）科学院主编德语古典学界对柏拉图最为系统的译注：《柏拉图作品译注》（*Platon Werke: Übersetzung und Kommentar*），Göttingen 1993至今。

② 参Heitsch：《谈与写》，Stuttgart，第4页，注1；第18页，注24；第46页，注88。

③ 参Vlastos的书评，前揭；克雷默的回应载于MH 21，1964，第137—167页；Vlastos的再补充见其《柏拉图式的研究》（*Platonic Studies*），Princeton 1973，第399—403页。

④ *Gnomon* 60，1988，第390—398页。

⑤ *Elenchos* 10，1989，第337—357页。

面对斯勒扎克的正面批评,1989年海奇于*Hermes*杂志发表《更有价值之物》(τιμιώτερα)一文[①],如同他的一贯风格,仅在注释中点了斯勒扎克的名(注释6与12),但明眼人一看即知,正文是对1988年书评的反击。这样,1990年斯勒扎克随即在《维尔茨堡古学年鉴》(*Würzburg Jahrbücher für die Altertumwissenschaft*)中发表《论柏拉图"更有价值之物"的语境:〈斐德若〉278b—e评注》(Zum Kontext der Platonischen τιμιώτερα. Bemerkung zu Phaidros 278b—e)一文,仍旧直接点名并逐条驳斥了海奇的论证[②]。

正是这篇文章使得两人的论战进入白热化,海奇不得不一改其作风,开始对斯勒扎克进行直接的回应,这篇便是1991年发表于同一杂志的《遭非难与不公之批评:〈斐德若〉275e》(πλημμελούμενος καὶ οὐκ ἐν δίκῃ λοιδορηθεὶς. Phaidros 275e)[③],之后他针对斯勒扎克以及整个图宾根学派的文字尚有《柏拉图处的ἄνω κάτω》(ἄνω κάτω bei Platon)[④]、《〈斐德若〉277 a6—b4:斐德若的思路与主题》(Phaidros 277 a6—b4. Gedankenführung und Thematik im Phaidros)[⑤]、《柏拉图对话录及其读

① *Hermes* 117,1989,第278—287页。

② 简称WJB 16,1990,第75—85页。

③ WJB 17,1991,第143—151页。

④ 载于*Rheinisches Museum für Philologie* 134,简称RM,1988,第43—59页;此文主要针对并非Szlezák,而是Gaiser,见其《未成文学说》,前揭,1968,第588页;及其生前最后一篇论文《智慧之金:论〈斐德若〉结尾的哲学家之祷》(Das Gold der Weisheit. Zum Gebet des Philosophen am Schluss des>Phaidros<),载于RM132,第105—140页,特别是第128页。不过需要补充说明的是,Heitsch仍然在此文结尾的注释中提及了Szlezák(第287),事实上后者并没有用《斐德若》278e中的ἄνω κάτω为论据,且这一论证也非Gaiser的核心论证,仅为补充说明,参上。

⑤ *Hermes* 120, 1992,第169—180页。

者》(Platons Dialog und Platons Leser)[①]、《〈斐德若〉译注》(*Phaidros. Kommentar und Übersetzung*, Göttingen 1993第一版；1997修订版，后简称《译注》，并引据第二版)[②]、《对〈斐德若〉的两个评注：赫斯蒂亚与十二神系，爱若斯作为爱—智》(Zwei Bemerkungen zu Platons Phaidros: Hestia und der Zwölf-Götter-Kreis. Eros als Philo-sophia，简称《评注》)[③]、《认识与生活方式：一个柏拉图式的窘境》(Erkenntnis und Lebensführung. Eine Platonische Aporie)[④]、《柏拉图〈斐德若〉的辩证法

---

① 载于其文集：《通往柏拉图之路》(*Weg zu Platon*)，Göttingen 1992，第9—28页。

② 正如我提醒读者们，《读柏拉图》是论战之作；Heitsch这本译注同样如此，比如Hubert Benz对此书的长篇书评简直就成了Heitsch与Szlezák解读《斐德若》的比较(参*Perspektiven der Philosophie* 24, 1998，第65—132；一个缩减的版本参GGA 250, 198，第163—207页)。然而遗憾的是，恐怕正是这种作战心态影响了本书作为文本疏解的质量。首先从篇幅上，全书仅267页，参考文献2页有余，无导论无索引(第二版加索引)，与同一系列的其他作品迥异，比如原文篇幅极短的《克里底亚》H. Nesselrath注本厚达496页。其次，从布局上看，涉及修辞与书写批判的部分作者用去了上百页的篇幅，而阐释吕西阿斯的讲辞仅4页，苏格拉底的第一讲辞与第二讲辞部分也较短，显然这与文本自身的结构差别甚大。第三，尽管此书内容上完全是论战之作，处处反驳图宾根学派的观点，但作者仿佛讳莫如深，不仅正文不置一词，注释也不提对手之名之作，更在之后的参考文献中将对方的任何文献完全忽略不计。这有悖于Heitsch在前言中所言，列举自己"感到有责任赞同或反对的"文献，也有悖于基础性的注解为读者与研究者提供研究线索的体例。特别是第三点，受到笔者所见所有德语书评的严厉批评，除了上文提及的Huber Benz的评论，亦参Karl Alber: *Philos. Literaturanzeiger* 47, 1994，第379—380页；Hoffmann Michael/Perger Mischa, PhR 43, 1996，第124—127页；Szaif Jan: *Zeitschr. für philos. Forchung* 49, 1995，第624页。同时，由于个别英语国家的研究者不明这一背景，以至于未加审查地对此书盲目称赞，参Rankin David的书评，载于*Classical Review* 45, 1995，第17—18页。

③ 载于《阿尔布莱希特·狄勒七十祝寿集》(*Festschrift für Albrecht Dihle zum 70. Geburtstag*)，Göttingen 1993，第174—182页。

④ 载于*Abh. Akad. Mainz.*9，Göttingen 1994。

与哲学》(Dialektik und Philosophie in Platons Phaidros)[①]。

而斯勒扎克与之对峙的文字除了本书《读柏拉图》的相关章节，尚有《何谓“来帮助逻各斯”：柏拉图对话录的结构与目标设定》(Was heisst „dem Logos zu Hilfe kommen: “Zur Struktur und Zielsetzung der platonischen Dialoge)[②]、《〈斐德若〉中哲学家的知》(Das Wissen des Philosophen in Platons Phaidros)[③]、《从诸神的τιμή到本原的τιμιότης：亚里士多德与柏拉图论知的级序和对象》(Von der τιμή der Götter zur τιμιότης des Prinzips. Aristoteles und Platon über den Rang des Wissens und seiner Objekte)[④]、《口头的辩证法与书写的“游戏”》(Mündliche Dialektik und schriftliche „Spiel“)[⑤]、《“仅他们才配享有哲学家之名”：论柏拉图“哲学家”之名的使用》(οὓς μόνους ἄν τις ὀρθῶς προσείποι φιλοσόφους. Zu Platons Gebrauch des Namens φιλόσοφος，简称《论哲学家之名》)。[⑥]

这场高水平的对话本来对理解《斐德若》的文本颇有助益，不想海奇在1999年忽然越过具体问题的讨论，在发表于*Gnomon*的书评中指责斯勒扎克在《口头的辩证法与书写的“游戏”》中为了达成自己的论证有意篡改了柏拉图原文[⑦]，因为此书第16页引用斐德若276e5—6的

① 载于*Hermes* 120，1997，第131—152页。

② 载于Livio Rossetti编：《理解〈斐德若〉》(*Unterstanding the Phaedrus*)，St. Augustin 1992，第93—107页。

③ 载于*Wiener Studien* 107, 1994，第259—270页。

④ 载于F. Graf编：《希腊祭仪诸见：瓦特·布尔克特祝寿论集》(*Ansichten griechischer Rituale. Geburtstags-Symposium für Walter Burkert*)，Stuttgart/Leipzig 1998，第420—439页。

⑤ 载于Theo Kobusch/Burkhard Mojsisch编：《柏拉图：新研究视野下的对话录》(*Platon: seine Dialoge in der Sicht neuer Forschung*)，Darmstadt 1996，第115—130页。

⑥ 载于MH, 57, 2000，第67—75页。

⑦ 载于*Gnomon*，71，1999，此文为《柏拉图：研究视野下的对话录》的书评，前揭，其中第294—296页涉及斯勒扎克。

τῇ διαλεκτικῇ τέχνῃ χρώμενος时遗漏了τέχνῃ(技艺)一词，这样学术问题遽然转化为道德问题。这里斯勒扎克是否“有意”修改了原文本来显而易见，因为在对引文的解释中随即就出现了“辩证法的技艺”(die Kunst der Dialektik，同上页，引文后两行)，而在后文中也出现过这样的表述(如第127页)。并且，这段文字在他的其他文章中也多次引用与解释①，从没有遗漏，更没有必要漏掉τέχνῃ一语②。不仅如此，事实上后来本书的编辑莫瑟施(Mojsisch)也通过其原稿的传真件声明，这一遗漏乃是印刷上的失误而非作者有意或无意为之③。面对对手不再关注事实上的论证而采取“扼杀声誉”(Rufmord)这样的手段，斯勒扎克不得不向全德的古典学学者发出公开信，以求澄清这一事实④，并等待海奇的回应。不过之后海奇仅仅在*Gnomon*杂志(72，200，第189—190页)为自己做了含糊的辩护，并无丝毫收回指责的表示；更为遗憾的是，他从此一直沉默，不再继续《斐德若》的讨论，而斯勒扎克之后零星对海奇的批评中也显得难以控制情绪，颇有意气语。

尽管这一事件不幸地以非学术性的纠葛而终结，但这并不影响论辩本身成为一场富含成果的对话，这样，我们就更有必要考察一下海奇的论述，以明晰这一争执的具体内容⑤。

---

① 如本书第60页，其他参PSP，第13—14页；AuA 26, 1980，第81页以下；*Zeitschr. für philos. Forschung* 53, 1999，第99页。

② Heitsch这一指责的成立前提乃是他对τέχνῃ的错误理解，详后。

③ 参《波鸿哲学年鉴》(*Bochumer Philos. Jb.*) Bd. 4, 1999，第233页。

④ 发信日期为1999年6月2日，这里感谢Szlezák教授提供当日的信件复印稿与原稿传真。

⑤ 不得不提醒诸君，由于Heitsch的论述十分曲折繁复，这里篇幅与目的所限均不可详尽呈现与讨论，欲了解者当至少读《谈与写》与《译注》两文，这样便基本可得一系统的概观。本文主要着眼从Szlezák的立足点明晰Heitsch一些论断上的问题，其阐发的部分优点便较难涉及，从理解《斐德若》的角度来说，特别Heitsch之译注仍是不可不读。

海奇的核心论点可以用其发难文章的标题来概括，即柏拉图《斐德若》的核心是**正确言谈与书写的方式**。我们进一步解释这一断言，它意味着：在《斐德若》中并没有一个**与口传相对的一般性的**书写批判，有的乃是对**错误**书写方式的批判[①]。下面，让我们梳理一下海奇的分论点：

1. 理解"书写批判"应该着眼于整个文本的语境，他的多篇论文便试图将书写批判重新放回到整个《斐德若》的关系中考察，这是迄今无人做过的工作。

2. 从《斐德若》以吕西阿斯开头以伊索克拉底结尾得知，斐德若主要关注的问题乃是修辞学，而非辩证法。通过苏格拉底对伊索克拉底的赞扬与文本的写作历史背景的考证，《斐德若》正是针对伊索克拉底而作。其一，因为根据苏格拉底之言，后者水平高于吕西阿斯，应为真正的对手。其二，因为他在柏拉图眼中，数年后（从虚拟对话的时间到柏拉图的写作时间）实未有转变[②]。

3. 作为柏拉图式的修辞学，并不需要更高的知识（比如理念知识、对整全的认识），而是需要具体的知识和能力，即在具体的情境下分别对不同的对象进行合适的言说，这是柏拉图所谓辩证技艺的内涵，在这个意义上，其核心仍是修辞术。因此海奇将两者联系起来，表达为"**修辞—辩证式的**"（rhetorisch-dialektisch）[③]。不过如同"游戏—严肃"这一用法往往导致严肃的游戏化（参上），海奇这里事实上也将辩证法修辞化，而非相反。于是他才能反复声明：需要的不是哲学的知识，而是具

---

① 《谈与写》，第26—28页。

② *Hermes* 117，第285页；显然由于Szlezák在WJB（1990）中的批评，Heitsch在《译注》中不再提此看法。

③ 《译注》，第201页。

体的能力（Sachkompetenz）[①]。

4. 用更有价值的事物对逻各斯的帮助，并非指作者以更高的知识进行更深的论证，而是指作者面对读者，以不同的方式对文本进行不同的再说明。重要的是形式的不同，而非内容的不同[②]。

5. 既然从《斐德若》中得出，真实的修辞学乃是在不同的情境下进行合适的对话，这一口头交流的任务“完全仅仅在对话录中”[③]实现了。在其中有“一无终的过程”[④]，蕴含着“不断更新的理解”，甚至“人类生活的至高形式与满足”——海奇用了一个海德格尔式的用词——乃是“在对话中存在”（Existen zim Dialog）[⑤]。

6. 正如辩证式的修辞学并不需要更高的知识，而只需要具体的能力，辩证式的哲学家也不需要理念知识或者本原知识。一方面，哲学家乃是爱—智者（philo-sophos），这样海奇将其定义为“追求自己所无

---

① Heitsch的这一论点部分袭自Wieland，尽管后者未有走入强调修辞术一端，参《柏拉图与知识的形式》，前揭，第21—22页。

② 其《谈与写》一文上有对“更有价值之物”的内涵规定，之后所有文章坚持其根本在于形式。

③ *Hermes* 117，前揭，第277页；参《谈与写》，第28页。

④ 《译注》202，*Hermes* 125，前揭，第147页；也参《认识与生活方式》：“最终的证明无从达到”，前揭，第3页。

⑤ 由于Heitsch从不区分交谈（Gespräch）与对话（Dialog），这样从语言上看，上述表达就存在刻意的双关，同时也指“在对话录中存在”，参Heitsch：*Hermes* 117，前揭，第279页；WJB 17，前揭，第147页也有同一用法。参Szlezák对“在—对话中—存在”（Im-Dialog-Sein）的批评，PL，第146页；另参海德格尔在《存在与时间》中对“在—世—存在”（In-der-Welt-Sein）的分析。不过Heitsch的这一前提颇有问题，因为交谈（Gespräch）与对话（Dialog）属于不同的范畴，前者乃对话录陈述中的一种哲学交流形式，后者乃柏拉图使用的文学形式。参L.G. Westermann：《诗人的意图与解释者之目标》（*Die Intention des Dichters und der Zweck der Interpreten*），Berlin/New York 2002，第9—15页。

之物的人”[①]，乃是“在路上”之人[②]，正如施莱格尔将哲学规定为“一种对科学之寻找与追求，而非一种科学”[③]；另一方面，只要对书写保持必要的距离，能帮助书写，能与它合适地打交道，那么他们就可以享有哲学家之名[④]。这样海奇得到了一个很有趣的结论：拥有了这一态度的人“可以作为政治家、诗人与讲辞家爱着—智慧”（philo-sophierend als Politiker, Dichter oder Redner）[⑤]。

不难看出，海奇的《斐德若》解读基本符合施莱格尔—施莱尔马赫范式的核心判断[⑥]，于此我们也仅止于展现而不打算从同一角度进行重复的评论，这里打算另外考索其中几处细节，揭示其论证的方法与结论的症结。

从语境而非孤立地看书写批判是多数柏拉图诠释者都接受的前提，斯勒扎克在《书写性》中正是试图从整个对话录出发来解读书写批判，并同时用书写批判回溯贯穿《斐德若》本来似乎显得松散的结构[⑦]。无论这一尝试在海奇看来是否成功，他称近代以来便无人为此工作的判断显然是无的放矢[⑧]。更为严重的乃是海奇自己的文章对吕西阿斯讲

---

① *Hermes* 117，第281—282页，注11；《评注》，第180页。

② 见其《谈与写》，第49页；关于“在路上”这一意象，参笔者第五章的论述，与之类似，Heitsch将其关于柏拉图的论文集命名为《通往柏拉图之路》（*Wege zur Platon*，前揭）。

③ Schegel：FSKA XII，第166页。

④ 《谈与写》，第48页。

⑤ 同上，第49页；《评注》，前揭，第178—182页；*Hermes*，第125, 137, 146, 151页。

⑥ 特别是5与6表现出的无限主义。

⑦ 参PSP，第24—48页；不仅如此，早在1978年，斯勒扎克就提出了于系统语境中解读斐德若的要求并将其解读发表在《对话形式与内传主义》（Dialogform und Esoterik）一文中，载于MH 35，1978，第18—32页，特别参第20页。

⑧ 《谈与写》，第4页。

辞、苏格拉底两次讲辞均未论述，而仅仅关注对话录之开头、修辞术及书写批判三部分[①]。不过，这尚不是关键。海奇方法上的要害在于，他将书写批判放入之前对修辞学的论述中，不认为书写批判乃是对后者的升华；相反，是对后者的补充。这也就是海奇所言语境的所指。这可谓将书写批判纳入修辞学的第一步，也是将《斐德若》之根本定义为修辞学的第一步。

语境的第一重含义是从书写批判的上下文关联中，从文本的整体去探寻其意旨；另一层含义则是将柏拉图的这一见地放入当时代，以历史地求得其内涵[②]，这也是引入伊索克拉底讨论书写批判的必要性之所在。海奇试图通过将《斐德若》仅仅解释为柏拉图与伊索克拉底的论战之作，由此把这一对话录定义为另一种修辞学的尝试。他认为，文中苏格拉底对伊索克拉底天赋之赞叹与后者实际的“原地踏步”构成了强烈的对比，这一事实反衬出柏拉图的失望。既然书写批判针对的仅仅是一个特定的作家，而非所有书写者，那就更说明了：从消极层面上，柏拉图根本不是批判所有书写，而是批判坏的书写；从积极层面上说，也就是柏拉图式的修辞学试图克服并取代伊索克拉底的修辞学。对历史语境的探询本身乃是毫无异议，但这种历史化是否足以相对化柏拉图之所言呢？

首先从事实上看，根据亚里士多德记载，伊索克拉底恰恰从一个讲辞写手成为讲辞与教育的理论家[③]，也就是说，他并非数年一成不变。恰恰相反，如同苏格拉底所预言，他转向了更伟大之物（ἐπὶ μείζω，

---

① 参Szlezák：《书评》，前揭，第390页。不过这一缺陷后来Heitsch在《译注》和《柏拉图〈斐德若〉的辩证法与哲学中》（*Hermes* 125，前揭）进行了弥补。

② 《谈与写》，第29页，注46；*Hermes* 123，第131页。

③ V. Rose辑《亚里士多德残篇》140（*Aristoteles Fragmaenta*，Teubner本，Stuttgart 1966），见Szlezák：WJB，前揭，1990，第79页。

279a8)。这一用语显然与前文的τιμιώτερα(更有价值之物,278d8)同义。只不过柏拉图于此试图展现,伊索克拉底并未更进一步成为苏格拉底言语中企盼的爱智者(279a9)而已。

其次从伊索克拉底本人来看,恐怕正是他自称所为是"哲学"①,才引起柏拉图这里的批评。这要义在于,对柏拉图来说,伊索克拉底尚不配享有此名。柏拉图这里是站在哲学家的立场上批评修辞,是意欲让修辞提升,而非让哲学下降。

在论及伊索克拉底之前,苏格拉底涉及吕西阿斯、荷马(278c2)、梭伦(278c3)三位当时便具有典范意义的作家;从文类上看,苏格拉底所言包含所有文类,因其明言,"无论有韵还是无韵"(ἐν μέτρῳ οὐδ' ἄνευ μέτρου,277e7)。这样,伊索克拉底可谓被批判代表之一,而非所有批评仅仅指向他②。

再者,海奇训释苏格拉底之所言:"与那些长时间忙上忙下(ἄνω κάτω στρέφων ἐν χρόνῳ)、颠来倒去撰写东西的人相比,谁若是没有(μὴ ἔχοντα)更有价值之物(τιμιώτερα),那么你就有权利称他们为'诗人'、'讲辞写手'或'法律文书家'③,是吗?"(278de)以为所谓"长时间忙上忙下(ἄνω κάτω στρέφων ἐν χρόνῳ)、颠来倒去撰写东西"并非批评书写,而是批评一种糟糕的工作方式④。不过根据哈克弗斯(Hackforth)的《柏拉图的〈斐德若〉》⑤:哈里卡纳苏斯(Halicarnassus)的狄翁尼修斯

---

① Isokrates 13.21。

② Szlezák对此论点也有进一步的批评,见:WJB,前揭,第78页。

③ 从此也可以看出伊索克拉底并非唯一的目标,至少他并非诗人,而后来也超越"讲辞写手"这一档次。

④ *Hermes* 1989,前揭,第283页注15。

⑤ Hackforth:《柏拉图的〈斐德若〉》(*Plato's Phaedrus*),Cambridge 1952,第165—166页,注2;其描述柏拉图写作之词为κτνίζων καὶ βοστρυχίξων,也记载于Diog. Laert. III, 37=Panaitios, fg. 130 van Straaten=Aristoxenos fg. 67 Wehrli=Der Platonismus in der Antike 37.2。

（Dionysius）载，柏拉图并非一挥而就、干净利落的作家，他始终反复修改自己的对话作品，死后就留下了《政制》开头多次涂抹修改的草稿。这证明了上述形容的自指性，加强了之前对书写批判指向自身的论述[①]，而非仅仅批评伊索克拉底等人所谓错误的工作方式。进而言之，一个短时间一气呵成的作品，如果不是内涵上更有价值，也无从被规定为更好[②]。

最后，即使柏拉图确然仅以伊索克拉底为批评对象，也难以推出柏拉图试图以一种修辞学取代另一种修辞学，而不能以一门更高更好的学问取而代之。海奇方法上的疑难在于将这一对抗描绘为两种修辞的对抗，于是也就出现以当时修辞学家之见来训解柏拉图的现象，并不假思索地将两者相提并论。他偶尔引伊索克拉底之言[③]，偶尔引阿尔奇达玛斯（Alkidamas）之语，以为两者与柏拉图之言一律[④]。另一方面，海奇又没有严守其历史语境的原则，在涉及书写与口传的态度时，常以今人感受为例阐明柏拉图的意谓[⑤]；更难以立足的乃是，一些与其思路相悖或疑难的段落，便采取"反讽"[⑥]、"不可字面理解"[⑦]的方式来化解。

---

① 除去上文所述，还请参Szlezák对Wilfried Kühn的书评：《柏拉图的书写批判是否也对对话录有效：论〈斐德若〉278 b8—e4的新解》（Gilt Platons Schriftkritik auch für die eigenen Dialoge? Zu einer neuen Deutung von Phaidros 278 b8—e4），载于*Zeitschrift für philosophische Forschung* 53, 1999，第259—267页。

② WJB, 1990，前揭，第81页。

③ 引伊索克拉底5, 27，见《谈与写》，前揭，第47页。

④ 参《译注》，第197—198页。

⑤ 《谈与写》第34，第37页，第50页。

⑥ 《谈与写》第17页解释苏格拉底引入伯里克利为例，认为其制造了反讽的距离；第43页解277d8—9的μεγάλην βεβαιότητα σαφήνειαν（巨大的清晰与明确）时，称μεγάλην乃是轻微的讽刺；第45页，在苏格拉底将其与斐德若的谈话标示为游戏时（278c），也就是说，出现书写批判指向对话录本身时，Heitsch仅认为此情景"不是没有反讽"（nicht ohne Ironie）；其中伯里克利问题参Szlezák：《书评》，前揭，第394—395页。

⑦ 《谈与写》第37页；*Hermes* 124，第145页注34；《评注》，前揭，第174页。

不容否认，应该将书写批判放入历史语境中去考验，因为文本不仅多次提及当时的名流或者往日的贤哲，而且即使看似仅仅出于直观化需要的“阿多尼斯苗圃”之喻也可谓对于同时代人普罗狄科的回应[①]。在这一系列的回应中，柏拉图试图展示的正是辩证家，作为知晓真理何在之人（εἰδὼς ᾗ τὸ ἀληθὲς ἔχει, 278c4—5）[②]，拥有高于修辞家之能力。这里重要的是级序上的优越，而非形式上的不同。事实上，不仅伊索克拉底与阿尔奇达玛斯拥有一个书写批判[③]，比柏拉图略早或同时的不少诗人同样有此感叹[④]，这本是口传文化至书写文化转变的表征之一[⑤]。因为正如原初的诗歌并不与书写相系，哲学亦如是。除了明显来自“记忆”（ὑπόμνησις）一词的ὑπομνηματικά, βυβλία, διφθέραι, δέλτοι, κηροί这样的词汇仅仅表达的是对记忆的支援[⑥]，而非如今日般几成作诗或哲学活动的全部。于是面对古典时期的书写批判，一方面无疑要注意其中的同构性：比如伊索克拉底在《非智者》中便表达出对书写文字的怀疑，提出通过僵死的书写不可学习需要应变的演讲之术；而在致狄奥尼修斯一世的书信中也认为，无作者在场的书写面对误解无能为力；而阿尔奇达玛斯则与柏拉图一样，将书写与静止之图画相提并论。但另

① 参M. Erler：《自然与知识传授：柏拉图〈斐德若〉农人之喻评注》（Natur und Wissensvermittlung. Anmerkung zum Bauervergleich in Platons Phaidros），载于RM 132, 1989，第280—293页。

② 同时参见Szlezák：《〈斐德若〉中哲学家的知》，前揭，第259—270页。

③ 参Christoph Eucken：《伊索克拉底：其与同代哲学家论辩中的立场》（*Isokrates: Seine Positionen in der Auseinandersetzung mit den zeitgenössischen Philosophen*），Berlin/New York 1983，第121—140页；M. Erler：《窘境》，前揭，第38—46页。

④ M. Erler：同上，第47页以下。

⑤ 文献参Wolfgang Kullmann/Michael Reichel编：《希腊人从口传到文字的过渡》（*Der Übergang von der Mündlichenkeit zur Literatur bei den Griechen*），Tübingen 1990。

⑥ Jaeger：《亚里士多德〈形而上学〉发生史研究》，前揭，第138页。

一方面，这些见解的类似并不能说明柏拉图与他们在同一层面上进行论述：他与伊索克拉底的一个明显区别首先在于伊氏认为高水平的接受与创作的周全可能弥补书写的缺陷[①]；而与阿尔奇达玛斯的差异则在于，柏翁比喻之后有一后者绝无的形而上学背景，其在《政制》第十卷得到了阐发。在这个意义上，柏拉图的批判才是哲学式的批判。

不仅如此，这一批判的积极意义建立在"更有价值之物"（τιμιώτερα）的基础上，这决定性地体现了作为哲学家的柏拉图与修辞家及诗人的差异之所在，同时也正是图宾根学派与海奇争议的焦点。这里笔者不得不提醒读者们，本书第14节实为对海奇于1989年发表在Hermes的文字的再反驳，也是对其《论柏拉图"更有价值之物"的语境:〈斐德若〉278b—e评注》之补充。同时，只有读者们继续阅读了《从诸神的τιμή到本原的τιμιότης：亚里士多德与柏拉图论知的级序和对象》（1998，前揭）一文，才可从辞源与哲学史的角度巩固本书已经尝试但较为简略的历史—语文学分析[②]。

海奇的τιμιώτερα，简而言之，仅具有形式上的意味，即通过在某一语境下可被视为更高的方式来重新阐发文意，避免误解。这与之前所述，弗拉斯托斯试图从行为上，而不是从内容上规定文辞"父亲"来帮助逻各斯类似（参前）[③]。于是柏拉图这里所言，与伊索克拉底在《泛希

① Erler:《窘境》，前揭，第40—42页。

② 需要补充，本书第十三与二十七章同样是对Heitsch哲学家概念讨论的回应，除了Heitsch的相关讨论，还须读Szlezák的《论哲学家之名》（前揭），Walter Burkert的《柏拉图还是毕达哥拉斯？论"哲学"一词之起源》（Platon oder Pythagoras?Zum Ursprung des Wortes Philosophie），载于*Hermes* 88, 1960，第159—177页（也收入*Kleine Schriften* III, Göttingen 2006，第235页有文献补充）及Karl Albert的《论柏拉图的哲学概念》（前揭）。

③ 这也是不少反对图宾根范式学者的出发点，比如Mann在《柏拉图在图宾根》同样试图复活Vlastos的这一论述，他也强调，哲学更重要的并非内涵，而是如何到达结论，参前揭第369页。就柏拉图理解而言，根本上Mann对方法优先的强调乃是（转下页）

腊集会辞》中对修辞学的规定便无根本之差异，正是其文曰："修辞术的本质在于，提供以不同方式言说同一对象的可能性。"（Isokrates 4,8）

我们已经提及，在对278de的阐释中，海奇试图将相比价值较低的东西阐发为可笑的工作方式，而非书写活动，对此笔者已有所评注。但海奇对此文尚有另一角度的论证，即278de的重心在于驳斥，而不在于褒扬；换句话说，其重点在于说明书写之较低价值，而非说明辩证家之较高价值[①]。依照斯勒扎克，这一论证忽略了上文的衔接。这一句的开端οὐκοῦν αὖ（"难道不是"，278d8）是与上文εἰ μὲν（"如果"，278c4）相连续的，也即是说278de正是对278c6—d1的总结，而278c6—d1分明是对哲学家（或辩证家）的积极规定。并且，海奇在复述中将"拥有（ἔχοντα）"更有价值之物译为"寻找"（finden），将"能够帮助"（ἔχων βοηθεῖν）其作品译为"准备帮助"（bereit sein［...］zu helfen）都是将对哲学家内在本性的积极规定悄悄淡化了，将一内涵的描述转化为了可能的外在的行为[②]。

海奇对此句的第三个论证则从276e的διαλεκτικῇ τέχνῃ之分析出发。他以为，就算τιμιώτερα与διαλεκτικῇ τέχνῃ相关，但既然τέχνη是与ἐπιστήμη（知识/科学）严格相对，则διαλεκτικῇ τέχνῃ就是辩证的技艺，而不同于柏拉图术语上的辩证法。也就是说，如同我们今日将技术（τέχνη）理解为中立的，辩证的技艺同样如此。于是海奇最为极端的等式便出现了：**辩证的技艺说的就是"修辞的技艺"**[③]。不过这里海奇的

（接上页）Vlastos著名观点"方法就是一切"的重复，参Vlastos：《苏格拉底式的辩难：方法就是一切》（The Socratec Elenchus.Method is All），载于：《苏格拉底研究》（*Socratic Studies*），Cambridge 1994，第1—29页。

① *Hermes* 117，第282页。

② WJB 16, 1990，前揭，第80—81页。

③ *Hermes* 120，前揭，第133页。

前提出了问题，ἐπιστήμη的反义词也可是δόξα，而未必是τέχνη；特别在柏拉图那里，τέχνη的含义异常复杂，难以一概而论[①]，但至少可以笼统地说，它往往也可以与德性（ἀρετή）、善好（ἀγαθόν）相关，并非总是我们目前所理解的中立化的技术，一种程序，而全无内涵。比如哲学王的统治乃是以真知为基础，柏拉图同样称其为君王的技艺（参《政治家》285e10）。

正如海奇将διαλεκτικῇ τέχνῃ作非术语的理解，τιμιώτερα在他那里同样也没有严格的规定，从而仅仅成为空泛的另一种方式。本书第十四章主要是从这一角度对其进行批评。作者结合柏拉图文本（《斐德若》、《政治家》、《蒂迈欧》等）与柏氏后学，证明所谓"更有价值之物"，正如辩证法，在柏拉图与老学园的使用中有着严格的意指，是一"专业术语"（terminus technicus）[②]。

我们已经指出，在海奇的陈述中，柏拉图以为，无论诗人、讲辞写手、法律文书家还是政治家，只要对书写保有一个谨慎的态度，则都可称之在进行哲学活动/爱智（philosophieren，前揭）。这一结论在其解释系统中并不让人惊讶。面对"更有价值之物"的形式化与"辩证法"的修辞化等诸前提，那么哲学家普遍化的结论就难以避免。因为海奇在面对上述几个核心概念时，始终执着于空洞的形式规定，不仅没有而且也故意避免内涵上的考量。于是，这一哲学家定义尽管显得颇能安抚众心，使柏拉图免受桀骜之讥，却未必合其本人之意。对此再做冗长的讨论显得多余，这本来属于柏拉图阅读的常识之一，只需要拣

---

① 参Dirko Thomsen：《"技艺"作为伦理洞见的象征与概念》（*„Techne“ als Metapher und als Begriff der sittlichen Einsicht*），München 1990。

② 这一论证，笔者不再重复，请读者参《读柏拉图》一书。更为详尽的史料与分析，参《从诸神的τιμή到本原的τιμιότης：亚里士多德与柏拉图论知的级序和对象》（1998，前揭），文本不仅探讨了早期诗歌中的相关用法，而且特别对亚里士多德及老学园分析较为详尽。

出柏拉图对哲学家规定时的常用词，μόνος, μόνοι, μόνους, μόνη, μόνος, μοναχοῦ[1]，这样我们或许就可以看出其标准是何等严格，所谓**诗人爱智，辞章写手爱智**等，对柏拉图而言又何其荒谬。

7. 内传与外传问题

斯勒扎克《不平等者之间的对话》一文中写道："现今对正确理解柏拉图的讨论可以被描述为新近的［支持］内传主义与传统的反内传立场（anti-esoterisch）之间的斗争。"[2]这一判断揭示出把握内传主义（Esoterik，形容词esoterisch）与外传主义（Exoterik，形容词exoterisch）的含义对了解柏拉图研究的重要性。这里专辟一章说明，一方面是由于涉及较为繁复而必须讨论的翻译问题，另一方面则在于图宾根学派的研究使得这一长期被搁置的问题重新得到重视与深化[3]，特别是本书作者斯勒扎克，其对内传主义与其他近似概念的细致划分功不可没（如参本书第二十六章）。不过，要在如此有限篇幅内，尽量明晰其中的来

---

① 大意："唯一"、"唯独"、"仅仅"；见前揭MH57, 2000，第75页。

② Szlezák: GU，前揭，第56页。

③ 最为权威的古代科学百科全书"*Real-Encyclopädie der classischen Altertums-wisssenschaft*"（简称RE）未收Esoterisch及Exoterisch词条，正是由于Krämer《德性》，一书的出版，特别是其中第四章"内传的柏拉图问题"（Das Problem des esoterischen Platon，见《德性》，第380—486页），才使得古典学界与哲学家重新关注这一问题。德语界近几十年出版的几部大型辞书可谓弥补了RE的缺憾，并全取图宾根学派之说。其中Gadamer亲自为《哲学历史词典》（*Historisches Wörterbuch der Philosophie*, Ritter, Joachim; Gründer, Karlfried编, Darmstadt 1971—2004, Bd2，第865—867页）写Esoterisch及Exoterisch词条；而DNP（前揭）的词条则由M. Erler撰写，参"哲学的文献形式"(Philosophische Literaturformen）一条。相关的重要文献还包括PUL一书的导言部分及其《柏拉图的内传学说》一文，前揭。

龙去脉并非易事，因为反内传主义的施莱尔马赫自己就说过："关于内传与外传的看法需要一个批判性的审视，因为它在不同的时代以完全不同的意义出现。"[①]这一洞见与要求毫无疑问是正确的。

先从概念的翻译讲起：近年由于施特劳斯学派引入汉语学界，不少读者已经对这对通常译为"隐微与显白"（形容词则相应为"隐微的"与"显白的"）的概念多有耳闻。既然笔者在本书的译文中不取这一译法，那么下面就必须明辨其因，也即试图阐明：1."隐微"与"显白"这一概念的内涵与图宾根学派的用法颇不相同，故不可见其用词一而不辨其别。2. 这一译法放在施特劳斯学派那里极为贴切，可谓译笔信达，毋需修正。从上述两点出发，引出的问题实不仅仅关涉到翻译，更关涉到理解。我们关注的焦点乃是，根据图宾根学派，柏拉图式的"内传与外传"究竟意义何在。不过有趣的是，倒是这两种不同的翻译已经使得本来困难的理解变得相对容易，那么就让我们进入具体的讨论。

从起源来看，Esoterik/esoterisch和与之相对的Exoterik/exoterisch均来自希腊语形容词的ἐξωτερικός与ἐσωτερικός，其前缀ἔξω与ἔσω即分别指向外与向内，这样其本意至少包含向内与向外这一层的含义[②]。

再让我们进入到经典作家的用法，从柏拉图本人流传下的文献来看，他并没有使用过这两词，最早使用ἐξωτερικός的乃是亚里士多德。

---

① Schleiermacher：《论柏拉图》，前揭，第34页；近现代哲学家对Esoterik的看法，参Szlezák：《六位哲学家论哲学的内传主义》（*Six Philosophers on Philosophical Esotericism*），载于A.A. Michelini编：《作为作家的柏拉图：哲学的修辞学》，前揭，第203—221页。

② Diels指出，ἐξωτερικοὶ λόγοι不仅在逍遥学派，而且在学园传统中均必须理解为τὰ ἔξωθεν λεγόμενα（朝向外部的讲辞）。见H. Diels：《论亚里士多德的外传讲辞》（Über die exoterischen Reden des Aristoteles），载于Paul Moraux编：《亚里士多德早期作品》（*Frühschriften des Aristoteles*），Darmstadt 1975，第43页。

此词在亚里士多德那里出现十四次，其八与λόγοι搭配[①]，其六与其他词语[②]。在后一种情况中，似乎是一般的外在、异己之意，而并非某种术语。有两例极好地显明了其含义，比如《政治学》1323b25中涉及神之幸福并不凭借ἐξωτερικῶν ἀγαθῶν，而是凭借其自身。这里ἐξωτερικῶν ἀγαθῶν含义显然是“外在诸善好”，而反义词即δι' αὑτὸν αὐτός（通过其自身）[③]。同样是《政治学》的1325b22及1325b29中亚里士多德指出，外在的行为（ἐξωτερικῶν πράξεων）不同于**出于自身**的静观与沉思（αὑτῶν ἕνεκεν θεωρία καὶ διανοήσεις，1326b20—21），这里的αὑτῶν ἕνεκεν与前文中的δι' αὑτὸν αὐτός同义。此外，通过上下文，我们还可以发现ἐξωτερικῶν的另一个反义词，即οἰκεῖας（1325b30，本己的，亲己的）。这加强了我们之前的分析论证。

最受争议的则是ἐξωτερικοὶ λόγοι的用法。由于这里并非对之进行专门的研究，笔者并不打算介入到具体的论争之中，只是希望揭示其解释可能性以及它们的共通之处，以便推进我们的问题。我们首先考察两段亚里士多德的文字，在《形而上学》的1076a24—28中，他写道，数学对象“是否是理念，它们是否是存在物的诸本原和对象呢？如果它们是，以何种方式是？……关于此的大多数我们在ἐξωτερικοὶ λόγοι中都处理过了”。从上文可见，其一，ἐξωτερικοὶ λόγοι显然乃是另一类λόγοι，尽管其所指尚不确定，但显然不是同一类λόγοι的另一种含义。其二，

---

① 《物理学》217b31，《形而上学》1076a28，《尼各马可伦理学》1102a26, 1140a3，《优台谟伦理学》（*Ethic Eudemia*）1217b22，1218b34，《政治学》1278b31，1323a22，见H. Bonitz，《亚里士多德引得》（*Index Aristotelicus*），Berlin 1960。

② 《政治学》1272b19，1323b25，1325b22，1325b29，《体相学》（*Physiognomonika*）786a26，《论动物生成》817a20，亦参Bonitz之《引得》。

③ 关于对善的区分参柏拉图《政制》357b以下，亚里士多德《政治学》1323a25以下，《尼各马可伦理学》1096b10以下。

ἐξωτερικοὶ λόγοι处理相当丰富及深刻的问题[①]，比如这里涉及数与本原。因为在上述引文出现的卷M同样处理上述问题，所以它不是指与当下讨论完全无关的论题。这样，卷M的论述可能是另一种方式的论述或者是ἐξωτερικοὶ λόγοι论述的深化，至少也是其继续。其三，可以确定，《形而上学》卷M是亚里士多德教学授课之讲义，这样所谓ἐξωτερικοὶ λόγοι至少应与授课讲义有所区别。在《优台谟伦理学》1217b20—23这段更为特殊的记载中，我们还能进一步推进我们的认识，书中写道："认为不仅存在最好的善之理念，而且存在其他某种理念的看法，是纯粹的抽象和无内涵的。关于此已经既在ἐξωτερικοὶ λόγοι中，也在依照哲学的那些讲辞中（ἐν τοῖς κατὰ φιλοσφίας）中讨论过了。" φιλοσοφίας在亚里士多德那里无疑是一具有最高认知含义的术语，那么与之相应，我们可以看出ἐξωτερικοὶ λόγοι至少是与之不同，或可相互补充的λόγοι。尽管我们不能推断两者在此是否一定构成对立，确定其级序上的相异性则毫无疑问，因为二者可能处理同一对象、同一问题。

略微考察两段原文之后，我们再看看学界对此的讨论，这样这一表达的意旨就更为清晰了。据笔者所见，关于ἐξωτερικοὶ λόγοι的解释目前大约有六种看法[②]。其一来自宇伯威格（F. Ueberwege），在《从泰

① 关于此，我们还可以提供另一段例证，如《优台谟伦理学》的1218b32—34："众所周知，所有善不是内在于（灵魂），就是外在于灵魂，而内在于灵魂乃是值得选择的，这也是我们相应在ἐξωτερικοὶ λόγοι中处理过的区分。" 从这里我们可以看出，它涉及善与灵魂关系这一主题。普鲁塔克也记载，亚里士多德的外传对话中（τῶν ἐξωτερικῶν διαλόγων）同样涉及柏拉图理念论的批判（见Plaut. Adv. Colot. 14, 1115B）。

② 这里略过了几种过于玄思而普遍遭到学界拒绝的解读。比如A. P. Bos在其*Cosmic and Meta-Cosmic Theology in Aristotle's Lost Dialogues,* Leiden 1989中将ἐξωτερικοὶ λόγοι解为"超越自然界之言"（ἔξω τῆς φύσεως），类似于我们所谓的形而上言、玄言，并且将这一类型文本的流失归于"自然学"（Physik，Bos认为其为亚里士多德内传文本之主题）逐渐取代"超自然学"的理性化过程。

勒斯到当代的哲学史大纲》(*Grundriss der Geschichte der Philosophie von Thales bis auf die Gegenwart*)中[①],他认为在亚里士多德那里,ἐξωτερικοὶ λόγοι仅仅意指在此“研究领域之外”的讨论。策勒(E. Zeller)在《历史发展中的希腊哲学》(*Die Philosophie der Griechen in ihrer geschichtlichen Entwicklung*)(1844—1852)中也曾持类似看法[②],之后的学者则多持异见。不过,F. W. Niewöhner在1971年又试图复活这种解释,认为ἐξωτερικοὶ λόγοι并非严格的术语,而仅仅涉及研究主题的相关性[③]。另一种较有代表性的看法来自伯奈(J. Bernay)[④]和耶格尔[⑤],他们认为ἐξωτερικοὶ λόγοι指的是亚里士多德的对话录,这一意见可以得到Elias的《范畴篇注》及西塞罗书信等古代文献的支持。前书中,声闻学说(ἀκροατικοῖς,即内传学说的同义词,参后)与对话录(διαλογικοῖς)相对[⑥]。与之类似,西塞罗在《致阿提卡书简》(Epistulae ad Atticum, IV 16, 2)中提及自己的对话录创作时称:“我将给每部作品一个导言,正如亚里士多德在他称为ἐξωτερικούς中所为”,这样也就明确地将这一类作品与对话录相提并论。其三为第尔斯(Hermann Alexander Diels)[⑦]与罗

---

① 见Bd.1, Berlin 1863,第97页。

② 参Friedrich Wilhelm Niewöhner:《柏拉图〈巴门尼德〉的对话与辩证法:对所谓柏拉图“内传主义”的研究》(*Dialog und Dialektik in Platons Parmenides. Untersuchungen zur sogenannten Platonischen „Esoterik“*), Meisenheim am Glan 1971,第33页。

③ 同上,第20—32页。

④ J. Bernay:《与其他著作之关系下的亚里士多德的对话录》(*Die Dialoge des Aristoteles in ihrem Verhältnis zu seinen übrigen Werken*), Berlin 1863,第29—93页。

⑤ W. Jaeger:《亚里士多德〈形而上学〉发生史研究》,前揭,第131—148页。

⑥ *Eliae in Aristotelis categorias commentarium* 114,第27—28页。

⑦ H. Diels:《论亚里士多德的外传讲辞》(Über die exoterischen Reden des Aristoteles),载于*Sitzungsb. Der Berl. Akad.* 1883,第477—494页,重刊于Paul Moraux编,前揭,1975,第37—58页。

斯（W. D. Ross）[①]的意见，他们将ἐξωτερικοὶ λόγοι等同于非逍遥学派的论证方式。其四则根据拉瓦松（Ravaisson）的分析，外传与内传分别相应于两种教学方式与科学之分类，前者与问答辩证式的λόγοι相应，它朝向意见，后者则与论证式（ἀποδειτικῶς）的作者独白（ἀυτοπρόσωπον）相应，其目标乃是真实、确定与必然[②]。另两种较新的讨论分别来自狄尔迈尔（Franz Dirlmeier）与维兰德，前者撰文《〈物理学〉IV 10：ἐξωτερικοὶ λόγοι》认为：ἐξωτερικοὶ λόγοι是亚里士多德为讨论所写的预备性（προπαιδεία）的材料，与之相系的乃是采取一种辩证式的、两难的与意见相系的论证方式[③]。而维兰德(《作为修辞学家的亚里士多德与外传文本》[④])则通过联系亚里士多德在学园期间主持与伊索克拉底相竞争的修辞学讲座，将其ἐξωτερικοὶ λόγοι定位为具有文学与修辞学特征的作品，其中主要提供面向大众的哲学。

通过上述简短的回顾和我们之前对原文的考察，如果忽略其具体差异，至少可以确定一个共同点：ἐξωτερικοὶ λόγοι指与亚里士多德当下文本**不同的另一类作品**，而非**同一作品的表面意思**。下面再

---

① W. D. Ross：《亚里士多德的形而上学》(*Aristotle's Metaphysics*)，卷二，Oxford 1924，第408—411页。

② F. Ravaisson：《亚里士多德形而上学论集》(*Essai sur la Métaphysique d'Asistote*). I. Paris 1837，第209—236页，此处据J. D. Schweier德译《外传文献问题》(Das Problem der exoterischen Schriften)，载于Paul Moraux编：*Frühschriften des Aristoteles*，前揭，第1—20页。另案：德译纠正了法文原文的文献学上的部分错误，更善。

③ F. Dirlmeier: Pysik IV 10: ἐξωτερικοὶ λόγοι，载于《亚里士多德与特欧弗拉斯托的自然科学》(*Naturwissenschaft bei Aristoteles und Theophrast*)，Heidelberg 1969，第51—58页；比较其《亚里士多德：〈优台谟伦理学〉》译注（*Aristoteles: Eudemische Ethik*），Berlin 1962，第198—199页。

④ W. Wieland：《作为修辞家的亚里士多德与外传文本》(Aristoteles als Rhetoriker und die exoterischen Schriften)，*Hermes* 86，1958，第323—347页。

看看由宇伯威格所代表的看法，他将ἐξωτερικοὶ λόγοι解为与作者当下主旨无关的论述，从而使其中立化，这是与其他所有看法最明显的不同。不过后来不仅宇伯威格系列哲学史放弃了这一看法[①]，策勒在新版的《希腊哲学史》中也改变了意见[②]。Niewöhner尽管之后又试图重申此论，不过至少根据我们刚才对两段原文的粗略考察，既然两种λόγοι都涉及处理相同的主题，那么在什么意义上能够说ἐξωτερικοὶ λόγοι是与当下主题无关呢？如果有关，那么它们的区别根本上就要依赖于内容，这是多数学者的共识。从形式上说，很难有内证说明ἐξωτερικοὶ λόγοι专指对话录或否定之，它们很可能是包含对话的多种文学性较强的作品；从内容上说，无论强调它们的修辞性，还是说指向预备教育，或认为其与意见相系，这些都是说明这一类作品较易理解，更为通俗。这一点与亚里士多德之后的希腊文献记载基本一致[③]。而且从上述论述来看，将ἐξωτερικοὶ λόγοι译为外传学说，大约是合理的。

在我们非常粗略地勾画了ἐξωτερικοὶ λόγοι在亚里士多德那里的用法之后，就可以继续以此为基础考察其对应词ἐσωτερικοὶ λόγοι了。同样有趣的是，此词并没有在亚里士多德那里出现过，而是出现在后代作家中，目前所见最早使用此词的乃是卢希安（Lucian）与盖

---

① 修订版的作者为M. Heinze, Bd. 1 Berlin 1876，第173页。

② 转自Niewöhner 1971，前揭，第34页。

③ 关于古代文献中的“外传学说”及其相关问题的记录，I. Düring在《古代传记传统中的亚里士多德》（*Aristotle in the Ancient Biographical Tradition*, Göttingen1957，第426—433页）中做了非常实用的辑佚和注释（以下简称Düring 1957，引用原始材料给出原出处，并附Düring本书自带的编码，引其注释则给出本书页码）。不过这一汇编并不全，可补充V. Rose辑《亚里士多德残篇》（*Aristoteles Fragmaenta*，前揭）中的部分记录，相关还可参Gaiser的TP，前揭。

伦(Galen)[①]。因此尚不清楚此词是老学园传统下的术语，还是后世作家根据ἐξωτερικοὶ λόγοι构造的新词，但两种逻各斯相对是可以确定的基点。这样，时常在早期文献流传中出现的ἐξωτερικοὶ λόγοι的另一个对应词会有助于我们理解所谓的ἐσωτερικοὶ λόγοι，这个词就是ἀκροατικοὶ λόγοι，意为“声闻之学说”。声闻学说与外传学说的对立为亚里士多德著作编纂者安东尼库斯(Andronicus)所载，并为后世如斯特拉本(Strabon)、普鲁塔克、辛普里丘(Simplicius)多位作家直接或间接引用[②]。不过所谓这一对立并非安东尼库斯的发明，而在其记述之前就应该存在，最为著名的便是所谓毕达哥拉斯学派纯粹以口耳相传的方式在团体内部传播思想。我们在普鲁塔克的记载中可以清晰看到声闻学说的特殊性，也就是其内向性。比如其《亚历山大传》[③]写明：“看来，亚历山大不仅仅被授予政治的与伦理的学说，而且得到了不可说的更深的教导(ἀπορρήτων καὶ βαθυτέρων)，被人们视为耳闻眼观的(ἀκροατικὰς καὶ ἐποπτικὰς)独特道路，于此多数人是不可通达的。”这段记载对于我们的分析极有价值。其一，它使用了“不可说”一词，但如同我们之前对柏拉图的分析，所谓不可说并非根本不可说，而是多数人不可通达。其二，明确了耳闻学说的特殊性，它是“更深的教导”。其三，从描述上看所谓耳闻之学正是内传学说，它的目标群体是少数人。其四，所谓政治的伦理的学说恐怕就是所谓“外传学说”，这样内传学

---

① Lucian的用词是ἐσωτερικὸν，载于《出售哲学》(*Vitarum Auction* 26; Düring 1957, 76e)，值得一提的是，这里不仅提及逍遥学派，并且分别使用了ἔκτοσθεν(向外的，从外的)与ἔντοσθεν(向内的，从内的)对应ἐξωτερικὸν与ἐσωτερικὸν两词。Galen使用的是ἐσωτερικά，载于*Glaudii Galeni Opera Omnia*, Tomus V, C.G. Kühn编，1965，第313—314页；转引自Niewöhner 1971，第42页。

② Düring 1957，第431页。

③ *Vita Alexandri* 7，Düring 1957, 76d。

说就显然不是，至少不会仅仅是政治的和伦理的学说。其五，内传学说尽管少数人才可通达，但这少部分人并非不理会外传学说，正如亚历山大也被授予政治与伦理的知识。于是，外传学说可能是作为耳闻学说的基础或者补充。

在略微勾勒了耳闻学说的基础上，ἐσωτερικοὶ λόγοι之义几可迎刃而解。从字面上看其自然是外传学说的反义词，那么就可以译为内传学说，并且这一译名基本符合上文关于耳闻学说特征描述的诸条件。如果内传学说等同于口传面授的耳闻学说，它可以成文吗？格利乌斯(Aulus Gellius)引述了一封据说是亚里士多德与亚历山大的书信可以直观化我们的问题，在信中亚历山大认为“亚里士多德将耳闻学说流传出去并不合适”，因为“权力与关于至善的经验(ταῖς περὶ τὰ ἄριστα ἐμπειρίαις)并不相同”[①]。亚里士多德则回复表示：“你写信与我提及耳闻学说，认为必须让它们保持在隐秘状态(ἀπορρήτοις，按：直译为不可说)”，不过尽管它们的确被传出去，但“仅仅对听了我们[授课讨论]的人才是可理解的”[②]。这里所谓流传出耳闻学说即指成文的出版。面对这一问题，亚里士多德的态度与柏拉图《书简七》中的态度形成鲜明对比。不过两者的一致性在于，他们都提到不可说，但都不认为有绝对的不可说。但柏拉图对书写的态度更为谨慎并担心被误解，而亚里士多德则面对误解态度超然，于是书写了大量的课程笔记，同时也记载了

① 结合上述《亚历山大传》的引文，这里所谓“权力”或许可以理解为关于政治的学说或政治与伦理的学说，也即我们所说的外传学说。而内传学说/耳闻学说则涉及关于至善的经验。

② Noct. Att. XX5; Düring 1957, 76f。这封书信的真假问题并不重要，重要的是它揭示了古典时代对于这两种逻各斯的区分，并将其与亚里士多德的教学相关联。是否可以成文的根本论证在前文关于“不可说问题”的论述中已经解决，这里引入仅仅是补充式的直观说明。

柏拉图教学的部分情况。

在上述分析的基础上，我们就可以大略了解图宾根学派在什么意义上使用内传学说与外传学说这一对术语。克雷默在规定柏拉图“esoterisch”这一概念时，给出了三个基本的内涵：其一，指向口头教学；其二，内容是特殊的，即是一种特殊学说（Sonderlehre）；其三，流传在受限的团体内。[①]这一规定不仅与我们上述语义的考证基本相符，而且与柏拉图学园的建制相一致：学园分为书院（Gymnasium）与花园两部分，在前者中主要进行公共的演讲教学，或许也包括对话录的第一次诵读（即所谓对话录的出版），后者则是柏拉图与亲近的学生进行学术活动的场所。有趣的是前者恰恰也被称为ὁ ἔξω περίπατος（外廊），或许亚里士多德ἐξωτερικός之用法即源于此[②]。此外，从柏拉图作品内部看，尽管他没有使用这一对词汇，却仍有些近义的表达可寻。比如在《巴门尼德》136de，《泰阿泰德》152c，《菲勒布》19c中他均将众庶（οἱ πολλοί）与习者（οἱ μαθηταί）相区分，而在《智者》（参229d，232d）中则有两种逻各斯之分，前者的表达上更为精致，目标群体为公众（δεδημοσιωμένα），后者为专家性的知识，特殊的、熟巧的知识（δημιουργικὴ διδασκαλία）[③]。

将内传学说与秘密学说、内传与守密一直作为同义词使用，是近代以来德国学术界的惯例。早在十八世纪末，极大影响了施莱尔马赫柏拉图解释的哲学史家腾尼曼（W. G. Tennemann）便将内传学说标示为秘密的，尽管与施氏不同，他明确支持内传学说[④]。在《德性》一书中，虽

① Krämer：《德性》，前揭，第21—22页。

② Gaiser：《柏拉图的内传学说》，前揭，第17页。

③ Düring 1957，第441页。

④ 见其《柏拉图哲学系统》（*System der Platonischen Philosophie*），Leipzig 1792，转自Szlezák，前揭，AuA 1997，第49页。

然克雷默正确分析了内传主义的内涵，并且将不可提前说、暂时之不可说与根本不可说作出了区分，但仍然使用了“秘密学说”一名[①]，于是就招致不少学者对图宾根学派的批评和误解[②]。因为两者的合流事实上是在柏拉图学说逐渐神秘化，特别是与晚期毕达哥拉斯学派及基督教神学合流之后的产物。1967年海德堡研讨会后，克雷默明确宣布，图宾根学派从此放弃**秘密学说**这一容易导致误解的用法，而使用**口传学说**或**学园内部学说**等表达以明其意[③]。不过尽管如此，关于秘密学说与内传主义得到学界公认的细致区分却是斯勒扎克多年后完成的[④]。简而言之，首先通过对柏拉图文本的分析，斯勒扎克论证柏拉图绝非赞成守密态度[⑤]。其次，柏拉图的内传主义要求最终达到哲学上的“清晰与确然”，这不仅不同于外传文本的通俗含混[⑥]，更与秘密学说常以晦涩难解

---

① Krämer：《德性》，第24—26, 385, 389, 411, 453页，索引页也将两词当作同义词，第593页；不过从Krämer的具体规定看，其所谓内传学说实不等于一般意义上的秘密学说，如参第469页。

② 比如Gadamer：《柏拉图未成文的辩证法》，载于《理念与数》，前揭，第10页以下。

③ 参Krämer：《间接柏拉图文献的基本问题》，前揭，第124页，第150页；也参Gaiser：《未成文学说》，第587—588页。

④ 比如R. Feber尽管极力反对“本原学说”，却也承认在Szlezák的工作之后，很难将未成文学说等同于秘密学说。参《柏拉图为何未写未成文学说》，前揭，第12页。不过，其实在对亚里士多德文献的讨论中，法国学者Ravaisson早在1837年就明确指出，内传学说与外传学说之区分与守密和谎言均无关系，而是建立在认识与认识对象本性的基础上。见其《外传文献问题》，前揭，第4—5页。Ravaisson的重要见地似乎在当前的论战中被忽略了。

⑤ 参PSP，第49—65页；其论文：《苏格拉底对保密的嘲讽：论〈欧绪德谟〉中的爱智者形象》(Sokrates' Spott über Geheimhaltung. Zum Bild des φιλόσοφος in Platons Euthydemos)，载于AuA 26, 1980，第75—89页；本书第25—27页，第118—120页。

⑥ Simplicius指出，外传文本恰恰“全然不关注明确清晰”(ὅλως τὰ μὴ ἄκρας ἀκριβείας φροντιζοντα)，参Simpl. Phys. 8，第16—18页。

为目的迥然相异[①]。再者，通过柏拉图与毕达哥拉斯传统的比较，他揭示出：守密建立在强迫的基础上，被守密的知识乃维持权力的手段。与之相对，柏拉图内传主义出于理性的选择，是对书写进行哲学反思的产物之一，在这里，哲学知识是目的本身而非手段。从根本上说，前者出自一种权力逻辑，而后者则源于柏翁对知识与哲学的理解（本书第二十六章）[②]，两者绝不可相提并论。

斯勒扎克对内传学说的另一重要界定就是划分**历史的内传主义**与**释义学的内传主义**，或者可以说区分**逾越对话的内传主义**和“**固于文本的内传主义**”[③]。这一区分一方面关系到施莱尔马赫对话录理论无可回避的惊人效应，另一方面关系到施特劳斯学派相同的词语使用容易导致的误解[④]，因此也就显得异常重要。那么我们就试图从这两方面略微

---

① PL，第150页。

② 迄今仍有部分评论者要么出于无知要么出于故意，无视这一论证与区分，仍然指责图宾根学派宣扬某种秘密学说，但迄今未有专论反驳Szlezák对二者的区分。比如伽达默尔在1994年名为《希腊人，我们的同时代人》（*Die Griechen, unsere Zeitgenossen*）访谈中，仍旧谈到图宾根同事们的“秘密学说”，参IZPh，1994，第143页；甚至2006年《哲学信息》（*Information Philosophie*）杂志中，一篇对Szlezák新著《柏拉图晚期对话中的辩证家形象》的评论，就以“斯勒扎克（再次）指认柏拉图的辩证法为一种秘密学说”［Szlezák weist（wieder mal）Platons Dialetik als eine Art Geheimlehre aus］这种耸人听闻的说法为标题。Wolfgang-Reiner Mann也在《柏拉图在图宾根》（2006年出版）的长文中指责毕达哥拉斯式的秘密学说，前揭，第354页，却未正面反击Szlezák守密与内传之区分。

③ PL，第46页；AuA 43, 1997，第54—55页。

④ Szlezák明言图宾根学派所言的内传学说（esoterische Lehre）与施特劳斯学派所谓对话录的隐微教导（esoteric teaching）没有任何关系（参GU，前揭，第58页；氏著：《柏拉图口传哲学讨论的方法论评注》（Methodische Bemerkungen zur Diskussion um die mündliche Philosophie Platons），载于*Philotheos* 5, 2005，特别是第186—187页），将两者相提并论的误解事实上多发生在对德语文献把握和理解不足的英语学者那里，参Burnyeat对施特劳斯的批评，载于*Classical Review* 29, 1979，第161—162页。

作一番回溯工作，以明晰区分两种内传主义的必要性。

如前所述，内传学说与外传学说在希腊化时期指两种不同的教导方式，由于这一理念的不同也导致文学形式的不同。耶格尔在其《亚里士多德〈形而上学〉发生史研究》中有一名言："柏拉图的对话创作与亚里士多德的写作讲义之间有一不可逾越的文学的、哲学的、教育的鸿沟。但将这一区分引申至人格则是错误的。其人性与哲学活动的区别与这一文学形式无关。"[①]尽管他将亚里士多德的外传学说归于对话录颇成问题，但上述论断本身却仍旧发人深省。从流传下的文献看，内传学说的神秘化与晚期毕达哥拉斯学派、犹太及基督教神学的影响关系颇大，这一趋势也就导致了文本的隐喻解读，这开启了所谓"文本固有的内传主义"或"释义学的内传主义"的先声。于此，亚历山大的克莱门（Clemens）《杂俎集》（*Stromata*）中的相关记述具有代表意义[②]。为了合理化其隐喻化的《圣经》解释，克莱门引入古代哲学为其公证，他先讲述了毕达哥拉斯学派的传人希帕索斯因为未能守密而被逐出师门之事（57,3）[③]，随后他指出不仅在毕达哥拉斯学派那里，而且在柏拉图、伊壁鸠鲁、斯多亚主义者芝诺（Zenon）及逍遥学派（Peripatos）处均存在类似内传与外传学说的区分（58, 1; 59, 2）。这些多与传统的记载吻合，并未有新颖之处，特别他在论及亚里士多德时，也明确提及那里有两种文本，其一是内传性的，其一是大众化的外传性的（τὰ μὲν ἐσωτερικά εἶναι τῶν συγγραμμάτων αὐτοῦ, τὰ δὲ κοινά τε καὶ ἐξωτερικά, 58, 3）。然

① Jaeger：《亚里士多德〈形而上学〉发生史研究》，前揭，第132页。

② 属于这一解释传统的尚有亚历山大的斐洛（Philo von Alexandrien）等人，这里为篇幅所限不再冗述。

③ 《杂俎集》（*Stromata*），引文据Otto Stählin编，Ludwig Früchtel补订：*Clemens Alexandrinus* Bd. 2, Berlin 1985, Stromata V. Cap. IX，以下随文给出标准编码，不再额外注释。

而当克莱门具体解释内传学说并给出事例时，传统文献中的规定则出现了微妙的变化。在这里，他写下了一段至关重要的判断："但是秘仪的创造者们，作为哲学家，他们就将自己的学说存于神话之中，以至于并非对所有人都是清晰的。"（οἱ τὰ μυστήρια θέμενοι, φιλόσοφοι ὄντες τὰ αὐτῶν δόγματα τοῖσ μύθοις κατέχωσαν, ὥστε μὴ εἶναι ἅπασι δῆλα）这样，首先上文所谓的内传学说就在隐藏在神话讲述背后这一意义上是秘密的（ἀπόρρητα，即不可说，参58, 1），这样内传之物与外传之物已经重叠在了一起，因为内传学说被视为外在形式下（神话）深处的东西。其次，哲学家被规定为神话与秘仪的创造者[①]，学说与秘仪相提并论，于是哲学家刻意创作神话以将所思保存于深处，刻意不让自己的学说对他人清晰呈现[②]。为了明晰这一论断，克莱门列举了柏拉图对话录中的多个神话，如《政制》的阿尔梅尼人（Armenios）之子神话，厄尔（Er）神话，《普罗塔戈拉》中的同名智者讲述的创世神话等，指明这些不可按照字面来读，而是需要通过象征（διὰ συμβόλων, 58, 6）及隐喻（τῇ ἀλληγορίᾳ）等间接方式来理解。事实上，克莱门已经触及从写作者与解读者两方面规定内传学说与外传学说的关系以及解读内传学说的可能性。更为重要的是，在他这里，内传学说真正作为秘密学说与外传学说统一在了同一文本之中[③]。他引用荷马《奥德赛》之言形象地说明了这一转变："被言说的，也同时被隐藏。"（τὸ μὲν φάσθαι, τὸ δὲ <καὶ> κεκρυμμένον εἶναι, Odyssey 443, Stromata 59, 1）这样，内传与外传之别转向**同一文本**

① 浪漫派与这一表述的联系，参施莱格尔解释柏拉图之言："在希腊，密仪与哲学有着同一目标"。参FSKA XII，第214页。

② 对勘柏拉图的哲学目标：《斐德若》275c6，"清晰与确然"（σαφὲς καὶ βέβαιον）；277d8—9，"极清晰与确然"（βεβαιότητα καὶ σαφήνειαν）。

③ Niewöhner与I. Düring两位学者均认为，克莱门第一次将内传学说规定为秘密学说。参Niewöhner 1971，前揭，第53页。

的**两种意思**，与之相应自然会发展出**两种解读**。

以此为背景，再回到施莱尔马赫，之前我们已经从《圣经》释义的角度略微论述了其对话录释义原则的神学性。正如施莱格尔的柏拉图解释与其哲学密不可分，施莱尔马赫的柏拉图阐发与其神学同样如影相随[①]。在《论宗教》讲辞中他将外传之神学与内传之神学相提并论，认为两者都需要接受一个严格的批判。他的目的在于指出，并没有彼此分裂的两个神学，有的只是同一个神学[②]。从这里我们可以看出，施莱尔马赫与克莱门的分歧在于，他并没有将神秘隐意作为理所应当，而坚持其同样需要一个批判，也可以说要经过其释义学的再解释。这与施氏对柏拉图解读的反内传立场相一致：如果有所谓外传学说与内传学说，那么它们是同一的和统一的。以此为基础，施莱尔马赫坚持仅仅分析柏拉图对话录足以达成柏拉图的全部学说。同时，对隐意进行批判与解释并不代表就否定隐意，施莱尔马赫在这里毋宁强调，传统上对于文本的分析站不住脚，需要的乃是一种新分析方法。在这一意义上，他与克莱门的根本一致性则在于意义深植于同一文本之中。于是如我们之前所述，对神学家施莱尔马赫而言，一切在于《圣经》；对柏拉图释义家施莱尔马赫而言，一切在于对话录。

不过，以反内传一词或可论及施莱尔马赫柏拉图释义学的实质，却尚不能尽其意义。在拒绝间接流传文献而仅仅关注对话录的意义上，他是反内传的；而在对话录阐释的理论与实践中，他实际上将内传的意义转化了。《导论》中他明确地写道："[如果]人们可以谈及内传之物与外传之物的话，那么它们的唯一意义也就在于其仅仅展示了读者的一

---

① Karl Löwith在《从黑格尔到尼采》(*Von Hegel zu Nietzsche*)中一言颇具启发性："当某人成为基督徒之后，固然可以依照基督教来思一哲学，不过如此，所涉及的已经不是哲学与基督教的关系，而是基督教与基督教知识的关系。"(Hamburg 1986，第63页)。

② 同上，第65页；见《论宗教》，前揭，第164—165页。

个特性，即他是否据此使得自己成为内在的真实的听者。”[①]这一判断将他本来排斥的内传外传之分又带了回来，我们可以说这就是内传学说隐微化的关键。**正是因为内传与外传的历史实然变成了依赖于读者禀赋的文本分析，从一客观事实转化为主观的理解进程**。在这一意义上，对内传与外传的探究也就从语文学—哲学的变为了释义学—神学的。

有了这一背景，我们将看到，缘何可以说，施特劳斯本人对施莱尔马赫排斥“内传教导”(esoteric teaching)的批评掩盖了二人精神根本的一致性，并且缘何在施特劳斯批评了施莱尔马赫之后，其后学可能看似矛盾地同时将二人奉为精神领袖来进行柏拉图对话录的阐释(参后)。这里一篇名为《显白的教导》(Exoteric Teaching)[②]的文字具有关键性意义，于此我们足以洞见，古代文献中的内学外学之别——经由克莱门、施莱尔马赫至施特劳斯——明确转化为**隐微与显白的发生与完成**，这里只拟对其文几个关键点进行解析：

1. 施特劳斯将自己对exoteric与esoteric的理解建立在莱辛的相关论述之上，**而非建立在原始文献的分析之上**。而莱辛的希腊理解根本受到基督教人文主义与启蒙运动视域的规定——如其对亚里士多德《诗学》影响甚大的误读——并不能轻易地作为解读古典的出发点或基础，这点早已为古典学界所澄清[③]。施特劳斯借用莱辛，直接跳跃到对柏拉图与古代作家“原意”的发微，并以此指向对启蒙哲学的批判，并且极端地宣称——看似是对莱辛的解读——否认“拒绝显白主义之人配

---

① Schleiermacher：《导论》，载于《论柏拉图哲学》，前揭，第32页。

② 载于施特劳斯的论文集：《古典政治理性主义的再生》(*The Rebirth of Classical Political Rationalism*)，Chicago 1989，第63—71页，以下引证直接附于文后。

③ 参W. Schadewaldt对莱辛令人信服的批判：Furcht und Mitleid? Zur Deutung des Aristotelischen Tragödiensatzes，载于*Hermes* 83，1955，第129—171页或*Hellas und Hesperien*，Zürich/Stuttgart，第346—388页。

享有哲学家之名"（同上，第67页）。于此，结合理论生活与沉思生活的必然矛盾，施特劳斯试图将这一区分视为一种哲学的**必然性**，而非仅仅某种存在过的**历史事实**。

2. 尽管施特劳斯指责启蒙哲学导致对"古老书写方式"的遗忘，但这一批评本身就同时表明，这位试图"像古人那样理解古人"的政治哲人本人同样无意地（或者有意地）受到新书写文化（于智术**启蒙**后兴起的新现象[①]）的引导，先验地将两种**教导**（teaching）等同于两种"**书写**方式"。于是**作家**（writer）与**著作**（writing）都成了其论述中无须论证即可直接使用的概念。在施特劳斯那里，继承了古人精髓的莱辛是最后这样一种"作家"，他利用**字里行间的书写技艺**来**书写**这种技艺（he wrote between the lines about the art of wirting between the lines，同上，第64页）。

3. 施特劳斯那里，两种教导不仅结合在文本中，而且结合在**同一**文本中。这种结构我们可以从他对莱辛的称赞中看到，他指出后者像那些古代作家一样，"**揭示、同时隐藏**（revealed, while hiding）迫使智慧者掩饰真理的原因"（同上，第64页），这一表述与克莱门对荷马《奥德赛》的引述如出一辙，即"被言说的，也同时被隐藏"（前揭）。可见，与施莱尔马赫和克莱门一致，施特劳斯将两种教导内化于同一文本，相应地，所谓exoteric与esoteric才有了显白与隐微这样的意味。不过与克莱门不同，二施均拒绝将这一区分导向神秘主义（参同上，第65页）。

4. 尽管施特劳斯似乎认为显白与隐微教导来源于哲人**自主的**选择，但其理论实质具有强烈的毕达哥拉斯主义色彩，也就是说在施氏这里，秘密学说与内传学说的区分同样是模糊的[②]。施氏的理论出发点在于最佳政治的非完美性，在于沉思生活与政治生活必然的断裂，如是，

---

① 参Rudolf Pfeiffer：《古典语文学史》（*Geschichte der klassischen Philologie: von den Anfängen bis zum Ende des Hellenismus*），Reinbek bei Hamburg 1970，第34页。

② 前揭，并参PL第二十六章。

面对沉思与城邦的张力，哲人出于审慎（prudence）选择显白与隐微的书写方式。这就表明了哲人的选择具有**政治意义上**的**被迫**性质，更多地涉及知识、权力与共同体之间的关系，而非哲人与知识本身的关系，这显然有悖于书写批判之原则（参前）。

5. 施特劳斯赞同施莱尔马赫对柏拉图的戏剧技法分析，并且认为这些迄今未被超越（第67页）。他对施莱尔马赫的批评主要集中在后者对esoteric teaching的排斥。吊诡的是，他完全回避了施莱尔马赫对这个论题多角度的论证和说明[①]，而集中到另一个问题之上，即质疑：初学者对柏拉图不合宜的理解与柏拉图训练有素的学生们的理解难道是同一学说吗（同上，第67页）？如前所述，由于施特劳斯先行地在书写文化之视域内进行全部的考察，柏拉图训练有素的**学生**没有被视为作为**学园学术探讨与研究的参与者**，而是作为**另一种**与初学者相对的**读者**被理解。于是，上述质问就转化为：**粗心读者**（inattentiv reader）与**细心读者**（attentiv reader）对柏拉图**作品**的理解难道没有根本的区别吗？（同上，第68页）这就展示出，施特劳斯乃是通过强调**两类读者**之间无可逾越的鸿沟反击施莱尔马赫，尽管这并非施莱尔马赫确立反内传学说的要义之所在。不过，这里我们并不关心前者是否成功地驳斥了后者，毋宁试图通过上述理路说明，事实上，与施莱尔马赫全然一致，施特劳斯不仅将两种教导归于同一文本之内，同时根本上将它们与读者的理解和禀赋相系。

6. 在施特劳斯那里，exoteric teaching等同于《政制》中所谓“高贵的谎言”（noble lies，同上第69页）。他相当大胆地以为，“**每一柏拉图的读者**或多或少都熟悉这一关联”，随即又不无矛盾地补充道，“尽管其**没有全然地为柏拉图的学生们所强调**”。遗憾的是，不但这一关联“没有

① 参Schleiermacher：《论柏拉图哲学》，前揭，第33—41页，其中涉及esoterisch与exoterisch意义的不确定性，涉及亚里士多德引用柏拉图文献与柏拉图对话录的关系（尽管这一段显然是误解，第36—37页），柏拉图的书写动机等。

全然地为柏拉图的学生们所强调”，毋宁更准确地说，目前尚没有文献可以证实柏拉图有学生提及了这一关联；而且显然，也并非**每一柏拉图的读者**或多或少都熟悉这一关联，倒是后世的希腊教父克莱门，在对内传与外传学说的阐释中论及了《政制》中的神话与谎言问题[①]。另一方面，既然隐微与显白之分在施特劳斯那里作为一种**哲学的必然性**（所有哲人都[应该]进行这样的区分），显白作为“高贵的谎言”（《政制》414b，参377a）——如果它成立的话——则是柏拉图的书写作品作为一种**特殊文体**（对话录）的**特殊**规定，那么，前一种一般的规定性如何成为后一种特殊书写的合法性来源，它们如何可能互相阐释？这种矛盾在施氏后学那里更为突出地显示出来，正如他们一边以显白隐微之分强调对话录文体的绝对特殊性，一边又毫无顾忌地以此区分解读并未书写对话录的尼采等诸多其他作家。[②]

除了上文提及的《显白的教导》，施特劳斯具有方法论性质的文章尚有《迫害与书写技艺》（Persecution and the Art of Writing）与《论一被遗忘的书写方式》（On a Forgotten Kind of Writing）[③]。在这两篇相互照

---

① 参Niewöhner 1971，前揭，第54—55页，有详细的分析与引证。

② 参S. Rosen：《启蒙的面具：尼采的查拉图斯特拉》（*The Mask of Enlightenment: Nietzsche's Zarathustra*），Cambridge 1995，有辽宁教育2003中文版。对尼采那里的esoterisch与exoterisch的学术性研究，请参V. Klein的专著《外传的—内传的：尼采及其残篇视域下的哲学叙述问题》（*Exoterisch-esoterisch. Friedrich Nietzsche und das Problem der philosophischen Darstellung im Lichte des Fragments*，Technische Hochschule Aachen 1994博士论文），其中可知作为哲学家的尼采已经偏离了这两词在“柏拉图—亚里士多德”传统中的含义，这点KSA版尼采全集的编辑Giorgio Colli已经在注释中提及：KSA 13，第651—655页。而作为古典学家的尼采在巴塞尔大学1871夏季学期到1874/75冬季学期的讲稿中则代表传统讲法，KGW II 4，第9页以下，其包含对施莱尔马赫书写批判理解错误的批判，并一针见血地指出，施莱尔马赫的柏拉图理解只有在一个“文字统治的时代”才是可能的。

③ 前文载于L. Strauss：《迫害与书写技艺》（*Persecution and the Art of Writing*）一书第二章，Chicago 1988，第22—37页；后文载于《何谓政治哲学》（*What is Political* （转下页）

应的文字中，他从作者“**字里行间的写作**”(writing between the line)[①]出发推论到读者“**字里行间的阅读**”(reading between the line)[②]，并明确将文本的意义寄希望于“精英读者”或“读者的仔细与敏锐”[③]，这同样是对施莱尔马赫在《导论》中将内传性归于读者的禀赋的复述(前揭)。这种施莱尔马赫式的释义学在《城邦与人》(*The City and Man*)第二章《论柏拉图的〈国家〉》(On Plato's Republic)的开端[④]及《论柏拉图〈会饮〉》(On Plato's Symposium)中得到了清晰体现。不仅如此，与施莱尔马赫将对话录作为对书写批判的克服一致，他将《斐德若》中的书写批判视为苏格拉底不写作的理由，视为最高层次的不书写，而柏拉图书写对话录则是超越了前者的最高层次的书写[⑤]。

施特劳斯学派的其他作者均未书写关于对话录形式研究的专著，但克莱恩(J. Klein)《〈美诺〉注》的开场评注[⑥]，罗森《柏拉图的〈会饮〉》导言等几篇文章具有同样的方法论性质。而伯格(Ronna Burger)与格里斯沃尔德(Charles L. Griswold)二人的《斐德若》研究则试图再次从《斐德若》的书写批判入手为施莱尔马赫范式寻求新论证。伯格将《斐德若》理解为“为哲学书写技艺一辩”[⑦]，“**书写批判**”吊诡地转化

(接上页)*Philosophy*)一书，Glencoe 1959，第221—232页。

① 《迫害与书写技艺》，前揭，第24页。

② 同上，第24页以下；参《论一被遗忘的书写》，前揭，第224页。

③ 《论一被遗忘的书写》，前揭，第224页，第231页。

④ 《城邦与人》，Chicago 1978，特别是第50—62页。

⑤ 《论柏拉图〈会饮〉》，前揭，第247—250页。

⑥ 严格来讲，Klein的柏拉图研究实独立于施特劳斯的显白与隐微区分，并影响了施特劳斯的柏拉图解释，不能简单化为所谓施特劳斯学派。此外，其柏拉图释义与施特劳斯弟子辈尚有不同，这里为篇幅所限，不能详论。其著《柏拉图三部曲》(*Plato' Trilogy*, Chicago 1977，第1—2页)列举了对话阐释的六点原则，可与施特劳斯学派其他著作相互发明。

⑦ R. Burger：《柏拉图的〈斐德若〉：一种哲学书写方式的辩护》(*Plato's Phaedrus. A Defense of a Philosophic Art of Writing*)，Alabama 1980，特别是第90页以下。

为“**书写辩护**”。克莱恩与格里斯沃尔德则一开篇就表明自己作为施莱尔马赫的同盟军进入到研究之中[①],并均试图在《斐德若》中进行“对话录的辩护”[②]。后者引述了弗里德兰德的名言:“对话录是唯一的书本形式,其显得可以克服书本本身”(前揭)[③],他认为,作为对话录的书写可以为自己辩护,可以找寻其读者[④]。这样,在重复论证了施莱尔马赫的解释基础之后,现代对话形式理论的其他经典论题也就相应推断而出,比如强调柏拉图书写的不是论文,而是对话,因此对话录中并无柏拉图之学说(doctrine)[⑤]。同时,对话录的对话性正是体现在读者作为沉默的谈话伙伴对谈话的参与,克莱恩甚至不无矛盾地宣称:如果没有读者的参与,那么对话录就不能成其所是,而仅是一书而已[⑥]。就间接表达的方式而言,施特劳斯学派对反讽的强调与施莱格尔相似,不过其特殊之处在于反讽与高贵谎言的结合。按照施特劳斯的话,“反讽乃是价值高贵

---

① J. Klein:《〈美诺〉注》,前揭,第3页以下;Griswold:《柏拉图〈斐德若〉中的自我认知》(*Self-Knowledge in Plato's Phaedrus*,简称《自我认知》),Yale University,第1页以下。其第244—245页注释7列举了其研究所遵循解释范式文献,颇显施莱尔马赫的当代影响,可观。

② 《〈美诺〉注》,前揭,第10—16页;《自我认知》,第230页以下。

③ 同上,第289页;对比《城邦与人》第52页,“对话录是一种摆脱了书写本质缺点的书写”。

④ 同上,第221—225页。

⑤ Klein:《〈美诺〉注》,前揭,第1—10页;《柏拉图三部曲》,前揭,第1页;L. Strauss:《论柏拉图〈会饮〉》,前揭,第5页,《城邦与人》,前揭,第50页;对比施莱格尔在古今之别的视域内对哲学叙述方式进行的区分,以及对对话与论文之区分,上述观点之源清晰可见,FSKA XII,第175—176页,第210页。

⑥ 如本文之前所述,这里常常将对话录的对话性与阅读本身的对话性相混淆。参Klein:《〈美诺〉注》,第6页;Klein这里有一解释上的问题:其引275d6认为对话录是“活生生的”(ζῶντα),却遗漏了之前的ὡς(好像),第11页。

的掩饰”[①]，这一论断作为解释方法后来为其学生罗森在《柏拉图的〈会饮〉》等作品中有着惊人的发挥。无奈“像作者本人那样地理解作者”与“敏锐的读者读出微言大义”这两个原则深蕴着无从克服的矛盾。从这一学派一系列的作品中，人们不难发现，实际后一原则始终处于支配地位，而前一原则不过成了“显白的教导”而已。

并不需要更多的列举，结合我们之前对现代对话形式理论的概述，这足以证明整个施特劳斯学派完全是施莱尔马赫精神的产物；如果更为准确地说，同时也是受到海德格尔与布尔特曼（Rudolf Bultmann）影响的马堡释义学圈[②]反新康德主义的**现代精神**后裔。

单单从对话录文本的字里行间读出表意与深意或许是可能的，但这与传统意义上的外传与内传学说所指没有根本的关系，毋宁说这一意义下的exoteric与esoteric接近神学与当代释义学，尽管这样一种释义学——如同海德格尔常常宣称的——也可自视为回到古典的源头。如果我们视野广阔一些，知道其他的柏拉图解读者，如Roloff曾区分柏拉图对话录中的反讽一与反讽二，Meiβner以所谓表层的逻各斯与深层的逻各斯构架自己的理论，我们就会惊异地发现，这两对术语和显白与隐微实为可相互替换的近义表达[③]。这一类比也显出exoteric与esoteric在施特

---

① 参《城邦与人》，第52页；对参《显白的教导》，前揭，第68—69页。Klein同样极重视反讽，但并没有与高贵谎言相系。同时，尽管他在接受对话录作为唯一的权威性上与施特劳斯相同，但对esoteric teaching理解与施特劳斯并不相同，因为在《〈美诺〉注》中（第21页），他明确将esoteric teaching同于口传学说，而非如后者及其学生，将之理解为一种书写方式。

② 指L. Strauss, Hannah Arendt, H.-G. Gadamer, Karl Löwith, Gerhard Krüger, Hans Jonas, Erich Auerbach, Werner Krauss, Max Kommerell等人。

③ 只有施特劳斯本人强调的政治外力因素与上述两组概念不同。有趣的是，他的弟子尽管接受以显白与隐微式的区分解读柏拉图对话，却也未必在论述中严守“书写迫害”这一原发的动力，事实上也不可能始终关注于此。

劳斯学派那里仅仅是旧瓶装新酒的古语，早已失去了本来的意义。同时我们也会理解，为何斯勒扎克要严格区分两种内传主义，将其一命名为历史的内传主义与逾越对话的内传主义，另一命名为释义学的内传主义和文本固有的内传主义，并且为何这一区分绝非可有可无、无关紧要。

8. 从柏拉图之文到柏拉图之学

克雷默在论及柏拉图的内传哲学与外传哲学的关系时指出：应该在"原善"（περὶ τἀγαθοῦ）的视域下明晰并重新解读对话录。经过"批判的批判"，以便获得柏拉图内传哲学的"历史性"（Geschichtlichkeit）①。也就是说，柏拉图之学并不仅仅是一文学释义学问题，更不是贫乏时代或然可贵的诗意激情，而是一严肃的哲学—历史研究。这一研究要求我们在柏拉图之文的基础上，重新审视其与当时悲剧喜剧的密切关联，与老苏格拉底学派、埃利亚学派的一致性，智者教育兴起对对话录书写的影响以及从老学园到怀疑主义以及新柏拉图主义中的流变。这样我们就可以看到，本书与其说是一本柏拉图之文形式的研究之作，不如说是柏拉图之学的预备之作。

我们这些当代人不可能如阿希欧特亚（Axiothea）那样，在读过柏拉图的《政制》后便来到雅典听柏拉图的小课②。但如果我们以为《政制》就包含了柏拉图的一切并且以此意欲分析一个"活生生的"柏拉图，那只能导致自我投影的时代错位。柏拉图的对话录本来是对辩证法、对划分法、对论辩窘境的生动"模仿"，而模仿与本体之间有着不可克服的差距。

师生共同（συνουσία）进行哲学活动是柏拉图式的"**哲学作为生活**"

① 《德性》，前揭，第452页。

② V. Rose编：《亚里士多德残篇》64，前揭。

之意义所在，这一表达不仅反复在对话录中出现（《拉贺斯》（*Laches*）201c,《普罗塔戈拉》338c,《会饮》172bc, 173ab,《政治家》285c,《礼法》652a, 950e, 968c），而且与略晚的时代将未成文学说称为“**共同论善**”（συνουσία περὶ ἀγαθοῦ）相一致[①]。换而言之，“哲学作为生活”并非如当代释读者的种种联想，诸如第一哲学乃是**实践之学**[②]，或者哲学作为某种**生活艺术**与**趣味**，甚或**生活本身作为哲学**；而是说，哲学指向对在场者的言传身教。所谓言传指明了哲学对智性的要求，即以言来进行论证辩驳；所谓身教则指明了哲学对于德性的要求，这也是学园核心成员共同生活拜祭神灵意味之所在。

特别在柏拉图中早期对话录中，我们常见的，不仅仅是论证，而且包含大量的劝说（πείθειν）。这就是为何在《斐多》中柏拉图特意强调了这一用语，并且苏格拉底面对毕达哥拉斯学派的朋友时，尽量以毕达哥拉斯式的学说来交谈的原因。于是，这篇对话显出浓烈的毕达哥拉斯色彩就毫不奇怪。因为，对话参与者的限度往往也是对话录的限度，但这并非柏拉图哲学的限度。

斯勒扎克通过对话录的新形式理论指示了柏拉图对话录之思的系统性，这是未成文学说根本之所在。柏拉图同样是一系统的思想家，就此而言，他无异于亚里士多德、特欧弗拉斯托、普罗丁等人。在当代各种思潮潜移默化的影响下，我们或许已经不能习惯诸如“学说”（δόγμα, dogma）、系统（σύστημα, System）这样的称谓，以为其中暗含着某种不可救药的独断论（Dogmatismus）。在保尔·纳托普的《柏拉图之理念论》（*Platos Ideenlehre*, 1903第一版）与尼古拉·哈特曼（Nicolai

---

① Simpl. Phys. 454, 18; 542, 11以下；545, 23等；Philop. Phys. 525, 10; 14V等。更详细的列举参Krämer:《间接柏拉图文献的基本问题》，前揭，第118页；学园作为共同体，也参Jaeger:《亚里士多德》（*Aristoteles*），Berlin 1955，第22页。

② 这一论题或许对伊索克拉底等人智术—修辞层面的“哲学”有效。

Hartmann)《柏拉图之存在逻辑》(*Platos Logik des Seins*, 1909第一版)之后，克雷默与盖瑟尔的两部论著之前，几乎整个德国的柏拉图学界都受到反新康德主义思潮与海德格尔"哲学革命"的影响，讳言"**柏拉图的哲学系统**"这样的表述，这仿佛复现了当年浪漫派对观念论哲学的反叛。不过事实上，系统(σύστημα)一词恰恰是一希腊的概念，而非近代的产物，恰恰反系统之思潮才是受到浪漫哲学及尼采与克尔恺郭尔影响的现代精神之子[①]。对柏拉图而言，**一个学说**(dogma)**只有通过系统**(System)**才是可能的**，否则便不足以成为一学说。学说与系统是两个密不可分的概念。在《菲勒布》(17d2)中，苏格拉底论及四艺中的音乐一科，明确将其称为一系统(συστήματα)[②]。需要补充的是，四艺在《政制》中尚不是最高的科学，而是辩证法的预备(《政制》522a以下)。而伪柏拉图[③]在《伊壁诺米》(Epinomis)中言及数的系统(991e)并以之来统握宇宙天体运行之规律，这与《希波克拉底作品集》(*Corpus Hippocraticum*: Epid 7, 83)用系统来标示自然以明其秩序可谓一律。此外，亚里士多德还使用"系统"一词说明社会的有机性，认为人类社会是具有引导部分的高度完备的整体[④]。在后起的斯多亚学派那里，诸科学即诸系统[⑤]。

---

① K. Oehler:《去神话化的柏拉图》(Der entmythologisierte Platon)，载于J. Wippern编:《柏拉图未成文学说问题》(*Das Problem der ungeschriebenen Lehre Platons*)，Darmstadt 1972，第121页。

② 柏拉图在这里论音乐时远较《政制》抽象，其主要论及一与不定之二，并且将宇宙万有称为其混合。参《菲勒布》14c以下。

③ 其作者可能为柏拉图的学生，Opus的Philippos。

④ K. Oehler:《去神话化的柏拉图》，前揭，第120页。

⑤ 关于希腊时期对于系统一词使用更多的例证，参Liddell与Scott:《希英辞典》(*Creek-English Lexicon*)，Oxford 1968，第1735页；此词从希腊以来到当代在哲学上的流变，参Joachim Ritter与Karlfried Gründer编:《哲学历史词典》(*Historisches Wörterbuch der Philosophie*)，Bd.10，第828—856页，上述分析还借鉴了Oehler《去神话化的柏拉图》一文。

回到柏拉图，斯勒扎克指出，不仅亚里士多德在批判柏拉图与学园时，显明了对手学术的系统性（《形而上学》1070b4以下，1075a28以下），从柏拉图对话录本身，也同样可以看到辩证家从万物的亲缘性（συγγενοῦσς，《美诺》81cd）出发，试图通过划分综合法（Dihairesis-und-Synagoge Verfahren）把握现实所有领域的努力[①]。柏拉图哲学体系筹划的其他相应证据，当然我们还能在《蒂迈欧》中的世界体系、《政制》的三喻与教育体系[②]等诸多方面寻得。学说（dogma）、系统（System）、科学（ἐπιστέμη）在柏拉图那里可以互相阐释[③]，将dogma视为教义、教条来自基督教神学与反神学的近代启蒙，与柏拉图学说本身毫无关系，因此根本没有理由从系统化的柏拉图必然推出教条化的柏拉图[④]。事实上，亚里士多德并非柏拉图学说的第一个批评者，柏拉图的学说（体系）在老学园内部就始终敞开着讨论、批评与修正的可能性[⑤]，这也否定了所谓这一体系代表一种教条或独断论的指责。或许体系之思早已经被我们的“**时代精神**”打入冷宫，以为唯一的敞开性便在于施莱格尔式的无限或者海德格尔式的绽开，但是尽管无限开放性(apeiron)这样的意象对古希腊人并非完全陌生，但却多作为负面因素被排斥，而非作为积极因素被称赞[⑥]。

“从荷马解释荷马”（῞Ομηρον ἐξ Ὁμήρου σαφηνίζειν）是古典语文学

---

① Szlezák：《论反对未成文学说的流行意见》(Zur üblichen Abneigung gegen die Agrapha Dogmata)，载于*Méthexis* 6, 1993，第163—164页。

② 参Gaiser：《柏拉图的数学科学通观》(Platons Zusammenschau der mathematischen Wissenschaften)，载于AuA 32, 1986，第90—124页。

③ K. Oehler：《柏拉图研究的新境况》，前揭，第42页。

④ *Méthexis* 6, 1993，第161页。

⑤ 参Gaiser: PUL，前揭，第293页。另按：中期学园及新学园的方向又有转变，此处不能详论。

⑥ Krämer：《无限主义》，前揭，第608页。

的古老规则[①]，由此，从柏拉图解释柏拉图（Πλάτωνα ἐκ Πλάτωνος），尽管不是毫无争议，却恐怕也是较为可行的进路之一[②]。毫无疑问的是，在古典时期，柏拉图不仅是对话录的书写者，同时也是哲学教师，只有结合两者的柏拉图才可意谓一个完整的柏拉图。从柏拉图之文到柏拉图之学之所谓正在于此。重要的也许并不在于本书是否能够给出一个关于柏拉图之文全然令人信服的解释框架，而是在于我们这些后来者，是否可以借此批判性地赢得一个再次出发的起点。

程炜

2006年10月29日于图宾根

---

① 通常认为"从荷马解释荷马"（Ὅμηρον ἐξ Ὁμήρου σαφηνίζειν）是著名语文学家Aristarch的方法论名言。不过就目前的文献，最早可见于普罗丁的弟子、新柏拉图主义哲学家Porphyrios的记载，见其《荷马疑义》297. 16（*Quaestionum Homericarum*, Hermannus Schrader编, Leipzig 1890）。另一位新柏拉图主义哲学家普罗克洛则明确提出，解释柏拉图"不是从其他对象出发，而是从柏拉图本人著作的最切近处"（οὐκ ἐξ ἀλλοτρίων ὑποθέσεων, ἀλλ' ἐκ τῶν γνησιωτάτων τοῦ Πλάτωνας συγγραμμάτων），载于《柏拉图的神学》卷一1.2（*Théologie platonicienne*, Saffrey与Westerink编, Paris 1968, 第10页）。由之也可见，今人轻易高呼"从柏拉图来解释柏拉图"这样其实源于新柏拉图主义的口号，号召将柏拉图从柏拉图主义中拯救出来，号召回到柏拉图本身等，实不知新柏拉图主义的柏拉图释义问题之复杂性。

② Szlezák:《对话形式与内传主义》(Dialogform und Esoterik)，MH 35，1978，第22页。

译后记

尽管柏拉图的哲学没有从文本开始，也没有以文本终结，但是，今日对其之探索却不得不根植于文本之中，以至于近乎悖谬地不得不从文本开始也不得不以文本终结，否则恐怕难逃虚浮寥廓、郢书燕说之责。这便是《读柏拉图》意旨之一，也是笔者译介此书之由。

章实斋曾论博约谓："功力有余而性情不足，未可谓学问也；性情自有而不以功力深之，所谓有美质而未学者也。"释读柏拉图，后一情形时有发生。或感柏氏辞章之美，或叹解者义理之新，读者都难免趋新骛奇，以他闻为己意，以至高明有余而沉潜不足。然而面对任何作品，正类本文先于释义，阅读亦先行于玄思。于是，这本关于柏拉图的小书本身绝非目的，而无非是为诸君亲近这位伟大哲学家给出一条可供选择的道路，其是非得失还请诸位以学术为本，慎审之后定夺。

关于译文体例，于此略加补充与说明：文中出现的希腊语与拉丁语，除去作者需要自做解释之词或明其所指所列举之同义词与表达，均译为中文，同时原文予以保留（作者若使用希腊文的拉丁拼法也保留之），以方便通晓文字读者明其确指，其他读者跳过即可。

文中古典作品引文，尽管多有中译，但求贴合原书的论证，未取现成译本。如原作者给出德译，则根据德译翻译，若仅为希腊文原文，则从希腊文翻就。

原书注释与提示所及的本书页码，包括附录论文的引证，均指德文版页码，译本附于页边，读者可据此查对。由于中文句序难免有所调整，边码仅为读者核对之便，实难以精确。若欲引论附近之德文，再查对原书为宜。而文中的斜体中文版以黑体字标示。标点为了顾及文气与连贯也有改动，并非与原文一致。为了照顾普通读者，笔者同时不揣简陋，自加部分注释以明其说，其后有"译注"二字以与原注区分。

原文或因排版或因作者疏漏有个别错误，笔者就己所见均加以校改，并附校勘说明。其中部分问题为笔者根据图宾根大学古典系所藏的作者手校本得知，也在注释中加以标明。

本书之后的文献目录仅译书名，并保留原文，或可唤起普通读者之兴味，也便外文较佳的读者可以直接查询并进一步阅读。此外，笔者根据本书日文版补充了部分相关论著，并且又就近年的出版略有增添。所选不含单篇论文，仅仅关注专著与论集；不求其全，仅求得一概观。

由于本书于德国学术语境之下写就，未成文学说相关研究文献已汗牛充栋，因此文中所述尽管以图宾根学派的种种基本预设为始点，却未尽然一一复述。于是中译后附相关论文两篇，可视为对本书不同角度的补充与引导。其一为先刚博士所撰《走向柏拉图的未成文学说》，其文梳理了柏拉图未成文学说的基本问题，并于德国古典哲学的视域下重新分析了其历史与哲学意义。其二为笔者撰写的《书写批判视域下的柏拉图》，此文主要以近年来德语学界的柏拉图研究为语境，从斯勒扎克本人的柏拉图研究出发，以对话录释义为核心，试图分析补充《读柏拉图》及围绕此书发生的事件与问题，希望为有心进一步钻研的诸君给予初步之支持。

最后略谈一下译名问题。正文第一次出现的人名、作品名等专名均附有原文，书后并有索引，以便读者核对。专名多取习惯译法，便于与已有中文古典译作衔接。此处仅有两篇对话译名需略加讨论。其一，晚期对话"Sophistes"，严群先生借韩非《孤愤》"法术""智术"并称之语，译为“智术之师”或“智术师”。这一译名近来亦在汉语学界流行，不过其措辞虽雅致，但从义理考虑不及旧译“智者”，原因有五：(1)希腊语的传统用法中σοφός(智慧者)，σοφιστής，φιλοσοφός(爱智者)几乎同义，比如好的工匠、乐师均可以此三词形容，译为“智者”才能体现三语词在一般表达中的关联。并且在柏拉图对话录中，普罗塔戈拉能够将智术回溯到荷马、赫西俄德等人，也是以这一原初的意义关联为基础。(2)三组词直到柏拉图的时代——尽管内涵略有转变(从技艺性的知识或纯粹实践的知识拓展到其他领域)——日常意义仍旧相近，并且这种意义关联对于理解柏拉图对σοφιστής的“术语”用法，具有关键意义。正是因为民众不能区分σοφός, σοφιστής, φιλοσοφός，便视苏格拉底为一σοφιστής(也见Xenophen)，为了避免这一误解，柏拉图才对三者进行了概念上的严格区分。而与之相对，智术师这一表达由于与智慧者、爱智者相去甚远，使得这种直接的“混淆”反而难以理解。(3)在柏拉图的定义尝试中，σοφιστής是τὸν τῶν σοφῶν ἐπιστήμονα(《普罗塔戈拉》312c6)，直译即“懂得智慧之人”，取“智者”的译法才可对应这一语言游戏。(4)σοφιστής与σοφός, σοφιστής, φιλοσοφός未必为“师”，特别未必是职业之师，而首先是懂得某种知识/技艺/智慧之人(参比上文(3)中柏拉图自己给出的定义)。苏格拉底一直宣称自己不是教师，仍旧被大众视为σοφιστής；普罗塔戈拉尽管自认为师并且将σοφιστής与职业教师身份相系，但被其赋予“智者”之名的古人则职业各异，有诗人、歌手、祭司甚至运动员，为了化解这一矛盾他只能称这些人隐藏了自己真实的身份(《普罗塔戈拉》316d—317c)。(5)“智术师”的表达已经将“智术”(σοφιστεκὴ τεχνή)作为前提，但实际上σοφιστής先于σοφιστεκὴ τεχνή，后者是公元前五世纪中叶的晚生现象。也就是说，从辞源上说，σοφιστεκὴ τεχνή(智术)来自σοφιστής(智者)，而非相反。下面再看看柏拉图的代表作“Politeia”，笔者取《政制》之名，而不取流行的《理想国》、《国家篇》、《共和国》或刘小枫先生的新译《王制》。《国家篇》与《共和国》之误差前人多有论述，此处不再重复。这里仅欲对《理想国》与《王制》二名略加辩证，因其立意实近似，失误却也相同。从文本内部而言，柏拉图之“理想国”即为“王制”，此毫无疑义。二者之别不过在于前者之语今，以泰西政治哲学为背景；后者之语古，以我国传统经学为援。其误则有四：一、以一书（可能）之主题改一书之标题，不顾作者之原名。二、即使以主题审之，Politeia一书也难以“理想国”/“王制”概而论之，仅就政治层面而言，其卷七到卷九便涉及他种政治体制，其余偏离两名处多有，而毋需遍举。三、所谓“理想国”与“王制”据希腊文应为βασιλεία，而非πολιτεία。仅据柏拉图原书的论述中，πολιτεία实包括王制（βασιλεία）、贤人制（ἀριστοκρατία）、荣誉制/斯巴达或克里特制（τιμοκρατία, Λακωνική, Κρητική），寡头制（ὀλιγαχία），民主制（δημοκρατία）与僭主制（τυραννίς）(544c以下，也参《政治家》291d以下，所举略有变化)，其可谓政治制度之通名。四、据亚里士多德，πολιτεία除通名用法，亦可谓与民主制相对好的多数统治（《政治学》1279a35以下，也参《尼各马可伦理学》1159b35以下，所解略异），或者某种结合寡头制与平民制好的混合政制（《政治学》1293b32—35, 1295a25—31等）。在πολιτεία特殊用法中，中文常译为“共和制”。概而言之，如果其作为一种特殊政体，则或与贵族制或与民主制或与寡头制均有亲和处，却离一人君主制——无论是王制还是僭主——颇远。

关于学理上的补充到此为止。最后在此文即将结束之际，请允许我对为本书出过一臂之力的亲友师长致以谢意。首先是我的父母，这些年的学业全赖他们忘我的支持，使我略解为人之道，以用心向学。其次，翻译此书源于先刚博士的提醒，感谢他慷慨将其相关论文放入本书附录。同济大学的杨小刚君阅读了笔者为本书所写的引导并详细予以批注，从文字和内容两方面使本人得以避免不少失误。下来还要感谢求学于图宾根大学与海德堡大学的诸位友人。汪历镌君阅读了笔者的相关评论与部分译稿，对不少内容进行了修正补充，受益良多。易刚君阅读了部分译稿，提供了书面意见，并且与水若、学平等友人始终予我多方面的支持，这才使得此文翻译成为可能。北大的鸣飞君览过笔者所撰评论的部分草稿，多有鼓励。黄晶两年来始终关心本书的进展，就此多有书信往复，并逐句校读了全部译稿与附录，是为本书花费最多心力之人，感激之情无以言表。

感谢刘东教授的信任和支持，欣然将此书收入其所主编的“人文与社会丛书”。感谢译林出版社的王蕾与黄颖编辑为本书付出的辛勤劳动，使我避免了不少失误，同时没有他们的努力，本书就难以顺利出版。最后感谢原书作者斯勒扎克（Thomas. A. Szlezák）教授对于笔者学术上的热心帮助，其人其学均使人受益匪浅。

笔者以驽驾之才妄从译事，错漏难免，还望方家指正。

程炜

丙戌年冬于图宾根

人文与社会译丛

第一批书目

1.《政治自由主义》(增订版),[美]J. 罗尔斯著,万俊人译 118.00 元
2.《文化的解释》,[美]C. 格尔茨著,韩莉译 89.00 元
3.《技术与时间:1. 爱比米修斯的过失》,[法]B. 斯蒂格勒著,裴程译 62.00 元
4.《依附性积累与不发达》,[德]A. G. 弗兰克著,高铦等译 13.60 元
5.《身处欧美的波兰农民》,[美]F. 兹纳涅茨基、W. I. 托马斯著,张友云译 9.20 元
6.《现代性的后果》,[英]A. 吉登斯著,田禾译 45.00 元
7.《消费文化与后现代主义》,[英]M. 费瑟斯通著,刘精明译 14.20 元
8.《英国工人阶级的形成》(上、下册),[英]E. P. 汤普森著,钱乘旦等译 168.00 元
9.《知识人的社会角色》,[美]F. 兹纳涅茨基著,郑斌祥译 26.00 元

第二批书目

10.《文化生产:媒体与都市艺术》,[美]D. 克兰著,赵国新译 49.00 元
11.《现代社会中的法律》,[美]R. M. 昂格尔著,吴玉章等译 39.00 元
12.《后形而上学思想》,[德]J. 哈贝马斯著,曹卫东等译 58.00 元
13.《自由主义与正义的局限》,[美]M. 桑德尔著,万俊人等译 30.00 元

14.《临床医学的诞生》,[法]M. 福柯著,刘北成译 55.00元
15.《农民的道义经济学》,[美]J. C. 斯科特著,程立显等译 42.00元
16.《俄国思想家》,[英]I. 伯林著,彭淮栋译 35.00元
17.《自我的根源:现代认同的形成》,[加]C. 泰勒著,韩震等译 128.00元
18.《霍布斯的政治哲学》,[美]L. 施特劳斯著,申彤译 49.00元
19.《现代性与大屠杀》,[英]Z. 鲍曼著,杨渝东等译 59.00元

第三批书目

20.《新功能主义及其后》,[美]J. C. 亚历山大著,彭牧等译 15.80元
21.《自由史论》,[英]J. 阿克顿著,胡传胜等译 89.00元
22.《伯林谈话录》,[伊朗]R. 贾汉贝格鲁等著,杨祯钦译 23.00元
23.《阶级斗争》,[法]R. 阿隆著,周以光译 13.50元
24.《正义诸领域:为多元主义与平等一辩》,[美]M. 沃尔泽著,褚松燕等译 24.80元
25.《大萧条的孩子们》,[美]G. H. 埃尔德著,田禾等译 27.30元
26.《黑格尔》,[加]C. 泰勒著,张国清等译 135.00元
27.《反潮流》,[英]I. 伯林著,冯克利译 48.00元
28.《统治阶级》,[意]G. 莫斯卡著,贾鹤鹏译 98.00元
29.《现代性的哲学话语》,[德]J. 哈贝马斯著,曹卫东等译 78.00元

第四批书目

30.《自由论》(修订版),[英]I. 伯林著,胡传胜译 69.00元
31.《保守主义》,[德]K. 曼海姆著,李朝晖、牟建君译 16.00元
32.《科学的反革命》(修订版),[英]F. 哈耶克著,冯克利译 58.00元

33.《实践感》,[法]P. 布迪厄著,蒋梓骅译 75.00元
34.《风险社会》,[德]U. 贝克著,何博闻译 17.70元
35.《社会行动的结构》,[美]T. 帕森斯著,彭刚等译 80.00元
36.《个体的社会》,[德]N. 埃利亚斯著,翟三江、陆兴华译 15.30元
37.《传统的发明》,[英]E. 霍布斯鲍姆等著,顾杭、庞冠群译 21.20元
38.《关于马基雅维里的思考》,[美]L. 施特劳斯著,申彤译 78.00元
39.《追寻美德》,[美]A. 麦金太尔著,宋继杰译 68.00元

第五批书目

40.《现实感》,[英]I. 伯林著,潘荣荣、林茂译 30.00元
41.《启蒙的时代》,[英]I. 伯林著,孙尚扬、杨深译 35.00元
42.《元史学》,[美]H. 怀特著,陈新译 89.00元
43.《意识形态与现代文化》,[英]J. B. 汤普森著,高铦等译 68.00元
44.《美国大城市的死与生》,[加]J. 雅各布斯著,金衡山译 29.50元
45.《社会理论和社会结构》,[美]R. K. 默顿著,唐少杰等译 128.00元
46.《黑皮肤,白面具》,[法]F. 法农著,万冰译 14.00元
47.《德国的历史观》,[美]G. 伊格尔斯著,彭刚、顾杭译 58.00元
48.《全世界受苦的人》,[法]F. 法农著,万冰译 17.80元
49.《知识分子的鸦片》,[法]R. 阿隆著,吕一民、顾杭译 45.00元

第六批书目

50.《驯化君主》,[美]H. C. 曼斯菲尔德著,冯克利译 68.00元
51.《黑格尔导读》,[法]A. 科耶夫著,姜志辉译 45.00元
52.《象征交换与死亡》,[法]J. 波德里亚著,车槿山译 68.00元
53.《自由及其背叛》,[英]I. 伯林著,赵国新译 48.00元

54.《启蒙的三个批评者》,[英]I. 伯林著,马寅卯、郑想译　48.00 元
55.《运动中的力量》,[美]S. 塔罗著,吴庆宏译　23.50 元
56.《斗争的动力》,[美]D. 麦克亚当、S. 塔罗、C. 蒂利著,李义中等译　31.50 元
57.《善的脆弱性》,[美]M. 纳斯鲍姆著,徐向东、陆萌译　55.00 元
58.《弱者的武器》,[美]J. C. 斯科特著,郑广怀等译　82.00 元
59.《图绘》,[美]S. 弗里德曼著,陈丽译　49.00 元

第七批书目

60.《现代悲剧》,[英]R. 威廉斯著,丁尔苏译　45.00 元
61.《论革命》,[美]H. 阿伦特著,陈周旺译　59.00 元
62.《美国精神的封闭》,[美]A. 布卢姆著,战旭英译,冯克利校　68.00 元
63.《浪漫主义的根源》,[英]I. 伯林著,吕梁等译　28.00 元
64.《扭曲的人性之材》,[英]I. 伯林著,岳秀坤译　22.00 元
65.《民族主义思想与殖民地世界》,[美]P. 查特吉著,范慕尤、杨曦译　18.00 元
66.《现代性社会学》,[法]D. 马尔图切利著,姜志辉译　32.00 元
67.《社会政治理论的重构》,[美]R. J. 伯恩斯坦著,黄瑞祺译　25.00 元
68.《以色列与启示》,[美]E. 沃格林著,霍伟岸、叶颖译　128.00 元
69.《城邦的世界》,[美]E. 沃格林著,陈周旺译　85.00 元
70.《历史主义的兴起》,[德]F. 梅尼克著,陆月宏译　48.00 元

第八批书目

71.《环境与历史》,[英]W. 贝纳特、P. 科茨著,包茂红译　25.00 元
72.《人类与自然世界》,[英]K. 托马斯著,宋丽丽译　35.00 元

73.《卢梭问题》,[德]E. 卡西勒著,王春华译 15.00 元
74.《男性气概》,[美]H. C. 曼斯菲尔德著,刘玮译 28.00 元
75.《战争与和平的权利》,[美]R. 塔克著,罗炯等译 25.00 元
76.《谁统治美国》,[美]W. 多姆霍夫著,吕鹏、闻翔译 35.00 元
77.《健康与社会》,[法]M. 德吕勒著,王鲲译 35.00 元
78.《读柏拉图》,[德]T. A. 斯勒扎克著,程炜译 68.00 元
79.《苏联的心灵》,[英]I. 伯林著,潘永强、刘北成译 59.00 元
80.《个人印象》,[英]I. 伯林著,林振义、王洁译 35.00 元

第九批书目

81.《技术与时间:2. 迷失方向》,[法]B. 斯蒂格勒著,赵和平、印螺译 59.00 元
82.《抗争政治》,[美]C. 蒂利、S. 塔罗著,李义中译 28.00 元
83.《亚当·斯密的政治学》,[英]D. 温奇著,褚平译 21.00 元
84.《怀旧的未来》,[美]S. 博伊姆著,杨德友译 85.00 元
85.《妇女在经济发展中的角色》,[丹]E. 博斯拉普著,陈慧平译 30.00 元
86.《风景与认同》,[美]W. J. 达比著,张箭飞、赵红英译 68.00 元
87.《过去与未来之间》,[美]H. 阿伦特著,王寅丽、张立立译 58.00 元
88.《大西洋的跨越》,[美]D. T. 罗杰斯著,吴万伟译 108.00 元
89.《资本主义的新精神》,[法]L. 博尔坦斯基、E. 希亚佩洛著,高铦译 58.00 元
90.《比较的幽灵》,[美]B. 安德森著,甘会斌译 79.00 元

第十批书目

91.《灾异手记》,[美]E. 科尔伯特著,何恬译 25.00 元

92.《技术与时间:3. 电影的时间与存在之痛的问题》,
[法]B. 斯蒂格勒著,方尔平译 65.00 元
93.《马克思主义与历史学》,[英]S. H. 里格比著,吴英译 78.00 元
94.《学做工》,[英]P. 威利斯著,秘舒、凌旻华译 68.00 元
95.《哲学与治术:1572—1651》,[美]R. 塔克著,韩潮译 45.00 元
96.《认同伦理学》,[美]K. A. 阿皮亚著,张容南译 45.00 元
97.《风景与记忆》,[英]S. 沙玛著,胡淑陈、冯樨译 78.00 元
98.《马基雅维里时刻》,[英]J. G. A. 波考克著,冯克利、傅乾译 108.00 元
99.《未完的对话》,[英]I. 伯林、[波]B. P. -塞古尔斯卡著,
杨德友译 65.00 元
100.《后殖民理性批判》,[印]G. C. 斯皮瓦克著,严蓓雯译 79.00 元

第十一批书目

101.《现代社会想象》,[加]C. 泰勒著,林曼红译 45.00 元
102.《柏拉图与亚里士多德》,[美]E. 沃格林著,刘曙辉译 78.00 元
103.《论个体主义》,[法]L. 迪蒙著,桂裕芳译 30.00 元
104.《根本恶》,[美]R. J. 伯恩斯坦著,王钦、朱康译 78.00 元
105.《这受难的国度》,[美]D. G. 福斯特著,孙宏哲、张聚国译 39.00 元
106.《公民的激情》,[美]S. 克劳斯著,谭安奎译 49.00 元
107.《美国生活中的同化》,[美]M. M. 戈登著,马戎译 58.00 元
108.《风景与权力》,[美]W. J. T. 米切尔著,杨丽、万信琼译 78.00 元
109.《第二人称观点》,[美]S. 达沃尔著,章晟译 69.00 元
110.《性的起源》,[英] F. 达伯霍瓦拉著,杨朗译 85.00 元

第十二批书目

111.《希腊民主的问题》，[法]J. 罗米伊著，高煜译 48.00元
112.《论人权》，[英]J. 格里芬著，徐向东、刘明译 75.00元
113.《柏拉图的伦理学》，[英]T. 埃尔文著，陈玮、刘玮译 118.00元
114.《自由主义与荣誉》，[美]S. 克劳斯著，林垚译 62.00元
115.《法国大革命的文化起源》，[法]R. 夏蒂埃著，洪庆明译 38.00元
116.《对知识的恐惧》，[美]P. 博格西昂著，刘鹏博译 38.00元
117.《修辞术的诞生》，[英]R. 沃迪著，何博超译 48.00元
118.《历史表现中的真理、意义和指称》，[荷]F. 安克斯密特著，周建漳译 58.00元
119.《天下时代》，[美]E. 沃格林著，叶颖译 78.00元
120.《求索秩序》，[美]E. 沃格林著，徐志跃译 48.00元

第十三批书目

121.《美德伦理学》，[新西兰]R. 赫斯特豪斯著，李义天译 55.00元
122.《同情的启蒙》，[美]M. 弗雷泽著，胡靖译 48.00元
123.《图绘暹罗》，[美]T. 威尼差恭著，袁剑译 58.00元
124.《道德的演化》，[新西兰]R. 乔伊斯著，刘鹏博、黄素珍译 65.00元
125.《大屠杀与集体记忆》，[美]P. 诺维克著，王志华译 78.00元
126.《帝国之眼》，[美]M. L. 普拉特著，方杰、方宸译 68.00元
127.《帝国之河》，[美]D. 沃斯特著，侯深译 76.00元
128.《从道德到美德》，[美]M. 斯洛特著，周亮译 58.00元
129.《源自动机的道德》，[美]M. 斯洛特著，韩辰锴译 58.00元
130.《种族与文化少数群体》，[美]G. E. 辛普森、[美]J. M. 英格尔著，马戎、王凡妹译(即出)

第十四批书目

131.《城邦与灵魂:费拉里〈理想国〉论集》,[美]G. R. F. 费拉里著,刘玮编译 58.00元

132.《人民主权与德国宪法危机》,[美]P. C. 考威尔著,曹晗蓉、虞维华译 58.00元

133.《16和17世纪英格兰大众信仰研究》,[英]K. 托马斯著,芮传明、梅剑华译 168.00元

134.《民族认同》,[英]A. D. 史密斯著,王娟译 55.00元

135.《世俗主义之乐:我们当下如何生活》,[英]G. 莱文编,赵元译 58.00元

136.《国王或人民》,[美]R. 本迪克斯著,褚平译(即出)

137.《哲学解释》,[美]R. 诺齐克著,林南、乐小军译(即出)

138.《自由与多元论:以赛亚·伯林思想研究》,[英]G. 克劳德著,应奇等译 58.00元

139.《暴力:思无所限》,[美]R. J. 伯恩斯坦著,李元来译 59.00元

140.《中心与边缘:宏观社会学论集》,[美]E. 希尔斯著,甘会斌、余昕译 88.00元

第十五批书目

141.《自足的世俗社会》,[美]P. 朱克曼著,杨靖译 58.00元

142.《历史与记忆》,[英]G. 丘比特著,王晨凤译 59.00元

143.《媒体、国家与民族》,[英]P. 施莱辛格著,林玮译(即出)

144.《道德错误理论:历史、批判、辩护》,[瑞典]J. 奥尔松著,周奕李译(即出)

145.《废墟上的未来:联合国教科文组织、世界遗产与和平梦想》,
[澳]L. 梅斯克尔著,王丹阳译(即出)
146.《为历史而战》,[法]L. 费弗尔著,高煜译(即出)
147.《语言动物》,[加]C. 泰勒著,赵清丽译(即出)
148.《我们中的我:承认理论研究》,[德]A. 霍耐特著,
张曦、孙逸凡译(即出)
149.《人文学科与公共生活》,[美]P. 布鲁克斯编,
余婉卉译(即出)
150.《美国生活中的反智主义》,[美]R. 霍夫施塔特著,
何博超译 68.00 元